主体间性外语教学行动研究

柴改英　邬易平　陈　程 著

浙江工商大學出版社
ZHEJIANG GONGSHANG UNIVERSITY PRESS
·杭州·

图书在版编目(CIP)数据

主体间性外语教学行动研究 / 柴改英，邬易平，陈程著. —杭州：浙江工商大学出版社，2019.8
ISBN 978-7-5178-3408-3

Ⅰ．①主… Ⅱ．①柴… ②邬… ③陈… Ⅲ．①外语教学－教学研究 Ⅳ．①H09

中国版本图书馆CIP数据核字(2019)第163992号

主体间性外语教学行动研究
ZHUTI JIANXING WAIYU JIAOXUE XINGDONG YANJIU
柴改英　邬易平　陈　程 著

责任编辑	张莉娅
封面设计	叶泽雯
责任印制	包建辉
出版发行	浙江工商大学出版社
	（杭州市教工路198号　邮政编码310012）
	（E-mail：zjgsupress@163.com）
	（网址：http://www.zjgsupress.com）
	电话：0571-88904980，88831806（传真）
排　　版	杭州彩地电脑图文有限公司
印　　刷	虎彩印艺股份有限公司
开　　本	710mm×1000mm　1/16
印　　张	16.5
字　　数	240千
版 印 次	2019年8月第1版　2019年8月第1次印刷
书　　号	ISBN 978-7-5178-3408-3
定　　价	50.00元

前　言

　　教学是奇妙的合奏。教师、学生、理念、方法、手段、内容，都能赋予教学各异的节奏和风格。主体间性教育呼唤师生、生生之间的和谐共鸣。这里，没有割裂的"你""我"，只有"我们"，构成充满生命力的教育生态。

　　教育，需要"我们"。伊曼努尔·康德（Immanuel Kant）说："人不应该被作为手段，不应被作为一部机器上的齿轮。人是有自我目的的，他是自主、自律、自觉、自立的，是由他自己来引导内心，是出于自身的理智并按自身的意义来行动的。"同为教育主体，只有通过积极的交往互动，教师和学生才能共同促成意义的建构和经验性的改变。

　　教育，培养"全人"。约翰·费希特（Johann Fichte）说，教育"不是首先去传授知识和技能，而是要去'唤醒'学生的力量，培养他们的自我性和主动性，抽象的归纳力和理解力，以使他们能在目前还无法预料的未来局势中做出有意义的选择"。这种着眼未来的"力量"是全方位的，学生只有成为学习的人、社会的人、思辨的人、审美的人，才能从容应对"无法预料的未来局势"。

　　教育，就是研究。劳伦斯·斯滕豪斯（Lawrence Stenhouse）说，"教师即研究者"，他/她不再仅仅是局外专家提出的教学方案的执行者，更是自己教学行为的决策者和评判者。教学起于对教育问题的研究，研究贯穿于解决问题的全过程。本书作者来自教学一线，多年以教学为研究场域，致力于主体间性"全人"教育行动研究探索。

　　全书由七章组成。第一章从哲学、教育学及外语教学三个视角对主体间性教育进行理论思考，提出主体间性"全人"教育目标。第二章聚焦外语教学中实现主体间性的理论基础和行动研究方法，强调教师集教育实践者和教育研究者为一体的身份，促使教师向教育专家转型和发展。

第三章到第七章呈现了五个教学行动研究。第三章致力于培养学习的人，在"学术规范与英语论文写作"课程改革中，通过去权威化的话语行动，重塑师生角色，使师生从主客体关系走向主体间关系；通过强化学生主体性的教学行动，培养学生成为自主者、合作者、批判者、求助者。第四章和第五章致力于培养社会的人。"大学英语"课程改革着眼建构主体间性"伙伴"关系，通过合作式体验、移情性理解、信任型管理等教学行动，提升师生的教学参与感、分享感和成就感。"旅游实务英语"课程改革立足行动的体验本质，创设真实的跨文化交流社会实践任务，使学生在社会接触中完整体验知识建构、语言调适、文化对比、意义磋商等过程。第六章致力于培养思辨的人，聚焦"英语写作"课程的评价环节，构建同伴互评双螺旋模式和线上评价共同体，培养和提高学生自评、互评的能力和质量。同时，在与人合作的过程中，培养学生与人沟通、向他人学习以及解决问题的实践能力。第七章"英语修辞学"课程审美体验教学改革行动，致力于培养审美的人，通过唤起审美感知、激活审美理解、促发审美升华等系列教学行动，加强学生的审美体验，帮助学生建立我我、物我和谐主体间关系。

我们期望通过系列教学行动研究，不仅使学生成为主动的知识建构者，而且指导其合意地参与社会生活；不仅使他们成为理性的思辨者，而且指导其诗意地生活。

本书第一、二、三、六、七章由浙江外国语学院柴改英撰写，第四章和第五章分别由浙江工商大学邬易平和陈程（浙江大学博士研究生）撰写。研究生许文强参与了全书的校对工作。

这本书是我们多年的教学实践探索，付梓在即，惴惴不安，理论认识、方法运用、教学实践都限于认识水平和研究能力，定有很多不妥之处，期待专家、同行批评指正。

柴改英　邬易平　陈　程

2019 年 5 月

目　录

Contents

第一章

主体间性理论思考

　　主体性教育旨在把学生培养成为独立自主、自觉能动、积极创新的社会实践主体，特别是在建设创新型国家的战略发展时期，充分培养和发挥学生的主体性成为我国教育改革的重心。随着学生的主体角色不断受到重视，他们与其他主体之间的交往与互动逐渐进入教育研究者和教育实践者的视野。

一、主体间性哲学思考

　　主体性建构和主体性危机是哲学史上的永恒话题。古希腊智者派哲学家普罗泰戈拉（Protagoras）直言"人是万物的尺度"，近代勒内·笛卡尔（Rene Descartes）声称"我思故我在"，康德也讲"人为自然立法"。虽然措辞不同，但都反映了在主客体二元对立的前提下，"人""我"对于世界万物和自然存在的主体性地位。这种具有绝对优越感的态度决定了人在对待人与人、人与社会、人与自然的关系时，表现出一种征服与对抗的关系。这种态度在现代社会受到了强烈冲击，人们开始对强调对立关系的主体性进行深刻反思，提出主体间性，并认为自我主体与对象主体间的交往和对话才是真正的生存方式。

（一）主体与主体性

1. 主体

主体与客体是哲学认识论中的一对基本范畴，是相互作用的两个存在物。主体是作用的发出者，客体是作用的接受者。主体可以是个人、集体和社会；自然的人只有在实践活动和认识活动中发挥其主动性、能动性和创造性，才能成为活动的承担者，即主体。唯有如此，他才能对实践活动和认识活动所指向的客体（包括原始的自然界、人化的自然界、人造的符号世界、他人和社会）发生作用。

传统的主体性思想认为，主、客体是对立的，主体在实践和认识活动中处于主导和支配地位，而客体不会自动满足主体的内在需求，主、客体又是统一的，一方始终以另一方的存在为前提，离开客体或者主体，就无所谓主体或者客体。主体的能动性表现在主体积极认识客体，并作用于客体，主体把客体置于自己的控制之下；但是主体的能动水平，不仅受制于技术手段，更受限于自己对客体规律的认知能力和认知水平。

例如，在对外层空间探索的实践活动中，人是主体，外层空间是客体，两者因"探索"这样的实践活动而互为依存。虽然作为主体，人在活动中始终占有主导和支配地位，但是其能动性受到客体条件的限制。

链接 1：宇宙空间环境（http://baike.baidu.com/view/205852.htm）

宇宙空间环境与人类生活的近地空间环境相比，是十分严酷的。这里以太阳系宇宙空间为例来说明。首先是超高度真空，但其间每立方厘米仍有 0.1 个氢原子和氢分子等物质构成的星际气体。其次是极端温度。受太阳光直接照射，可以产生极高温度，那里阳光耀眼；背向太阳光，则可以产生接近绝对零度的低温，那里漆黑如墨。宇宙空间的高真空、极高和极低温度，对航天器的设计和材料等提出很高的要求。再次是宇宙线辐射和各种高能带电粒子、等离子体。除银河宇宙线的高能带电粒子因通量较低，对航天器影响很小外，其他对航天器的运行轨道、姿态、表面材料、内部器件及电位等都会产生显著的影响。这些辐射和高能带电粒子、等离体，大都与太阳和太阳活动有关，如太阳电磁辐射，包括从波长极短的 γ 射线、X 射线、紫外线，经可见光(青、蓝、绿、黄、橙、红)到长波的红外线和无线电波的整个电磁辐射；在太阳的光球层，周期性地产生太阳黑子活动，向外发射高能粒子，对航天活动威胁很大；在太阳的色球层，在靠近黑子群的地方，常常发生耀斑爆发，可释放出 $10^{30} \sim 10^{33}$ 尔格的能量，相当于 100 亿颗百万吨级的氢弹爆炸，产生大量紫外线、X 射线、γ 射线和高能带电粒子，对航天活动带来巨大的威胁；在太阳的日冕层，常常产生冕洞，它像喷气发动机的喷管一样，不断向外喷射高温磁化的离子，在太阳黑子活动剧烈和耀斑爆发时最强烈，这些带电粒子形成强劲的太阳风。最后，在太阳系空间还有微流星体危害航天活动。

上述关于外层空间环境的描述中，外层空间的高度真空、温度状态、宇宙线辐射和各种高能带电粒子、等离子体等客观条件，都阻碍着人类对客体的认识，成为主体实践的障碍，甚至带来致命的灾难。没有对客体规律和条件的认识，人类的航天器及其运行轨道、姿态、表面材料、内部器件及电位都不可能发挥正常的实践性工具作用。

可见，在实践活动中，主体基于对客体的认识和自身的需要，运用工具和手段对客体进行改造和认识；同时，客体也要求主体遵循其规律性，并对主体施加反作用。

2. 主体性

主体性是指人的主体意识和倾向，以及人作为主体所具有的各种功能属性的总和。它主要表现为主体的自主性、能动性、创造性、意识性、自我调节性；其中，自主性决定了其他主体特性。

自主性是个人对自己的活动所具有的支配和控制的权力和能力，反映了个体在对象性活动中的地位，它包括意识自觉和行为自主。个体不仅有主动活动的自觉意识，而且根据自己的需求，用一定的行动方式认识和改造自然，以维持自我的生存和保障自我的发展。主体性不仅关乎自我与客体的关系，而且关乎对自我行为的调节、控制和支配。

主体性反映了人的能动性，即人通过思维与实践，主动地、自觉地、有目的地作用于客体。这种作用体现在三个相互联系的方面，即人类认识世界的能力和活动、人类改造世界的能力和活动、人类在认识世界和改造世界活动中所具有的精神状态。大家都看到过自由落体现象（例如，苹果坠地），这个现象就是客体，牛顿能够对这个现象进行思考，发现地球引力，找到度量引力大小的公式，就是人类认识世界的主观能动性的表现之一。而"克服地球引力"的发明和创造就是主体改造世界的活动能力的体现。例如，利用磁铁同性相斥、异性相吸的性质，使磁铁具有抗拒地心引力的能力，即"磁性悬浮"，这种原理运用在铁路运输系统上，使列车完全脱离轨道而悬浮行驶，成为"无轮"列车，时速可达几百公里。这就是主体能动地对客体进行作用的结果。

主体的行为具有意识性。意识性指客观世界在人脑中的反映，即我们对他者和自我的认识；更指主体作为实践活动和认识活动的承担者，其意识可以能动地改造世界，满足人类生存和发展的需要。意识分为认识意识、目的意识和行动意识。例如，人们为了了解外层空间的状态（认识意识），为自己利用外层空间做准备（目的意识），能动地、有计划地探索（行动意识）。再如，人们为了了解生命的奥秘（认识意识），为应对遗传疾病或延长生命（目的意识）进行关于人类基因的科学研究（行动意识）。

主体性还反映为个体的自我调节性，即自我发展性。人不仅可以作用于外在客体，而且能对自身的行为进行反思，自觉地坚持或修正自己的行为，这种自我调节行为使得个体在随后的发展决策中更加理性。现代教育越来越强调教师的教学反思和学生的学习反思，这些都推动了教师和学生主体的自我发展的主体性，使他们在今后的发展中有更强的规划性和行动性。

主体性的最高层次是创造性。创造性既指人对外在事物的变革和改造，产生新颖的、独特的新事物，也指人对自身的超越，使旧我转变为新我，实现自我完善。我们将磁铁同性相斥、异性相吸的普遍规律，运用于运动物体这样的具体场合创造出磁悬浮列车，就是从普遍到特殊的演绎式思维创新。现代教育呼唤新的主体创造性。

（二）主体性的历史嬗变

主体性，即人们认识世界和改造世界的主观能动性，随着人类生存方式的变化，其形式和内涵发生了深刻变化。马克思和恩格斯（1995）把人类社会划分为三个阶段：人的依赖关系阶段、以物的依赖为基础的人的独立性阶段，以及人类最终将达到的建立在个人全面发展和他们共同的社会生产能力成为他们的社会财富这一基础上的自由个性的阶段。随之，人的主体性也经历了三种非常重要的历史样态：以群族为本位的依赖关系主体样态、以个体为本位的物的依赖的独立性样态，以及以人类为本位的主体间性样态。

第一阶段发生在生产力极其低下的近代之前，人类对大自然知之甚少，无力对抗大自然的变化无常，生产能力受限于狭窄的范围和孤立的地域，依赖族群力量成为生存的必然条件。人们通过某种社会规约进行个体间交往，确立了人身依附关系或者宗法依附等级关系，如封建主和臣仆、地主和农奴。个人只能依赖于某种主体而存在，所以人的主体性只能算作一种群体的主体性。这样的群体主体性带有自然关系的特征，导致个体自主性和独立性的丧失，并未实现真正意义上的主体性。

主体性的第二阶段发生在商品经济和市场经济社会。由于社会分工，个体满足生活所必需的产品和活动均掌握在别人手中，因此个体之间变得相互依赖，社会联系变得频繁而紧密。这种建立在交换价值上的社会联系，使得每个人的"衣袋里装着自己的社会权力和自己同社会的联系"（马克思，恩格斯，1995）。人和人之间变得相互关联、全面依赖。

在第二阶段，人的主体意识普遍觉醒。但是这个阶段的主体性带有矛盾甚至异化的特征。一方面，用来联系彼此的物或者货币对他们而言是异己的东西。在交换中，人的社会关系转化为物的社会关系，同时，以物的依赖性为基础，人在很大程度上受到物的规定、制约乃至支配。另一方面，人们在对物的追求中越发挥自我主体性，越感到自己离不开物，从而使人的社会关系和能力越来越物化。

近代工业文明使得人类的生产力水平得到空前提高，人们创造了史上无与伦比的物质财富。但与此同时，主客体二元对立思维导致了自我作为主体作用（征服、改造、影响）他者（自然和他人）的欲望的膨胀。突出的表现是人与自然的对抗和关系的恶化。人们过分夸大了自身能力，随意征服和干预自然，于是不断受到自然的报复。自然不再是人类心灵休憩的桃源胜地，而成为人们物质掠夺、过度开发的对象。过度砍伐树木导致了洪水暴发，过度采用地下水资源导致地陷，大量的二氧化碳排放带来的温室效应导致了热带风暴。人类膨胀的主体意志和行为摧毁着人类的家园和人类自己。正如美国著名诗人 E. E. 卡明斯（E. E. Cummings）嘲讽的那样，

Pity this busy monster, manunkind,

not. Progress is a comfortable disease:

your victim (death and life safely beyond)

plays with the bigness of his littleness

—electrons deify one razorblad

into a mountainrange; lenses extend

unwish through curving where

when till unwish

returns on its unself

a world of made

is not a world of born—pity poor flesh

and trees, poor stars and stones, but never this

fine specimen of hypermagical

ultraomnipotence. We doctors know

a hopeless case if—listen: there's a hell

of a good universe next door; let's go

卡明斯有意潜用词汇偏离①手段，在合成词 mankind 中加入表示否定意义的中缀 -un，使得 kind 兼具名词（"种类"）和形容词（"善良的"）两种含义，讽刺人类不过是一个"生物种类"（a kind of ／ a species of），却自诩"善良"，其实一点都不善良（unkind）。人类不断改造山川河流、星空大地（flesh and trees，poor stars and stones），其并不美好的美好愿望（unwish②）必将报复自己，让人类不复存在（unself）。

更为甚者，主客体二元对立思维导致了人与人之间关系的异化，主体将他者视为自己行为的工具和被动承受者。"一切温情脉脉的东西全部融化在理性化所造成的功利主义冰水中。人与人之间走向陌生化，彼此缺乏信任与理解，人无论走到哪里，面对的总是一堵无法跨越的墙。"（林朝霞，2003）埃里希·弗洛姆（Erich Fromm）对人际异化的描述是深刻的、不留情面的，他（1988）认为人际关系已经蜕变成了"一种两个抽象的、两个活机器之间相互利用的关系"。彼此之间都成了赤裸裸的相互利用、相互

----

① 偏离（deviation）是文体学概念，指有意偏离语言规则，旨在突出或强调欲表达的意义。
② unwish 是派生性词汇偏离，-un 本是形容词和副词的否定前缀，如 unlikely，unfriendly 等，却被加在了名词 wish 的前面，这个明显的规则偏离唤起了读者的注意力和深度认知加工，当我们考虑到 wish 的褒义属性（desirable）时，就理解了卡明斯欲意表达的含义：人类所谓的美好愿望其实并不美好，例如为方便沟通而发明的手机在某种程度上带来了人际间的疏离，正如诗中表达的"技术是种令人舒服的病"。

倾轧关系，并把对方视为实现自己目标的手段。人也成为一件待价而沽的商品，以外物、市场价格来衡量自身的价值。而人努力的方向完全取决于市场风向。《雨中的猫》《美国的悲剧》《裸者与死者》《上午打瞌睡的女孩》等作品均揭露了物欲对人的异化、人际异化等现象。这一切都要求我们用全面的主体间性取代单纯的主体性。

主体性的第三阶段发生在生产力高度发达、劳动上升为生活第一需要的高级阶段。这一阶段，人的主体性表现为：人的全面发展和他们共同的社会生产能力成为他们的社会财富。衡量社会财富的尺度变为促进人全面发展的自由活动的实践尺度。这个尺度体现着主体的自由性、创造性，劳动者是自己劳动过程的主人。一方面，随着生产力的全面发展，人摆脱对自然的依赖，从而变得自由；另一方面，随着人成为社会的主人，大家共同占有和共同控制生产资料，摆脱了社会关系控制。新型的社会关系消解了主体间的物化关系，真正实现个人之间的自由交换和自由价值，从而达到个人全面发展，实现自由个性。

（三）主体间性的内涵与特征

1. 内涵

主体间性（intersubjectivity）的概念最初由雅克·拉康（Jacques Lacan）提出。他认为，主体是由其自身存在结构中的"他性"决定的，这种主体和"他性"之间的关照就是主体间性。海德格尔等现代哲学家，确立了主体间性的哲学本体论地位，他们认为生存本身决定了主体间性（海德格尔，1991）。生存不是在主客二元对立的前提下进行的主体对客体（包括自然客体，也涉及他人和社会）的征服和改造，而是主体间的共存、共在，是自我主体与对象主体之间的交往和对话。主体间性就是一个主体与另一个完整独立运作的主体之间的相互作用。当代哲学转向对语言、对话、交流、理解以及人类活动的关注，为我们深刻理解主体间性提供了新的视野。诠释学家汉斯-格奥尔格·伽达默尔（Hans-Georg Gadamer）等突破了埃德蒙德·胡塞尔（Edmund Husserl）等把"他人首先理解为知觉对象"而带来的困扰，进而关注我们的生存本质，认为人类通过语言和交流的合作而存在，为了存在而进行的实践是一种参与和分享。正是这些对话和交流决定了主体间性，支持着人类的生存。只有通过有效的对话，人们才能形成普遍的价值和共同视野。这与理查德·罗蒂（Richard Rorty）新解释学提倡的主体间"对话"、尤尔根·哈贝马斯（Jürgen Habermas）交往理论主张的"主体间交往"的思想如出一辙。戴维德·格里芬（David Geriffin）等建设性后现代主义代表人物坚决排斥主客对立的二元论，认为我们生活的世界是一个活生生的、积极的、具有内在价值的世界，而非死气沉沉的、被动的、无价值的物质世界。我们与世界同为主体，相互交融。

主体间性不仅指人和人之间的关系，也指人和世界、人和社会之间的关系，即主体间性不再把世界看作客体，而是看作另一个主体，并从主体与主体间的关系来理解"存在"。主体间通过交往、对话、体验达到互相理解与和谐。

2. 特征

首先，主体间性强调主体的社会性。一方面，主体间通过群体性的相互交往，达成理解。活动的主体在互动中遵循社会规则和价值，以保持和促进主体间的相互理解。另一方面，具有交互主体性的主体和主体共同面对特定的客体，成为某种共同主体，在对待与这种共同主体相对而言的某种共同客体时，这种交互性的社会活动遵循某种社会规约。

其次，主体间性的社会性并不排斥主体的个体性。主体间的共存强调的不是群体对个体的吞没，共存的前提是承认个体的特质性，如果没有差异性则不需要协商性质的交往，也就不存在交流的必要。肯尼斯·伯克（Kenneth Burke，1973）关于分离（dissociation）或者疏离（alienation）之于同一（identification）的重要性的论断，对我们理解个体性之于主体间性的重要性具有启发意义。虽然人们因为各种生理属性、职业、朋友、信仰、价值观、共同参加的活动而彼此产生联系，体现主体间的社会性，但在生理学上，人类具有个体性，作为独立的个体，人的神经系统的个体中枢需要身体被供以饮食，使之成为特殊的私人财产；身体的愉悦和疼痛都是这个身体专有的。个体是富含动机的独特所在（locus）。正是这个具有独立性质的个体性使得主体间的沟通、交流、相互作用成为必要，主体间的交流是为了消除疏离并解决差异带来的问题。因此可以说，主体间性的社会性根植于主体的个体性之中。

再次，主体间性强调交互性，即主体间的相互作用。哈贝马斯的理论对我们理解这一点是极具启发意义的。哈贝马斯关于主体间性的理论建立在对交往行为的研究上。他将人的行为分为两种，除了工具性行为（即人利用工具来认识和改造自然），更重要的是人与人之间的交往行为，即相互交往的双方遵循一定的社会规约，达到彼此理解。所谓交往就是以言语为媒介的人与人之间的相互作用。

（四）从主体性的张扬到主体间性的必然

从主体性到主体间性是哲学从本体论向认识论再向语言转向的必然结果。哲学作为世界观和方法论，首先关心的是"这个世界是怎样的"。本体论（ontology）是哲学的起点和重点。从词源学上来看，ontology 由 ont（όντ）和 ology 构成，ology 意为"学问""学说"，所以 ontology 是关于 ont 的学问。ont 源于希腊文，是 on（όν）的变体，即英文中 being（存在）的意思。在本体论阶段，人们探讨世界由什么构成，关心的是世界的本源、本质、基础、逻辑等等，聚焦于世界而不是人本身。

哲学的本体论离不开认识论。认识论探讨人类认识的本质和结构、认识与客观实在的关系、认识的前提以及认识发生发展的过程及其规律。不论是唯物主义认识论，还是唯心主义认识论，都关心人类认识世界的可能性、能力和方法；由此，主体性进入哲学视野。在强调人的意识时，黑格尔（Hegel）认为，自我并非孤立存在，它必须以某个非我为参照物，并在与非我的对照中，获得关于自身价值的认识。笛卡尔（1986）的心物二元论第一次把主体从客体中分离出来，形成了主客体间的二元对立，主体的性质和特征、意识和思维成为哲学关注的对象。

哲学认识论阶段的主体性，因专注于自我意识，排斥他我和他我意识，其结果必定陷入唯我论。只有走出狭隘的认识论，才能真正理解认识主体和被认识者之间的关系。近代哲学的语言转向（linguistic turn）发现语言在联系主体与客体之间的重要地位，哲学由关注主体的意识（思维或理性）转向关注表达主体对世界的看法的语言。正是主体间共同使用的语言成为主体间性出场的必然。维特根斯坦（Wittgenstein，2000）在《哲学研究》中提出了著名的语言游戏说（language game theory），强调语境在决定意义时的作用，语境因素使得意义出现多样性，这决定了在使用语言的人的世界里也并没有所谓的绝对主体性，主体性不过是一种多元的和相对的主体性（张再林，2000），即主体间性。

谈到主体性向主体间性的转向，我们必须提及胡塞尔，"他在肯定先验主体性（先验自我）的同时，提出了他者的主体性问题"（刘汝荣，杨为，2009）。胡塞尔断言："当我感知到一个不同于我的肉体的其他肉体时，我感到了它'在那里'而'不在这里'；我可以联想到，如果我走到'那里'，站在它的位置，我也会有那样的空间显现形式，所以其他肉体像我的肉体一样，是一个生命有机体。"随后胡塞尔通过"我的肉体"和"纯粹我"的"配对"（pairing），类比推知一定有一个和"他我的肉体"和"纯粹他我意识"的"配对"，这种移情（empathy）使得我们能够通过自我的意义统觉他人的意义，达到自我和他我的共享（刘汝荣，杨为，2009）。人们之间虽然有时空、心理、生理方面的疏离，但是我们和他者之间存在不断的意向交流，这就是主体间性。胡塞尔这种对他者生命的理解是我们走向主体间性的关键一步，他使我们从单数的"我"走向复数的"我们"。

胡塞尔的主体间性理论引发了海德格尔的共在学说、伽达默尔的主体间视界融合思想和哈贝马斯的交往行动理论。他们认为，通过语言的交往，参与语言交往的本我和他我相互理解、相互作用，构成一个由多种视角组成的系统整体，在语言层面产生主体间性。现代语言学，特别是语用学，清晰表达了这种含义。语用学关注使用中的语言，它非常清晰地展示了主体性向主体间性发展的轨迹。语用学关心语境，因此又被定义为研究语境中意义的学问，社会语境、文化语境、情景语境的多样性确定了意义的多样性和不确定性。这说明人在表达意义时只是一种相对的主体性，对意义的理解必须依赖另一个主体也具有相似的语境，如此理解才能达成。所以，从根本上来说，语言表达不是一个人的事情，维索尔伦（Verschueren，1999）认为，人们使用语言达到交际目的是不断做出语言选择的过程，选择的形式和内容必须顺应主体间共处的语境。

二、主体间性教育学思考

（一）教育主体

1. 内涵

教育主体是在教育活动中发挥主体性（即主观能动性、自主性、自我创造性、自我调节性）的具有主体地位的人。

第一，教育主体是人。主体性是主体在与客体相互作用的过程中表现出来的人的属性，如能动性、自主性等，所以教育活动中非人的事物，如教具、课本、知识等，不是教育的主体。

第二，并不是所有参与教育活动的人都是教育主体。只有获得主体意识与主体能力，具有能动性、自主性、创造性的人才能称为主体。例如教学辅助人员，可以在自己的管理中成为主体，但是在课堂教学中，他们不是教育主体。在赫尔巴特（Herbart）倡导的教师中心模式中，教师具有决定教学内容、教学进度、教学方式的权威，他们甚至决定着学生的学习方式，这些主观能动性、自主性和创造性使得教师成为教育的当然主体；而学生是等待被灌注的木桶，完全没有权利决定学习内容、学习方法、学习进度；学生的自主能力和创造精神被忽视，所以学生不是或不完全是教育主体。而以杜威（Dewey）为代表的儿童中心论学派则强调儿童（学生）在教育活动中的主体地位。

第三，教育主体不仅有个体主体，还有群体主体。教育中的群体主体，指教育水平相当、年龄相仿（现代教育，特别是 MOOCs（Massive Open

Online Courses）时代，对此有所突破）、为了相似的目标而结成的一个具有主观能动性的群体。群体的主体性，正如马克思（2004）所言，"摆脱了他个人的局限，并发挥出他的种属能力"。群体主体任务不是孤立完成的，而是在群体创造的环境中、在与成员的相互影响和作用中进行的。群体主体强调主体间性。下面两个现象彰显了群体主体在教育中的积极作用。

现象一是大学教育中教师群体主体发挥作用。首先，课程组作为教学管理的基层组织，是发挥教师群体主体的形式之一。教师们共同完成课程计划的制定、教学进度的安排、教学内容的探讨、教学考评的方式及权重设置。这种团队教学管理提高了教学管理质量，优化了教研工作。同时，各个大学日益形成和完善的教师教学发展中心也是教师群体主体发挥作用的重要形式。作为教研共同体形式之一的教师教学发展中心，不仅承担教师教学技能培训的工作，也积极促进教师教研活动的开展，致力于提高教学质量，为教师职业发展提供帮助。

现象二是现代教育技术使得学生群体主体的概念得到延伸。2011年，斯坦福大学教授塞巴斯蒂安·史朗（Sebastian Thrun）根据萨尔曼·汗（Salman Khan）一直在为 K-12 学生做的免费视频课程的灵感，把他研究生水平的人工智能课程面向公众，放在网上。自此，大规模开放在线课程 MOOCs 掀起了一场教育的革命。2011 年秋天掀起的第一次波澜，使得超过 190 个国家和地区的 160000 人注册了免费课程。接着，史朗推出一家私人公司 Udacity 和十几门学生能依照自己的进度在网上完成的课程。随后，两位斯坦福大学计算机科学教授推出名为 Coursera 的网站，现在已经拥有30 多个重点大学合作伙伴，包括哥伦比亚大学、杜克大学和普林斯顿大学。紧随其后，美国麻省理工学院和哈佛大学也联合推出 edX 教育平台。这种全新的高等教育模式，第一次较大力度地改变了教育群体主体概念，不仅数量扩张，打破了年龄、地域等界限，而且群体主体互动的方式从传统的课堂走向了网络。它一经形成便获得了超越个体的巨大力量。

第四，教育主体性应不断得到检验。教育主体地位不断接受伦理道德和权力等的检验，确认教育主体是否得到了发展。我们不仅要考量教师主体性是否得到解放，而且要观察学生在多大程度上可以选择自己的学习方式，可以参与教师的教学内容、教学方法、教学进度、评估方式等的决策。新高考改革、个性化教学、完全学分制等都为教育主体性发挥创造了条件。

2. 层次性

教育实践的层次性决定了教育主体作用的层次性。主体性既体现在最基层的教育实践微观层面，也体现在教育管理中观层面和教育系统宏观层面。

第一，教学实践是最主要、最基本、最频繁的微观教育主体活动。这个活动以促进学生个体发展为目的，其最核心的主体关系之一是师生关系。教师和学生均具有发挥主观能动性的潜质，但是主体性的实现程度会因为教育观念、教育条件等的不同而存在很大差异。教育不断从"教师中心"走向"学生中心"再到"教师主导、学生主体"，主体从教师走向学生到走向师生同主体。同样，教育条件的变化也促使主体从个体走向群体。

第二，教育管理是指导、组织和服务教学过程的中观活动。主体性的发生既可以是专门机构对整个教育活动过程和教育事业的管理（如各个层次的教学指导委员会通过教学大纲或课程标准规范教学活动等），也可以指学校内部教育教学过程的管理活动（如教务处用规则约束教师行为，对教师进行评估等），还可以指部门对教学的管理和服务工作。这些主体活动最终指向教师，它们决定着教师教什么、怎么教。

第三，宏观教育主体活动指国家教育管理的最高机关对教育的总体部署和指南。例如，教育部关于2013年深化教育领域综合改革的意见，明确了教育改革的攻坚方向和重点举措，对促进教育事业科学发展具有积极的指导意义。这些主体性活动规定了国家教育发展的总体目标和方向。

（二）教育主体论的演进

尽管教育主体具有层次性，但是本书谈到的教育主体主要局限在师生这对主体之间。教师和学生在教学过程中各处于什么样的地位，教师的教与学生的学是什么样的关系，这是教育史上一直争论不休的问题之一。

1. 教师主体论

教师主体论，也称为教师中心论，往往将教育定义为教育者进行的有目的、有计划、有组织的培养人的活动。教育者是教育活动的中心，而学生只是被培养的对象。这种忽视了学生主观能动性的教育被批评为"西方专制主义师生关系的系统化、理论化"（李定仁，肖正德，2006）。它重视系统知识与技能的传授，强调教师的权威作用，认为学生知识发展和身心发展完全依赖教师对教学内容的精心组织和对教学方式的精心选择。

以赫尔巴特为代表的教师中心论主张从统觉论出发，研究人的心理活动，认为学生在学习的过程中，只有当新经验与构成心理的统觉团[①]中的概念发生联系时，才能真正掌握知识。所以教师的任务就是选择正确的材料，以适当的程序提示学生，形成他们的学习背景或统觉团。教师的中心地位可以体现在赫尔巴特的教学活动四阶段学说中。他认为教学的过程可以概括为"明了、联想、系统、方法"。他强调"教"的过程中教师应采用多种方法教学，包括直观、演示等，使学生"明了"知识；教师应采用分析教学、和学生进行自由交流等方法，引发"统觉"过程，使新旧知识产生"联想"；教师可采用综合教学法、新旧知识对比法，将知识变成概念、定义、定理，以帮助学生习得"系统"的知识；教师可以采用各种"方法"，指导学生通过练习、作业等方式将所领会的理论、方法应用于实际。

"明了、联想、系统、方法"在知识传授方面起了积极的作用。但是，其潜台词是，教师是"教"过程中的主体，而学生是客体；教师不仅是知识权威，而且是方法权威。这种绝对权威的地位将学生置于知识承载体的地位，学生是教师教学理念的实践对象，教师的价值体现在学生被价值赋值。可见，教师是整个教育活动中的主体，具有能动性、创造性、自主性；而学生是主体性缺席的客体。

[①] 统觉团指一个观念的统觉不仅使这个观念成为意识，而且使它被意识观念的整体所同化。统觉是意识观念由无意识中选择那些能通过融合或者复合而与自身合为一体的观念同化过程。一个观念的统觉不仅使这个观念成为意识，而且使它被意识观念的整体所同化。该整体就被称为统觉团。（赫尔巴特，转引自林崇德，2009）

教师主体论的哲学基础是机械唯物论，认为世界的存在就是机械运动（任何存在物的规律都是机械的，包括人、动物和其他）。换言之，不仅世界是机械的，动物是机械的，人也是机械的。教师主体论认为，客观世界的机械规律可以通过教师预先设计好的教学手段、方法等传达给学生。教育的机械唯物主体否认学生作为一个独立的心理实体的存在，忽视学生在教学过程中的主观能动性和自我意识。

教师主体论的心理学基础是行为主义。它认为，学习是刺激和反应之间的联结。其基本假设是：行为是学习者对环境刺激所做出的条件反应。他们把环境看成刺激，把随之而来的有机体行为看作反应。行为主义的学习理论认为学习意味着能对刺激做出正确的反应，所以对学生行为的评估也以他们是否做出正确的刺激反应为准。行为主义应用于教学中，就是要求教师设立引起学习者反应的各种提示，把任务分解，以利于学习者做出恰当的反应并对其进行强化。可见，行为主义教学理论以教师为中心，而学生是行为被强化的对象。

教师主体论因为对学生的忽视而受到批判，但在 20 世纪 30 年代又卷土重来。威廉姆·巴格莱（William Bagley，1980），要素主义教育（essentialism education）的代表，强调学校教育的目的是帮助学生系统地学习人类文化遗产的基本要素，帮助他们进行智力训练，促进其身心发展。他们主张把教育权威重新收归于教师，认为教学的主动性在教师而不在学生（李定仁，肖正德，2006）。他们明确提出把教师放在教育体系的中心，充分发挥教师的权威作用，树立教师的权威。如果学生对要素的学习不感兴趣，就应该强制他们学习。在教育过程中，学生的自由不能当作手段，而应看作过程的目的和结果（张焕庭，1985）。

教师主体论的最大危害是学生主动性和创造性的丧失。它要求学生对教师权威无条件服从，他们既没有权利决定学习内容，也无权决定学习方法，更无权评价教学效果，"静听"的教育使得学生群体放弃在教学中的主体意识。一个最明显的事实是，学生在课堂上的失语，他们习惯于教师灌输标准答案，以至于不会提问、害怕提问。这种缺少批判性思维、没有研究性学习意识的"产品"（学生）易受暗示，其创造性没有得到充分发展。

2. 学生主体论

1）内涵

19世纪末20世纪初，发生在欧洲大陆的新教育运动尖锐地批判教师主体论，反对绝对教师权威的教学组织形式和管理方法对儿童精神的压抑；在师生关系上，提倡以儿童的兴趣为中心，强调儿童的自由和发展。

与此同时，美国教育界也开始深刻反思，以杜威为代表，他们明确提出儿童中心说。儿童的发展被看作一个不受教师主宰的自然过程，基本原则是"表现个性和培养个性，反对从外面的灌输；自由活动，反对外面的强制纪律；从经验中学习，反对从教科书中学习；反对以训练方法获得某种孤立的技能和技巧；尽量利用现实生活中的各种机会，反对固定不变的目标和教材"（单中惠，1996）。

杜威（1981）指出，儿童既是教育的起点，也是教育的目的，教师应考虑儿童的个性特征，使每个学生的特长得以发展，因此必须尊重儿童的主体地位。他提出"做中学"，使儿童成为学习的真正主人。

杜威认为教学过程应依照学生的认知过程，而非知识结构。具体而言，教学分应五个阶段：困难、问题、假设、验证、结论。首先，教师给学生提供一个与现实生活相联系的情景（"困难"），这是实践杜威的生活教育理论的重要一步，使学生能感知到生活中的"问题"，激发他们探知的兴趣。通过让学生占有足够的资料，帮助他们运用资料创造性地提出解决问题的办法（"假设"），辅助学生推断"假设"的合理性，为学生创造实际情景"验证""假设"，从而形成科学的"结论"。这个"做中学"指向的是学生的自我实现，是在经验—理论—经验的过程中，提高学生的思维能力，使学生成为自我价值的创造者，而老师只是帮助学生实现其价值的"助手"。

学生主体论的"做中学"，认为知识来源于经验。经验作为人与环境相互作用的结果，是在主体行为受到环境的反作用后获得的一种体验；它强调从感觉出发，通过观察实验的方法，进行概括和提升。"做中学"发挥的是学生的主体性。

20世纪20年代前后，学生中心论教育思想在我国被提倡，《新教育》杂志的发刊词倡导培养健全之个人，以推进新时代的发展；陶行知更倡导让学生在"教学做合一"中，发挥教育主体作用。

链接2：《新教育》杂志提倡学生中心全人教育

《新教育》杂志于1919年创刊。发刊词中，杂志主编蒋梦麟说："同人等察国内之情形、世界之大势，深信民国八年实为新时代之新纪元。而欲求此新时代之发达，教育其基本也。……以教育为方法，养成健全之个人，使国人能思、能言、能行、能担重大之责任；创造进化的社会，使国人能发达自由之精神，享受平等之机会。"《新教育》杂志提倡的"养成健全之个人，创造进化的社会"的宗旨，是"新思潮"的基本精神，也是新文化与新教育的共同立场。

首任主编蒋梦麟、继任者陶行知和徐则陵都曾在哥伦比亚大学学习或者进修，均推崇时任哥大教授的著名教育家杜威。该刊译介杜威与孟禄等美国现代教育家的思想，促成学制改革，提倡"教育独立"，强调"平民教育"的重要性，都是这一追求的自然延伸。

节选自《南方教育时报》2013年4月19日

链接3：陶行知《开明国语课本》提倡"教学做合一"

教学做合一
陶行知

教学做合一是本校的校训，我们学校的基础就是立在这五个字上，再也没有一件事比明了这五个字还重要了。说来倒很奇怪，我在本校从来没有演讲过这个题目，同志们也从没有一个人对这五个字发生过疑问，大家都好像觉得这是我们晓庄的家常便饭，用不着多嘴饶舌了。可是我近来遇到了两件事，使我觉得同志中实在还有不明了校训的意义的。

一是看见一位教导员的教学做草案里面把活动分成三方面，叫作教的方面、学的方面、做的方面。这是教学做分家，不是教学做合一。

二是看见一位同学在《乡教丛讯》上发表一篇关于晓庄小学的文章。在这篇文章里，他说："晓庄小学的课外作业就是农事教学做。"在教学做合一的学校的辞典里并没有"课外作业"。课外作业是生活与课程离婚的宣言，也就是教学做离婚的宣言。今年春天洪深先生创办电影演员养成所，招生广告有采用"教""学""做"办法字样，当时我一见这张广告，就觉得洪先生没有十分了解教学做合一。倘使他真正了解，他必定要写"教学做"办法，决不会写作"教""学""做"办法。

他的误解和我上述的两个误解是相类的。我接连受了两次刺激，觉得非彻底的、原原本本的和大家讨论明白，怕要闹出绝大的误解。思想上发生误解则实行上必定要引起矛盾。所以把这个题目来演讲一次是万不可少的。

　　我自回国以后，看见国内学校里先生只管教，学生只管受教的情形，就认定有改革之必要。这种情形以大学为最坏。导师叫作教授，大家以被称教授为荣。他的方法叫作教授法，他好像拿知识来赈济人的。

　　我当时主张以教学来代替教授法，在南京高等师范学校校务会议席上辩论两小时，不能通过，我也因此不接受教育专修科主任名义。八年，应《时报·教育新思潮》主干蒋梦麟先生之征，撰《教学合一》一文，主张教的方法要根据学的方法。此时苏州师范学校首先赞成采用教学法。继而"五四"事起，南京高等师范同事无暇坚持，我就把全部课程中之教授法一律改为教学法。这是实现教学合一的起源，后来新学制（1922年北洋政府颁布的学制，又称壬戌学制。编者注）颁布，我进一步主张：事怎样做就怎样学，怎样学就怎样教；教的法子要根据学的法子，学的法子要根据做的法子。这是民国十一年的事，教学做合一的理论已经成立了，但是教学做合一之名尚未出现。前年在南开大学演讲时，我仍用教学合一之题，张伯苓先生拟改为学做合一，我于是豁然贯通，直称为教学做合一。去年我撰《中国师范教育建设论》时，即将教学做合一之原理作有系统之叙述。

　　我现在要把最近的思想组织起来做进一步之叙述。教学做是一件事，不是三件事。我们要在做上教，在做上学。在做上教的是先生；在做上学的是学生。从先生对学生的关系说：做便是教；从学生对先生的关系说：做便是学。先生拿做来教，乃是真教；学生拿做来学，方是实学。不在做上用功夫，教固不成为教，学也不成为学。

　　从广义的教育观点看，先生与学生并没有严格的分别。实际上，如果破除成见，六十岁的老翁可以跟六岁的儿童学好些事情。会的教人，不会的跟人学，是我们不知不觉中天天有的现象。因此教学做是合一的。因为一个活动对事说是做，对己说是学，对人说是教。比如种田这件事是要在田里做的，便须在田里学，在田里教。游泳也是如此，游水是在水里做的事，便须在水里学，在水里教。再进一步说，关于种稻的讲解，不是为讲解而讲解，乃是为种稻而讲解；关于种稻的看书，不是为看书而看书，乃是为种稻而看书；想把种稻教得好，要讲什么话就讲什么话，要看什么书就看什么书。我们不能说种稻是做，看书是学，讲解是教。为种稻而讲解，讲解也是做，为种稻而看书，看书也是做。这是种稻的教学做合一。一切生活的教学做都要如此，方为一贯。否则教自教，学自学，连做也不是真做了。所以做是学的中心，也就是教的中心。"做"既占如此重要的位置，宝山县立师范学校竟把教学做合一改为做学教合一，这是格外有意思的。

一九二七年十一月二日

（原载 1928 年 1 月 15 日《乡教从讯》第 2 卷第 1 期）

2）学生主体论的误区

学生主体论强调塑造学生的自主性、能动性与创造性，但是处理不当可能陷入三个误区：对学生的过度放纵、教师的过度让位以及学生的占有性主体教育。

第一个误区是把学生当作教学的唯一主体，过分崇拜儿童的天性，过高估计活动在教学过程中的作用，出现对学生过度放纵，而忽视系统知识的传授等问题。

第二个误区是教师完全缺席。打着"学生主体"的口号，很多教师在教学中少讲，甚至不讲。这种做法忽视了教师的主体和主导作用。整个课堂由学生做展示（presentation）很容易让学生凭借不完备的知识结构来同化新知识，并且展示给其他同学。这不仅不符合杜威"教师是一个社会团体的明智的领导者"的观点，也不符合利维·维果斯基（Lev Vygotsky）

的最近发展区理论。后者认为，学生的发展有两种水平：一种是学生的现有水平，指独立活动时所能达到的解决问题的水平；另一种是学生可能的发展水平，也就是通过教学所获得的潜力。两者之间的差异就是最近发展区。教学应着眼于学生的最近发展区来设计和实施，这必然能促使学生获得原则上为新的东西，也能调动学生的积极性，发挥其潜能，超越其最近发展区而达到下一发展阶段的水平。如果说学生们的"presentation"展示的是儿童已经达到的发展水平（其实未必完备），那么教学和教师应着力发展的是儿童可能达到的水平，这是教育的责任和目的。同时，在儿童的最近发展区中，能够激发儿童发展潜能的关键是他人的帮助，其中最重要的"他人"是教师。教师的过度让位是教师自动放弃了自己的责任。

以学生展示为中心的教学模式偏好者可能会标榜自己采用沉默教学法。事实上，沉默教学法是主张学生沉思的教学法，流行于 20 世纪 60 年代。它的确主张教师应尽力尽量少说话，鼓励学生多说话，使得学生成为学习的主体。但是，沉默教学法不意味着教师完全退场，而是强调学生在课堂里利用沉思这一教学行为，从教师那里获得更多的利益。教师的作用在于引导学生对教学内容做出积极反应，将新旧知识融汇起来，创造自己的话语。在循序往复的示范过程中，学生自我修正、自我概括、自我总结，建立自我的内在标准，形成自我所需的语言规则。教师负责设计教学顺序、指导和引导学生学习、提供适当的学习方法、解答学生在学习过程中产生的疑惑以及评价学生学习过程和结果。

没有了教师指导、引导和监控的绝对学生主体教育还导致了放羊式的教学管理的误区。这种对主体的放任对教育造成极大的伤害。例如，自主学习是学生主体论非常典型而有益的一种做法。它与传统的接受学习不同，认为学习是自主的学习。通过学生独立的分析、探索、质疑、实践来培养学生搜集和处理信息、获取新知识、分析和解决问题等能力。但是，有人误以为自主学习就是学生自由学习。很多学校建立了自主学习中心，但当教师指导与监督缺席时，中心只是另一个自习教室。自主学习强调尊重学生的自由意志和独立的主体人格，而不是自由学习。同样，网络环境下自主学习管理不当，可能变为用网络交流代替传统的师生交流，是一种新形式的教师中心教学。

学生主体论的第三个误区是，当我们倡导学生主体教育时，容易陷入学生的占有性主体教育误区。这种对学生主体的理解根源于主客二分的传统哲学。这种传统哲学认为学生是主体，而外部世界或者关于外部世界的规律（知识）是客体，在学生探知世界、了解世界的时候，主体仅具有对外部世界进行改造的能力，缺乏内在的向度，可以说主体性只是一种外在的、占有式的主体性，尽管也强调所谓学生主体性的培养，但获得的只是一种物化的主体性或工具化的主体性。主体性掩饰下的占有性培养方式，占有知识，就抹杀了人与物质和精神的区别，也把教育物化了、异化了（许杰，2004）。

占有，指把异己的东西据为己有。现代工业社会人的主体性是以物的依赖性为基础的人的独立性（马克思，恩格斯，1995），捞取、占有和获利是生活在工业社会中的人不可转让的、天经地义的权利（埃里希·弗洛姆，1989）。占有使主体在对客体的作用过程中，把客体变成自己征服的对象。因此，占有式的主体学习过程也就是占有知识的过程。

其危害有二。占有式主体教育的危害之一是将知识视为来源于"我"之外的客观世界，是确定的、静止不变的客体，因此主体作用于客体的方式也是机械的。学习的目的仅限于把知识牢牢记在脑中或者笔记本上，更多关注知识的逻辑关系，而非知识与生活的关系，更缺乏对这些知识的批判（莫兰，2004）。占有式主体教育的另一危害是当学生把自己视为征服世界客体的主体时，他所掌握的知识、技能和方法以征服自然为目标，而形成和自然的对抗。

3. 对单向度主体教育的反思

教师主体论和学生主体论都是历史发展的产物，对于知识的系统传授和学生的发展起到了积极作用，但是如果一味追求单向度的主体论则难免陷入主客对立的思想误区，而呈现主体自身的异化、客体的反主体化和他人的客体化等弊端。

单纯追求教师的主体地位，容易引起教师角色的异化。当教师视学生为被教育的客体时，容易将自己视为知识的权威，也就被异化为知识的灌输者、教材的传声筒，由此知识和教材反客为主，成了教学活动的支配者。各种教材观就是神圣化了教材的权威地位。被教材控制了的教师，被动地跟着教材亦步亦趋，教学变成了"教教材"，丧失了教师的主体性。我们赞同叶圣陶先生关于教材的观点——"教材只是例子"，教师应探知"例子"背后的深层含义，能够让学生通过此例，了解生活中更多具体的案例，这样才能解放教师的主体性。教师将学生当作被教育的客体，除了自身被异化，危害更大的、更直接的是学生被培养为没有思辨能力的"知识接纳器"，其结果是被知识占有，接受知识的程度成为学习的唯一尺度。

除了教师被知识、被教材反主体化，学生也被知识和考试占有。考试成为督促学生的利器，考试之苦被梁实秋（2014）描写成"考试之前把若干知识填进脑壳的那一段苦修"，也就是学生被知识的反主体化占有。考试的结果——成绩——也自然反客为主占有了学生。一个流行的说法是"分，分，分，学生的命根"。被知识、教材、考试、成绩、参考书、辅导班等异化导致的是学习主体的失落和反抗。

当然，单纯追求学生的主体地位，学生或者成为知识客体的占有者，被知识反客为主，或者会以他者为客体形成和他者对立的不和谐人格。同样，如果只单纯强调学生的主体地位，忽略教育中教师的主体作用，教学容易一味迎合学生的需求和认知水平而导致教学目标不明确，教学效果打折扣。

主客对立思想指导下的单向度的主体教育强调的单一主体性，无法解释多主体间的关系，更无法指导多个主体共同参与的实践活动。教学是个复杂的过程，涉及师生、生生、知识和人、人与工具、人与世界之间的多向度关系。用偏狭的单向度视野左右教育，必然导致人的关系物化、人物关系的倒置、物我关系的对立与紧张。

（三）教育主体间性的必然

教育，归根结底，是在教师和学生之间进行的一种特殊的认知活动，是教与学互动的结果。

1. 主体间性是教育现代化的要求

教育现代化不仅要求实现教师和学生各自的主体现代化，而且应将他们视为建构知识和教育实践的共同体，即实现教育的主体间性。

教育现代化以服务国家现代化为目标，以促进人的现代化和全面素质发展为核心。这个伟大事业不仅要求我们用先进的教育思想和科学技术提升教育内容、方法与手段，更重要的是着眼实现人的全面素质的现代化。

主体素质现代化的核心是文化素质现代化，即适应现代实践发展需求的人的主体能力的现代化，不仅包括知识、技能的现代化，也包括人的价值观念和思维方式的现代化（傅丽芬，1995）。

可见，教育现代化中，学生不仅是掌握现代知识和技能的学习主体，而且是适应现代实践发展的社会主体。正如，李德玲（1998）所言，人的现代化是指作为社会主体的人所具备的与现代社会相适应的思想观念、价值取向、道德水平、精神境界、思维能力、心理特征、文化心态、科技意识、劳动技能等的各种要素的总称。

教育现代化的基石是教师主体现代化，其关键是教师应具有全人教育的学生主体观和素质教育观，视教育活动为师生共同建构知识的互动实践过程。正如赵连根在主题为"教育现代化：理念·行动"的2011年中国长三角校长高峰论坛上认为的，教育现代化背景下的改革，本质上是学校教育文化的改造，首先要建立个体和共同体的发展愿景，重点是改善心智模式，包括人们的习惯、习俗、思维方式和行为方式，其路径是建立学习共同体或者学习型团队。共同体和团队强调的就是主体间性。可见，主体间性是教育现代化的先决条件和实现路径。

链接4：2011年中国长三角校长高峰论坛讲话摘录

《国家中长期教育改革和发展规划纲要（2010—2020年）》提出了"到2020年基本实现教育现代化"的战略目标，2011年4月15—16日，2011中国长三角校长高峰论坛"聚焦教育现代化"

在浙江镇海中学召开。下面是一些经典观点。

汪培新：教育现代化的核心是人的现代化；教育现代化的推进，是以人的现代化为核心的。从小学阶段开始，我们就要遵循学生的成长规律，呼唤尊重人性的教育。我认为人的全面发展，应该是心灵的美好和精神层面的极度丰满，这是教育最终的追求。

张炳华：教育现代化的关键是人的现代化、思想的现代化。在我看来，教育现代化有如下几个关键词：……"活动"，现代化教育不能忽略与生产劳动、社会、家庭生活相结合……

陈奕望：校长们更应该从个性化的角度去理解教育现代化。现在讲到教育，往往涉及两个问题：教育的功能是什么，教育的任务是什么。校长们都知道，教育的功能无非是育人，满足人发展的需求；教育的任务无非是呵护、关怀学生，让他们在心灵上、情感上、人格上得到提升。从这个角度来看，教育现代化的核心问题还是要紧随人的本原、尊重人的发展。

赵连根：教育现代化，核心问题就是人的现代化，而人的现代化，在于文化改造。所以我认为，现在教育现代化背景下的学校教育改革，本质上是学校教育文化的改造。这个文化改造的路径是怎样的呢？第一，要建立个体和共同体的发展愿景。就是说，有共同的理想和目标。第二，要改善心智模式，包括人们的习惯、习俗、思维方式和行为方式。这就要求我们注重学习与研究，建立学习共同体或者学习型团队。通过学习与研究之后，每个人要学会系统思考。就是善于整体地、有机地、动态地来思考人与事以及社会的变化，而不是片面地、机械地、静止地认识外部世界。这就是思维方式的变化。思维方式一旦优化了，个人就能够实现自我超越，成为一个现代化的人。

赵婷婷：我觉得现代人的素养，最核心的是科学素养、人文素养和社会素养。处于初中学习阶段的孩子是一个比较特殊的群体，他们特别需要关注两个概念的建立：一是自我概念的建立，一是社会概念的建立。从他的自我概念建立来讲，第一个要认同他自己，包括认同他的家庭这些客观的因素；第二个认同就是得到他的朋友和长辈的认同；第三个是对他自身的学习能力、处事能力的认同。这三个认同构建起他良好的积极的自我概念，有助于他成为现代意义上的人。社会概念，需要我们去培养和建立他们与人相处及共处的能力、道德生活的能力，以及担当责任的能力。……可以让学生有一些权利，让他们有自主选择的机会，同时把学生的自主选择作为培养学生公民意识、民主习惯的一个教育过程；可以给教师一些权利，不要使制度设计牢牢掌控在校长、管理者们的手里；要给家长一点权利，让家长从一个学校的期待者、评判者变成学校的积极合作者。

——江苏省教育厅，《江苏教育年鉴》，2012

2. 主体间性是信息化时代的要求

借用社会学家皮埃尔·布迪厄（Pierre Bourdieu）的场域（field）概念，教学场域可以理解为教学活动中的行动者之间的客观关系的网络（network）或构型（configuration）。其中资本（capital）是确定行动者在场域中权力位置的重要因素之一。行动者因所拥有的资本数量与质量不同，在追求场域中的特定主导资本时，处于不同的社会位置。教学场域中的行动者（教师、学生）因掌握的文化资源的多寡而呈现权力的差序格局。

在主客二元对立哲学思想的影响下，教师被认为拥有更多的知识资本而占有教学场域中的主体地位。他不仅是教学规则的当然制定者，而且有权通过奖惩维护规则的权威，保障规则的执行。学生则因年龄、阅历、经验等方面的自然落差而成为教育客体，处于教学场域的次要位置。教师、家长、制度、社会都可能是构筑教师权威的参与者和推动者，他们将教学参与者之间不平等的权力关系合法化，即便当教师某方面的知识不如学生时，教师的绝对权威也不容践踏。

这种非主体性教育，正如人类历史上具有自然性质的人的依赖性主体性时代，教师的地位被神化，他们被认为是知识和教学秩序的权威，学生唯命是从，没有发挥主观能动性的空间，这种关系导致学生个体自主性的丧失。非主体性教育中，学生是知识的接受者，为了外在的目的（如分数、升学、表扬、家长颜面）而盲目地、被动地占有知识，结果被知识所支配，最终压制了学生的主观能动性和创造性。

在教师主体将学生当作客体（他者）的时候，与教学相关的其他事物都成了把教学推向物化乃至异化的助手：课本成了传播标准知识的刻板道具，课堂规范成了维护教师权威的利器，考试成了维护知识权威和威慑学生的法宝，标准答案成了不容置疑的真理。

信息化时代的伟大变革打破了文化资源被教师独占的差序格局，学生的主体意识和独立人格得到了空前唤醒和解放。强大的互联网功能极大地丰富了学生学习的资源，他们在信息获得手段上丝毫不逊色于教师：从哪里学习知识，用什么手段或方式获取知识，用什么方式表达自己的学习成果，都变得日趋多元化。这一切都使得学生对教师的依赖性和依附性越来越小，自主性越来越强，教师权威受到空前挑战。教学冲突，即教师和学生在教学互动中由于在教学目标、内容、方法等方面持有不同的见解而导致的或者显性的对抗，或者隐性的心理矛盾（王爱菊，张启树，2011），成为教学常态。

教育的信息化带来的教育场域资源格局的巨大变化要求我们超越教师和学生的二元对立，尊重学生在教育活动中的主体地位，引导他们的人格向主体间性人格方面发展，帮助他们正确认识和处理人与自然、人与社会、人与知识、自我与他我的关系。

3. 主体间性是教学本质的要求

从本质上讲，教育是教与学的双边互动，是教师和学生"一体两面"的主体间互动。教师和学生处于同一思想和精神活动之中，互为对象。没有学，教的活动是无效的；没有教，学的活动是没有指导的。教学主体间的活动具有交互性和情感性。因此，在教育活动中，教育主体就是不断产生需要与满足需要的教师与学生的合二为一。他们的合作、互动与协同使得教学发生。《学记》中所讲的教学相长便是一个极好的例子。学生的"学"和教师的"教"这两个实践活动产生的是学生"知不足"和教师"知困"的结果。学生"知不足"而"能自反"恰恰是教师在知识和方法上启发的结果，而教师"知困"既是由于学生关于知识的追问而产生困惑，也是因教学效果而产生对教之道的困惑，其"能自强"恰恰是因为学生带给其知识和教学方法等方面的挑战而发愤图强。从这个意义上讲，"教学相长"是在同一实践过程中，教师和学生共同注入了自己的主动性，互相参与，互相促进，是主体间互促的结果。因此，教学是教师"教"与学生"学"的双向统一，是思想互动、观念交流、人格完善的一个过程。

作为主体的教师和学生并不是相互独立、单个意义的个人，对于他们所要面对的共同客体（如知识）而言，他们属于共同协作的"类"，共同面对他们共同的客体——由两者组成的类主体所指向的教育活动中的所有事物。在这个"类"共同体活动中，不论是教师还是学生都以对方为主体性发挥的前提，进行共同的实践认识活动，他们拥有统一的目标取向。

从完整的教育过程看，只有在互为条件、相互辩证的"教"与"学"教育活动中，教师与学生共同发挥主动性，才能充分实现教育的真正目标。

（四）主体间性教育特性

主体间性教育的第一大特性是社会性。社会性强调教学通过群体性的社会相互交往达成理解。教师和学生在主体互动中，遵循促进主体间相互理解的愿景、规律和价值。主体间教育的社会性首先表现为，具有交互关系的主体共同体与特定客体（知识、现象等）相互作用，遵循交互性的社会活动规约。其次，社会性还体现在师生主体和社会、世界之间的关系中。主体间性倡导教育生活化，教师应当帮助学生将学习知识转变为共同认知世界、探索世界、与生活相互作用的事业。教育因此从传授知识走向发现和发掘学生的自由个性的禀赋，培养学生成为社会的人，不仅教学内容要尽可能贴近社会生活，而且要培养他们观察社会的方法、服务社会的技能，增加课程的人文关怀。

主体间性教育的第二大特性是强调教学中的交往性。它指教学主体——教师和学生，因掌握现代信息技术所提供的文化资源、言说或行为能力，通过意义磋商、方法商榷等合作行为，达到主体间共同发展的目的，这是以学习内容和学习活动为中介的主体与主体之间的交往。主体间性教育承认教师和学生这两个主体的不同作用。教学场域中的教师不仅经历相对丰富，更早获得某种专业知识，而且在教学技能和方法以及教育规律的认识上具有一定的优势，是教学的主导，其作用不应当仅仅局限于传道、授业、解惑，更应该激发学生主体参与教育活动，促成其经验性的改变，即学习的发生和发展。

主体间性教育的第三大特性是平等性。主体间性教育的首要前提是承认教育主体间的平等关系。一方面，由于信息技术的发展打破了课本对知识的束缚，原有的知识优势、技能优势不再单纯地出现在教师一边，学生有机会成为知识和技能的先行者，在这个意义上，教师和学生是平等的知识探索者和教育参与者。另一方面，知识和技能不是机械地存在着，而是不断发展着的，这使得教师和学生成为探索知识的同伴，这要求师生在承担不同的职责和任务时，要具有情致和人格上的平等关系。

三、主体间性教育目标

主体间性教育致力于培养融学习主体、社会主体、思辨主体、审美主体于一体的全面的人。

（一）培养学习的人

培养学习的人，关注的是学生和知识之间的关系，建立学生与知识之间、学生与其他主体之间的关系。

学生在学习活动中的主体性可以表现为占有性和生产性两种（杨清，2007）。

占有性主体与工具性关系相联系，强调主客二元对立，强调人对客观世界进行改造、征服、占有和掠夺。这是工业化社会里的一种普遍关系，正如弗洛姆（1989）所言，"捞取、占有和获利是生活在工业社会中的人不可转让的、天经地义的权利"。当学生的主体具有占有性质的时候，学习过程变为对知识的占有过程。

"占有"强调"我有"，用弗洛姆的术语就是"to have"，其潜台词有两层含义。第一，"我"所占有的东西是静止的、确定的。占有性学习中，学生作为占有行为的主体，认为知识来源于"我"之外的客观世界，是绝对确定和静止的客观存在。这和我们所要探索的客观世界的变化发展特性不符。这样一种潜台词决定了学生对于知识的态度是机械记忆，认为记住的东西就是"我"的东西。这种僵死的知识没有和学生的思想发生关联，也无法成为其中的一部分。第二，"我"必须竞争才能充分占有。一方面，这种对物的占有有可能将一切资源物化。例如，当名师资源、名校资源、升学资源、学习资料资源有限时，学习者为了将它们据为己有，而彼此竞争，这种情况不仅封闭了学习者之间的交流，使其各自独立、彼此有隔膜，而且助长了教育追名逐利的风气。另一方面，"我"的独特性由"我"占有某物而凸显，所以成绩成了衡量学生的唯一尺度。其结果是我们不断被知识占有，被资料占有，这种"单向度"的人既丧失了批判质疑的能力，也丧失了和其他人沟通交流以及合作的能力。

相反，生产性主体强调的是学习者在参加物质和精神生产等人类活动中表现出来的主体能力。生产过程中学习者运用其内在能力，主动与客观世界发生联系。具体而言，学生不是单纯地占有确定的知识，而是利用自己已有的认知图式对新知识进行加工和融合，或者巩固自己的认知结构，或者在质和量上改变自己已有的认知语境，这种经验性的改变才是真正的学习的发生。根据建构主义学习理论，在生产性主体行为中，学生参与意义的建构过程。这个过程性行为最大限度地调动了学习者的主动性、积极性、选择性、能动性，其结果已经成为其思想的一个部分，所以也会在其更进一步的知识建构中发挥作用，从而使得其学习能力得以发展。

不同于占有性主体，生产性主体承认客观世界的发展性和变化性，摒弃了机械学习观点，不断提高的认知水平和不断优化的认知工具帮助学习者在发展变化中了解客观事物和规律。所以，学生所获得的知识是开放的、发展的和变化的。

生产性主体思想有利于建立新型的人际关系。由于摆脱了人对知识、人对人的占有欲望，学生之间变成意义建构的协作者和互助者，师生之间成为意义建构的帮助者与贡献者，甚至是共同体。学生突破封闭的自我，不必为了独自占有知识而和别人竞争，也不必为了争取独享教师资源而违背自己的真实感受去服从教师、讨好老师。他们会坦露自己的真实思想和认知状态，做创造性的思想分享，他们所提出的问题也引导教师做进一步的思考。因此，师生之间是一种真实、融洽、共同分享的关系。

生产性主体作用的发挥促使学习方式革命的开展。皮亚杰（1981）认为，教育的第一个目的是创造条件促使儿童与外部世界相互作用，促使其认知结构不断发展。这个目的要求我们按最近发展区理论，把学生置于高于其目前认知视域的社会实践中，通过解决问题提高其建构意义的能力。教育的第二个目的是培养学生的批判性思维和求证的能力，而不只是使其接受知识。学生主动探知客观世界和社会世界的现实，形成一定的假设，通过独立的或者合作的探索，主动用新知识激活已有的知识域，通过对比、比较等方式加以处理和组合，验证假设，并将认识变成个人经验的一部分。所谓批判性思维亦即杜威（1991）的反省性思维：能动、持续和细致地思考任何信息或被假定的知识形式，洞悉支持它的理由以及它所进一步指向的结论。

主体间性教育就是充分调动一切资源，帮助学生成为生产性学习主体，使其不仅能够和自己的旧有认知图式进行意义磋商，扩大、改变自己的认知域，而且更重要的是促使其与其他主体成为学习共同体。

（二）培养社会的人

社会主体的概念最初由胡国义（2006）提出。他坚决反对教育只关注人的单向度发展。教育的目的是把学生培养成为一个能担负社会责任、能为社会的发展做出自己贡献的人才。教育的社会性是教育的根本属性，它通过人类社会特有的产物——语言和文字——担负起独立的社会职能，通过传递社会生活经验和培养学生的社会实践能力及社会交往能力，完成学生的社会化过程（成有信，2007）。

首先，教育的目的之一是教会学生如何进行社会生活，强调学生主体与社会生活之间的互动。《中国大百科全书·教育卷》（1985）将教育界定义为"培养人的一种社会现象，是传递生产经验和社会生活经验的必要手段"。可见教育是将学生培养为能够参与社会生产、进行社会生活的社会人，而学生则是这个社会实践活动的主体。这个观点和许多哲学家、教育学家的观点如出一辙。柏拉图认为教育是为了以后的生活所进行的训练。陶行知（2005）倡导"生活即教育""社会即学校"，主张"生活"最重要的内涵之一即为"社会生活"。他反对脱离社会生活的"小众教育"，主张打通学校和社会的联系，让学生在社会生活中接受教育，而教育需培养社会所需要的人才。杜威提倡"做中学"，让学生成为参与社会生活与社会实践的主体。学生在"做"的社会活动中，将观察和思考上升为自己的判断，建构起关于这个自然世界和社会世界的认知。

其次，教育的高远目标是将学生培养成具有社会责任感的人。所谓社会主体，是指从社会、国家、民族整体的高度来审视和理解人的主体地位，同时以主体自身的实践推动社会、国家、民族利益的发展。做社会主义事业的建设者和接班人，要求教育主体突破作为个体学习者的视野，关注作为一名社会公民的社会责任。只有肩负了这样的社会责任，学生才能突破工具性学习目的，将探索真理作为学习目的。

再次，学校教育突出的表现之一是群体性，即学生与社会活动中的其他主体之间具有互动性。在学校的群体生活中，学生作为社会主体，不仅应具有他人意识，使自己的社会行为具有利他性，还要有集体意识，懂得集体生活的规则，在与他人合作构建知识的过程中积极主动地成为贡献者，在集体活动中发挥积极性、主动性和创造性。

传统教育强调竞争（各种各样的考试、排名等），将他人对象化、工具化，这样的对立关系和物化关系使人性遭受不断沦落的威胁。而社会人格中尤其重要的一点是学习主体具有处理自己与他人、与社会、与外部世界之间的关系的能力，即主体间性能力，只有这样才能避免以占有知识为目的、以他者为工具、与外部世界对立的倾向。我们强调学生的社会主体意识，力图培养学生在教育中建立合意的社会关系，培养学生的人际理解能力，增加学生对他人的理解与尊重。

（三）培养思辨的人

《礼记·中庸》区别了学习的进阶层次，学习只有由博学上升到审问、慎思、明辨等理性阶段才能到达笃行。《中华人民共和国高等教育法》[①]第一章第五条明确规定：高等教育的任务是培养具有社会责任感、创新精神和实践能力的高级专门人才，发展科学技术文化，促进社会主义现代化建设。其中，创新精神的基础就是思辨能力，即学生通过判断、推理等逻辑过程，发现问题、分析问题、解决问题的能力。

学者忧虑我国的"思辨危机"，发现学生具有"思辨缺席症"（黄源深，1998）。思辨力不足，个人思维容易呈现表面化、片面化、简单化、情绪化，民族性格易出现敏感、崇古等问题，甚至影响到国家治理（宋怀常，2010）。

主体间性教育强调师生、生生之间在发现问题、分析问题中互为支架，共同提高判断、辨析、分析、推理等具体能力。

（四）培养审美的人

培养审美的人，强调学生在教育过程中的审美主体地位，强调学生主体与审美对象之间的互动。这个概念契合现代教育的目标，即要将人从如

---

① 《中华人民共和国高等教育法》于1998年8月29日中华人民共和国第九届全国人民代表大会常务委员会第四次会议通过，自1999年1月1日起施行；2015年第一次修订，2018年第二次修订。

何生存转向如何生活，强调人之所以为人的精神要素。柏拉图说"我们可以断言教育不是像有些人所说的，他们可以把知识装进一无所有的心灵里，仿佛他们可以把视觉装进盲者的眼里"，教育乃是"心灵的转向"。泰戈尔也说"教育的目的应当是向人类传递生命的气息"。这里"心灵的转向"和"生命的气息"均强调教育应关注学生情感、身心、美感等各种各样的生命体验。然而，由于教育科学化和分科化的需要，传统的学校教育过分强调理性主义，关注掌握知识、提高技能的重要性，忽视甚至损害了对学生生命品质方面的培养。联合国教科文组织国际教育发展委员会（1996）在《学会生存：教育世界的今天和明天》一文中指出，"对许多青年人而言，原本应该充分而全面的培养被弄得残缺不全"，而关注生命体验的现代教育则应改变这一局面。

当下所倡导的"全人教育"就是将教育从"做事"转向着眼于未来的"育人"，培养理智、情感、身体、心理、创造力和精神潜能共同发展的全面的人。我们主张，在"育人"的过程中，学生不仅作为学习主体关注和探知物质世界，作为社会主体具有社会责任感、遵守社会规约，而且作为情感主体，在学习过程中感受生命的愉悦，感受与人交往的和谐，发现自我的良好品格。我们同意：现代教育的终极价值是体现生命的意义，让生命在教育中诗意地栖居。

本书将详细展开系列英语教学实践改革行动研究。第三章、第四章通过师生角色和师生关系的改变，培养学习的人；第五章将教学置于社会体验中，培养社会的人；第六章通过教学评价体系的优化和深化，培养学生合作学习和理性评价的能力和意识，培养学生成为思辨的人；第七章通过审美教育，让学生体会到语言的美、生命的美，进而通过自己的创作去发现美，使学生成为审美的人。我们期望通过系列教学改革行动，探索英语教学中的主体间性"全人教育"路径。

第二章

主体间性外语教学的
理论基础与行动研究方法

一、理论基础

（一）建构主义

作为认知心理学派中的重要分支，建构主义是关于知识和学习的理论，强调学习者的主动性，认为学习是学习者基于原有的知识经验生成意义、建构理解的过程。建构主义最早由瑞士认知心理学家皮亚杰（Piaget）提出。其基本观点是，儿童是在与周围环境相互作用（同化与顺应）的过程中，逐步建构起关于外部世界的知识，从而使自身认知结构得到发展的。同化是指个体将外界刺激所提供的信息整合到自己原有认知结构内，使认知结构在数量上得到扩充；顺应则是指个体的认知结构因外部刺激的影响而发生改变，使得认知结构在性质上得到改变。（Piaget，1965）

随后的研究者在皮亚杰的基础上进一步发展和完善了建构主义学说。康伯格（O. Kernberg，1999）研究了认知结构的性质与发展条件，并以认知历程的观点解释认知活动中所需要的能力。卡茨（J. Katz，2010）等研究了个体的主动性在建构认知结构过程中所起的关键作用。维果茨基（2005）提出文化历史发展理论，探讨学习者所处的社会文化历史背景在认知过程中所起的作用，其提出最近发展区理论着眼于学生的认知能力如何从现有水平向可能水平提升；在此基础上，维果茨基（2005）还深入研究活动和社会交往在人的高级心理机能发展中的重要作用。这些观点对我们进行教育场域的主体间性研究和实践具有启发意义。

1. 建构主义知识观

传统知识观认为，知识是对客观世界的本质反映，是人类在实践中认识客观世界（包括人类自身）的成果，它包括事实、信息以及在教育实践中获得的技能。这种知识观强调知识是独立于认识者之外的客观存在。与之相应的学习观认为，学习是对知识的掌握，掌握了知识便掌握了这个客观世界及其规律。因此，知识既是教学的内容，又是教学的结果。这种知识观具有机械性，它忽略了客观世界的多元性和变化性，也忽视了人在了解客观世界时既存在着心智局限，也具有某种主观能动性。

建构主义的代表人物恩斯特·格拉赛斯费尔德（Ernst Glasersfeld, 2017）认为，知识是主观的而不是客观的，因为建构主义知识来源于建构者自身，并且仅仅与建构者自身有关。知识建构有个体性，它因学习者的经验、信念的不同而不同，因此学习者对外部世界的理解和认知也就不同。正因为如此，建构主义者强调学习者原有的经验和心理结构在知识建构中的作用，强调学生在建构知识过程中的主动性、社会性和情境性。

建构主义认为，知识不是先于人的认识而存在的，而是人们借助语言符号系统对客观事实进行的一种假设，随着社会发展和人类认知水平的提高，这种假设不断地被肯定、否定、改写、丰富，并不断出现新的解释和新的假设。关于天体运动的知识便是一个极好的例子。

链接5：关于宇宙天体的"假设"不断被改写
（http://baike.baidu.com/view/915.htm?fromId = 261496）

1500 多年前希腊科学家托勒密创立了宇宙模式，他认为地球是宇宙的中心且静止不动，日、月、行星和恒星均围绕地球运动，而恒星远离地球，位于太空这个巨型球体之外。地心说是世界上第一个行星体系模型。这种学说把地球当作宇宙中心是错误的，然而它的历史功绩不应被抹杀。地心说承认地球是"球形"的，并把行星从恒星中区别出来，着眼于探索和揭示行星的运动规律，这标志着人类对宇宙认识的一大进步。地心说最重要的成就是运用数学计算行星的运行，托勒密还第一次提出"运行轨道"的概念，设计出了一个本轮均轮模型。按照这个模型，人们能够对行星的运动进行定量计算，推测行星所在的位置。这是一个了不起的创造。在一定时期里，依据这个模型可以在一定程度上正确地预测天象，因而在生产实践中也起过一定的作用。

然而，经仔细观测，科学家们发现行星运行规律与托勒密的宇宙模式不吻合。

一些科学家修正了托勒密的宇宙轨道学说，在原有的轨道（或称小天体轨道）上又增加了更多的天体运行轨道。这一模式称每颗行星都沿着一个小轨道做圆周运行，而小轨道又沿着该行星的大轨道绕地球做圆周运动。几百年之后，这一模式的漏洞越来越明显。科学家们又在这个模式上增加了许多轨道，行星就这样沿着一道又一道的轨道做圆周运动。

哥白尼想用"现代"（16世纪）的技术来改进托勒密的测量结果，以期取消一些小轨道。

在长达近20年的时间里，哥白尼坚持测量行星的位置，但其测量获得的结果仍然与托勒密的天体运行模式没有多少差别。哥白尼想知道在另一个运行着的行星上观察这些行星的运行情况会是什么样的。基于这种设想，哥白尼萌发了一个念头：假如地球在运行中，那么这些行星的运行看上去会是什么情况呢？这一设想在他脑海里变得清晰起来了。一年里，哥白尼在不同的时间、不同的距离从地球上观察行星，每一个行星的情况都不相同，这使他意识到地球不可能位于行星轨道的中心。经过 20 年的观测，哥白尼发现唯独太阳的周年变化不明显。这意味着地球和太阳的距离始终没有改变。如果地球不是宇宙的中心，那么宇宙的中心就是太阳。他立刻想到如果把太阳放在宇宙的中心位置，那么地球就该绕着太阳运行。这样他就可以取消所有的小圆轨道模式，直接让所有的已知行星围绕太阳做圆周运动。

事实上，直到 1609 年伽利略发明了天文望远镜，连同他的数学逻辑证明，并以此发现了一些可以支持日心说的新的天文现象后，日心说才开始引起人们的关注。这些天文现象主要是指木卫体系的发现直接说明了地球不是唯一中心，金星满盈的发现也暴露了托勒密体系的错误。

然而，由于哥白尼的日心说提供的数据和托勒密体系的数据都不能与第谷的观测相吻合，因此日心说此时仍不具优势。直至开普勒以椭圆轨道取代圆形轨道，修正了日心说之后，日心说才在与地心说的竞争中取得了真正的胜利。

从古至今，我们从来没有停止过对宇宙知识的建构。受限于我们的认知水平和认知条件，目前我们对宇宙知识的建构不能达到完全正确，但因假设随着科学技术的进步不断被修正，这一建构在不断接近事实。托勒密（C. Ptolemy）的运行轨道概念、本轮均轮模型都是基于数学运算提出的关于天体运行的假设，这个模型可以在一定程度上正确地预测天象，说明这样的知识的确可以在某些方面反映客观世界。如果没有哥白尼"想知道在另一个运行着的行星上观察这些行星的运行情况会是什么样的"的设想，也不会有他 20 年"在不同的时间、不同的距离从地球上观察行星"的努力，当然也就不会有后来的发现。正是由于人们认知水平的提高（数学逻辑）、科学技术手段的不断革新（天文望远镜的发明），人们的理论才可以一步一步从地心说向日心说发展，从圆形天体轨道向椭圆形轨道认识发展。

2. 建构主义学生观与学习观

建构主义尊重学生在意义建构中的主体地位，认为学习者不是空着脑袋进入学习情境的。他们带着已有的生活经验、态度和看法进入到学习场域，形成对问题的一定解释和假设。因此，教学不能无视学习者已有的知识经验，简单生硬地填灌。

建构主义认为，教学不是教师把掌握的知识倒入学生的脑中，而是学习者在一定的社会文化背景下，借助教师和学习伙伴等他者的帮助，利用必要的学习资料和学习手段建构意义的过程。这表明，学生应该是学习的主体，而教师是意义建构的辅助者和引导者。在学习发生的过程中，促成经验改变的主体只能是学生；教师作为学习活动的协助者，和学生之间是一种人际间的协作关系，即主体间关系。建构主义学习理论特别重视情境、协作、会话、意义建构这四大要素的作用，主体间必须针对共同的情景，参与协作活动，通过会话方式，才能共同完成意义建构。

学生始终是知识建构、意义建构的关键角色，获得知识是学生主体的主动探索过程，学习的发生就是经验性的认知结构改变，或者是把外部环境中的有关信息吸收进学生原有的认知结构中，使之发生量的改变，或者使原有的认知结构发生重组或改造等质的改变。

意义建构作为整个学习过程的最终目标，强调的是发觉事物的性质和规律，建立事物之间的内在联系。其效能取决于学习者根据自身经验建构意义的能力和实践。这一点强调学习者的认知主体作用。教师的作用在于帮助学生深刻理解事物的性质、规律以及该事物与其他事物之间的内在联系。教师在创设情景、组织师生和生生协作的过程中发挥主体性作用。从学习的性质和过程看，学生与教师的主体性见表2.1。

表 2.1　学生与教师的主体性

学生主体性	教师主体性
通过探索建构意义	激发学生形成学习动机
主动搜集并分析有关信息和资料，提出并验证假设	通过创设情境和提示新旧知识之间的联系，帮助学生建构意义
通过交流、讨论等协商性活动，使新旧知识产生联系；通过思考建构意义	通过提问、启发、纠正、补充等形式，组织和引导建构意义的协作活动

可见，学习总是在原有经验基础上发生新的生长，教师也不再是知识权威，仅仅是做知识的简单呈现，在协作建构意义的过程中创设情景和启发讨论，引导学生在量和质的层面上丰富、调整甚至改变自己的认知结构。

（二）交往理论

交往是社会生产得以进行的现实前提。人们不仅靠着彼此的交往共同完成社会生活，而且通过物质、能量、情感、信息的交换，扩大和延伸彼此的智力、体力。例如，书籍的流通作为一种特殊的交往形式，使大众接触到医学、法学、管理等方面的专业知识，形成相关方面的经验，从而使他们在处理社会生活事件时可以发挥更多的主体性。

交往性社会实践促使实践主体不断发展和进化，特别是在解决问题的过程中，人的主体性和主体间性不断成熟和完善。这不仅增强了不同主体间的可沟通性、可理解性，而且提高了主体间协同解决问题的能力。

1. 交往的内涵

交往是人类最普遍的行为范式之一。它是主体以语言、符号为媒介，通过对话来进行的知识、情感、观念、信息的交流，以形成相互"理解"与"共识"的行为（岳伟，王坤庆，2004）。交往行为与工具行为不同，工具行为是蕴含主、客体结构的人与物的关系，是人通过符号对客体的反思，同时也通过符号对客体进行改造；而交往行为是主体与主体之间的相互作用、相互交流、相互沟通和相互理解。

作为人类所特有的存在方式和活动方式，交往不仅发生在人对自然进行有目的的改造的物质生产活动中，而且使人们在生产活动中结成一定的社会关系。因此，交往始于物质生产活动，又高于物质生产活动，是以物质交往为基础的全部经济、政治、思想文化交往的总和。作为交往的主体，交往双方承认自己和对方的主体地位，重视相互的主体关系。

2. 交往的特性

首先，交往具有互为主体的特性。交往发生在两个或两个以上的主体之间，每个人都承认对方的独立主体身份，而不是把对方看成改造对象。交往的双方以语言符号为中介，进行信息的交换与同构，实现双方在思想观念、情感、价值、态度等方面的理解。他们遵循一定的社会交往规则，维持话轮转换（turn-taking），指向同一个客体，即交往实践具有客体指向性。双方既发表自己的观点，也倾听别人的观点，从而实现彼此的磋商、理解、共识，形成视域融合（fusion of vision）。这样的例子比比皆是。商业谈判中的讨价还价、医疗事件中的专家会诊、政治事件中的斡旋调停、技术革新中的集体攻关，都体现了交往中双方互为主体的特性。

其次，这引出了交往的第二个特性，即主体间性。交往中人们互相尊重彼此的主体身份，其目的是在主体双向互动中整合出一个超越个人主体的共识，如商业谈判中的磋商结果、医疗会诊中的共同方案、政治事件中的调停效果、集体攻关中的技术路径。

再次，交往具有规约性。哈贝马斯认为交往是规则指引下的言语活动。为了规范人类的交往，他（2004）提出普遍语用学（universal pragmatik），强调交往中言说者的话语必须是可领会的，而且还要满足三个有效条件，即话语的真实性、真诚性与正当性。同样，语言哲学家 H. P. 格莱斯（H. P. Grice, 1975) 也提出了著名的合作总原则和次则。

Make your conversational contribution such as required at the stage at which it occurs by the accepted purpose or direction of the talk exchange in which you are engaged.

The maxim of quantity

1. Make your contribution as informative as required (for the current purpose of the exchange).

2. Do not make your contribution more informative than is required.

The maxim of quality

1. Do not say what you believe to be false.

2. Do not say that for which you lack adequate evidence.

The maxim of relation

Be relevant.

The maxim of manner

1. Avoid obscurity of expression.

2. Avoid ambiguity.

3. Be brief (avoid unnecessary prolixity).

4. Be orderly.

　　格莱斯所提出的会话规则包括质（不说假话、不说缺乏证据的话）、量（足量而不过量的信息）、关系（相关）和方式（避免含糊、避免歧义、简洁、有序）四个方面。当然，这并不是说我们在日常交往中总是遵守规约。有意违反合作原则产生会话含义（conversational implicature）。交往的规约性是指，即便是有意违反合作规约，也要按其他的规约来进行会话含义的正确推测：（1）S 说了 X，已在 H 那里产生 R 效果；（2）H 识别了 S 的意图；（3）H 对 S 意图的识别至少是 H 做出 R 反应的部分原因。其中，S ＝说话人，X ＝所说的话，H ＝听话人，R ＝听话人的反应。在语境中识别意图成为成功交际（成功识别会话含义）的关键。也就是说，话语带有意图，意图是听话人做出反应的原因。例如，冬天，窗户打开着，冷风吹进来，A 对在窗边的 B 说："It's cold here." A 的话语并不是想表达"The temperature here is very low"，而是想请 B 关窗。B 合作地在"寒冷冬天""冷风吹进窗户""自己靠近窗户"等情境下，识别出 A 的话语意图，关上窗户。这种合作性推测和行为是在 A 有意违反合作原则的相关性次则的情况下合意的交往行为，其实是在更高层面上的规约性合作行为。

3. 教育的交往本质

首先，教育是教师和学生作为完整的、独立的人在教育场域中相互作用的社会实践活动。他们之间的行为是主体与主体之间的交往行为，不是人对物的占有、利用、改造的工具性行为，更不是物对物的机械行为。

其次，以培养人为目的的教育实践活动是由教与学所组成的双边互动活动，只有产生交互作用时才构成有机意义上的教育活动（叶澜，1999）。教育在教与学的交互活动中实现，教与学的教育活动因学与教的实践活动而相互依存。一方面，所有主体所拥有的知识、技能并非同质同量，教学交往就是知识技能的延展交流；另一方面，知识技能并非机械不变，需要教学双方不断在类似的情景中磋商与共构。没有交往，教育关系便不能成立，教育活动便不可能产生。一切教育不论是知识教育还是品格教育都是在交往中实现的。（金生鈜，1997）

再次，教育生活还是师生精神生活的交往。师生交往本质就是教师人格精神与学生人格精神的交往，教师的人格精神必定对学生的精神发展产生启迪和影响，而在交往中形成的师生关系本身具有对个体精神的陶冶性和培育性。

4. 教育交往的特殊性

教育交往与其他交往相比，表现出以下三个方面的特殊性。

首先，交往主体间关系特殊性。因为教育是成人与儿童交往的特殊生活方式（周浩波，2000），尚未成熟的儿童是学习主体，也是学校和教师评价的主体，更是教育任务完成的主体。他们的身心发展特点以及他们的兴趣爱好等都制约着教师教学过程中主体功能的发挥。当然，教育信息化的发展逐渐促使"弟子不必不如师"，这一点至少在知识和技能方面已成为现实，这种主体间关系对教师主体作用的发挥提出了更大的挑战和更高的要求。

其次，主体交往活动性质特殊。教育交往是一种有目的、有计划的交往。其目的是培养人、发展人，所以交往过程中，教育者要遵循受教育者的身心发展规律。教育的计划性体现在，教育目标不是通过一次交往就可以实现的，因此要有计划、分阶段地实施教育交往活动。这种主体间的交往必须借助一定的中介方能互相联系，如学校、班级、实验室、教具、教材、实验器材等。

再次，教育交往的媒介和内容具有特殊性。哈贝马斯（2004）认为，人类的生活世界由客观世界、社会世界和主观内在世界构成。教育交往通过语言媒介参与了三种生活世界。首先，教育交往是一种以言行事①的行为，教育者说话时，他实现的不仅有语言系统内部的词汇、语法、语音、语义的言内行为（locutionary act），而且通过言内行为去影响受教育者的行为，达到启迪的作用，实现人与人之间在行为上的协调。由此可见，教育交往行为的参与者直接参与的是一个符号世界、一个语言和文化的世界。其内容主要是一些符号性的知识以及带有明显个人特色的情感、态度。因此，教育交往是教育主体之间以语言符号为媒介，通过知识、情感、态度、观念等的交流与对话，建构新的意义，引起彼此经验性的变化。

二、行动研究方法

行动研究（action research），集教学行动和科学研究为一体；以教学中发现的问题为导向，教师边研究边行动，边行动边研究。行动发乎研究且不断调整于研究之中。两者动态互促，行动为研究提供动力，研究为行动提供指南；目的与过程互联，研究以解决行动问题为旨，行动以贯彻研究思路为趣。

---

① 以言行事的观点是英国著名的分析哲学家 J. L. 奥斯汀（J. L. Austin）提出来的。他不仅提出施为话语和记述话语的区分，表明语言的功能不止陈述或描述世界，更重要的是实施行为，而且提出言语行为理论（speech act theory）进一步说明言语行为的三个层次：话语行为（locutionary act）、话语施事行为（illocutionary act）和话语施效行为（perlocutionary act）。

主体间性教育实践是为解决主体间性缺失、主体间关系不和谐等问题而进行的教育教学改革研究与实践。它以课程为载体，以激活学生的学习主体性、社会性、情感性为目标，在教学活动中教师对新问题不断研究，并进行理论适调和行动决策。因此，教学改革本身就是研究过程。

（一）行动研究的发展历程

行动是由实践者为达到某种目的而进行的活动；研究指受过专门训练的专业工作者、学者专家为了寻求问题的根本原因、可靠依据、可行方案，通过有计划、有系统的资料收集、分析和解释来解决问题的过程。传统的社会科学研究中，存在着行动和研究以及行动者与研究者之间的分离，即理论研究脱离教学实践，而教学行动又缺乏理论指导；实际工作者既得不到研究者的帮助，又不研究自己身处的环境和面临的问题。

把行动和研究结合起来是在 20 世纪 30 年代。美国人柯利尔（Coller）在 1933 年至 1945 年担任美国印第安人事局局长期间，安排专业人士和非专业人士一起研究改善印第安人和非印第安人关系的方案。在这一过程中他得到启发，认为专家研究的结果还须依靠实际工作者的执行和评价，不如让实际工作者根据自身的需要对自身工作进行研究，这种方法叫行动导向的研究方法（action-oriented research）。

行动研究作为一种研究方法，在社会科学领域的广泛推广应归功于美国社会心理学家勒温（Lewin）。勒温（1946）和他的学生通过行动研究，致力于提高少数族裔的自信心，帮助他们追求独立、平等和合作。

把行动研究引入教育界的是哥伦比亚大学教育学院院长考瑞（S. Corey）。20 世纪 50 年代，他把行动研究看作教师提高教学的方法。1953 年，在《改进学校实践的行动研究》（*Action Research to Improve School Practices*）一书中，他鼓励教师（而不是身处局外的专家）对自己的教学行为进行研究，以此来评估自己的决定和行为，修正改进自己的行动方案，并循环下去，不断提高教学效果。（Corey，1953）

20 世纪 70 年代，行动研究方法传到英国，著名的课程理论家劳伦斯·斯滕豪斯致力于推动此法，提出"教师即研究者"的观念。教师不再仅仅是局外专家提出的教学方案的执行者，更是对自己行为进行决策和评判的研究者。斯滕豪斯（1975）提出，教师应具有对自己的教学提出系统质疑的义务和技巧。

20世纪80年代开始，行动研究在语言教学界得到关注，90年代被引入我国教育研究领域。虽然行动研究作为一种质性研究尚未成为教育研究的主流范式（Rainey, 2000; Benson et al., 2009; 刘润清，戴曼纯，2003; 陈陆健，2012; 张培，2012），但它被认为是教师解决专业问题、促进教师职业发展的一条重要途径，在教育研究和教师发展领域的作用日益凸显（吴宗杰，1995; 吴一安，2005; 夏纪梅，2009; 文秋芳，2011）。

（二）行动研究的内涵及特点

1. 行动研究内涵

行动研究是一种重要的研究范式，备受教育实践者和教育研究者关注。下面为行动研究倡导者的经典定义。

> Action research is a comparative research on the conditions and effects of various forms of social action and research leading to social action that uses "a spiral of steps, each of which is composed of a circle of planning, action and fact-finding about the result of the action". (Lewin, 1946)

> Action research is any systematic inquiry conducted by teacher researchers, principals, school counselors, or other stakeholders in the teaching/learning environment to gather information about how their particular schools operate, how they teach, and how well their students learn. This information is gathered with the goals of gaining insight, developing reflective practice, effecting positive changes in the school environment (and on educational practice in

general), and improving student outcomes and the lives of those involved. (Mills, 1959)

A form of self-reflective enquiry undertaken by participants in social situations in order to improve the rationality and justice of their own social or educational practices, as well as their understanding of these practices and the situation in which these practices are carried out. (Carr & Kemmis, 1986)

Action research is a type of applied social research differing from other types in the immediacy of the researcher's involvement in the action process. (It is) more concerned with the immediate application rather than the development of theory. It focuses on a specific problem in a particular setting. In other words, its findings are usually judged in terms of their application in a specific situation. (Verma & Beard, 1981)

Action research might be described as an inquiry conducted into a particular issue of current concern, usually undertaken by those directly involved with the aim of implementing a change in a specific situation. (Hitchcock & Hughes, 1989)

Action research is "the study of a social situation with a view to improve the quality of action within it". (Elliott, 1991)

Action research is " ... a form of self-reflective inquiry carried out by practitioners, aimed at solving problems, improving practice, or enhancing understanding". (Nunan, 1992)

Action research was the means of systematic enquiry for all participants in the quest for greater effectiveness through democratic participation. (Adelman, 1993)

Action research is either research initiated to solve an immediate problem or a reflective process of progressive problem solving led by individuals working with others in teams or as part of a "community of practice"to improve the way they address issues and solve problems. (Stringer, 1999)

Action research is an interactive inquiry process that balances problem solving actions implemented in a collaborative context with data-driven collaborative analysis or research to understand underlying causes enabling future predictions about personal and organizational change. (Reason & Bradbury, 2001)

上述定义表明，行动研究回答了以下几个问题：一是研究者和研究对象是谁；二是研究内容是什么；三是研究目的是什么；四是具体研究方法有哪些。

首先，大家对行动研究的研究者和研究对象的看法趋于一致。行动研究的研究者和研究对象均为教师本人或者团队。这和传统的由专门研究者对教师进行由外而内的研究不同，教师既是教学的实践者，也是教学实践的研究者，因此是"由内而内"的研究。教育专家只不过是指导者与支持者。

其次，行动研究的内容是教师教学中的问题和问题解决的行为。教师对自己的教学实践进行批判性研究，或者把自己的教学想法进行实证性观察。教师研究者缜密地设计并实施行动方案，以提高教学的有效性。

再次，行动研究的目的是解决教学中的现实问题，并且提高教师反思、讨论、决策、行动的能力（Mills，1959），最终提高教学质量。正如克莱姆·阿德尔曼（Adelman，1993）所言，行动研究是全体参与者为了追求更高效率而进行的一系列具有系统性的研究（Action research was the means of systematic enquiry for all participants in the quest for greater effectiveness through democratic participation）。这里的"更高效率"指的就是教学质量和效能。

最后，教学行动研究须通过一系列研究手段，如教学日志、课堂实录、教学反思、课堂观摩、个案研究、调查问卷以及个人访谈等，对行动研究参与者及其行为进行细致观察、记录、分析和反思，发现问题并解决问题，以期进一步改善教学。这也说明行动研究属于质性研究。（Nunan, 1992）

综上所述，教育行动研究包含以下几个关键因素：第一，行动研究的参与者是处于教学情境中的主体；第二，行动研究着眼于教学情境中具体的问题，直接作用于教学实践本身；第三，行动研究的目的是提高行动质量（教学质量）；第四，行动研究不局限于某一特定的研究工具或途径。

2. 行动研究特点

从以上关于行动研究的界定，我们可以总结出它有如下重要特点。

第一，行动研究具有民主性。民主性和专制性相对，它强调的是人的独立见解和独立个性，以人与人之间的差异为前提，即个人意见可以得到充分尊重，它注重的是平等的关系。勒温曾和他的学生在社区或者工厂做了半实验性质的尝试，来证明民主参与远比专制威压能带来更好的秩序和生产力。他与合作者组织了一项员工培训。他们把员工分为两组：第一组员工接受直接训导，几乎没有提问机会；第二组员工则受到鼓励参与讨论和决策，并对培训进行评价。几个月中，第二组员工的生产力持续高于第一组，第二组组员对任务的领悟力和主动性更强。这个实验愈加坚定了他的信念：工作中应该有民主而不是专制的环境。

同样，教学问题不是靠上级命令就能解决的，也不是靠一线教师被动执行局外专家的设计，而是由参与教学过程的各个主体以合作者的身份，共同分析问题，共同决策方案，共同执行方案以及共同评价和改进方案。问题经由发现者共同解决，个体既是研究者，也是行动者。同样，这个特点也可表现为集体性。行动研究针对集体的共同问题，如英语课堂讨论教学中学生参与性的问题。行动研究需要大家集体讨论问题，集体决定行动方案，并且真正参与行动过程，关注教学过程和教学结果，并参与评估行动；参与教学过程集体决定方案中的策略使用、评估效果，并制定更新的方案。

第二，行动研究具有主体间性。行动研究要求教师集教育实践者和教育研究者为一身，这必定使得教师的研究者身份明示化，并促使教师由知识传递者向研究者或专家转型。这个转变促进教育的主体间性发展。

教师由知识传递者的主动转型促使学习成为教育的关注点，学生成为学习的主体，学习有效性（effective instruction）成为教学的衡量标准，学生学习中的困难和问题成为各教育主体关注的焦点。教师作为教学行动研究的主体，对学习主体的实践进行指导和研究，在某种程度上，教师和学生结成学习同盟，共同应对遇到的问题，共同协商解决办法，并在实践中不断反思，采取更进一步的合作改革措施。教师不再是教学改革的旁观者，只实施专家的研究成果；学生不再是教育改革的"傀儡"，任由专家实验。在某种意义上，主体间性促使主体间发展，彼此分别成为高级教育专家和高效学习者。

行动研究促发主体间性最核心的内容在于权力让渡。教师必须把加工知识的权力让渡给学生，不再扮演知识权威者的角色，不再不留死角地备知识、传知识、考知识，而是促使学生从知识的听者转变为知识建构者和知识建构的管理者；专家必须把改革研究的权力让渡给教师，采取什么样的教育行动、如何采取教育行动、确立怎样的教学目标和教学策略都是教师的事情。学生学习自主权和教师专业自主权的回归，将学生发展和教师发展的重点分别转变为"学习学习"和"学习研究"的能力发展。这两种主体能力发展在教育场域因学习而互相联系，互相促进。

行动研究中的主体间性表现为，教师和学生共为知识建构合作者、学习管理者、困难研究者、行为实施者、成果评判者。这些合作行为促成了社会责任。

斯滕豪斯想让学生、老师和学校体会一种"解放"，其核心是智力、道德等的自治。当我们远离了家长制，远离了权威的时候，我们就必须自己做出判断，自我监控，为自己和自己的行为负责任，即我们要发现自己，发现主体性。斯滕豪斯强调学生不被教师的权威左右，他们要成为发现自己、发现并建构知识的主体；而教师，作为研究者，也要逃离局外专家的控制，自己研判环境，更加自主地做出决定，更有效地参与和管理自身的职业发展。

行动研究的主体包括教师、学生以及行政部门。他们本质上具有主体性，即个体性，但又以主体间的方式存在。针对教育实践中的问题，三者各自发挥自己的主观能动性，主动参与讨论，主动提出方案，主动提出不同观点，主动参与解决问题的行动；但因为主体性（即个体性）和共同目标，主体在集思广益的过程中，存在意见表达、意见认同、方案协商与妥协、行动合作等等，这些都是主体间性的表现。

第三，行动研究具有发展性。行动研究着眼于多方参与者的能力发展。于学生而言，对学习问题进行行动研究，能提高其学习效能。于教师而言，行动研究有利于其"由内而内"地审视和评估自己的教学过程，发现问题、提高自我，促进其成为自己课堂的研究者，有利于其职业发展。

行动研究发展性的第二个内涵强调的是行动研究的方法论特性，也可以理解为循环性。行动研究采取螺旋上升步骤，每一步都是计划、行动、效检的循环前进。

第四，行动研究具有问题导向性。行动研究的起点是教师在教学过程中遇到的问题。行动研究中教师不断发现问题，进而展开调查、制订计划，并在解决问题的实践过程中，发现新问题，解决新问题。因此，行动研究始终围绕着问题为教学实践提供最优方案（Denscombe，2010）。

第五，行动研究具有反思性。行动研究是为解决某个临时问题而进行的研究，或是与团队中的其他成员合作解决问题的持续过程，或是为了集体决策寻找最佳方案而做的研究。反思是关键一步。行动研究通过观察行动、听取反馈、评价效果等反思过程，为行动研究的下一轮方案提供理性思考。

第六，行动研究具有统一性。它指研究和行动之间的统一性，没有研究就没有行动，没有行动就没有研究；也指研究者与行动者之间的统一，教师既是研究者也是行动者。

统一性还表现在行动研究是理论性和实践性的统一。行动研究的诞生，在很大程度上，就是为了克服理论与实践的脱节。20世纪初，美国著名教育家杜威对教育照搬"研究—开发—推广"科研方法提出了严肃批评。因为这种方法强调：研究是由专家、学者承担的，行动由教育工作者完成，而对实践效果的评估由专业人士完成。三者之间的割裂不符合教育的实际情况。杜威强调教育研究和教育实践是互相融合的。因此，教育研究者、实践者及其他参与者（包括学生和行政人员）只有共同合作、探索、评估、反思、改进，才能共同解决教育问题。

不同于由外观内的传统教学研究，教学行动研究强调研究者从对教学行动的外观者（指导者、检测者）变为内在者（行动操作者、内省者、指导者）。教师兼具行动者和研究者两层身份，教学的研究本质走向外显化，这在某种程度上促进了教师的职业发展。

（三）教学的研究本质和行动研究模式

从杜威和皮亚杰开始，教学从启蒙时期的"传授—接受"转向现代的"研究—建构"。在一百多年的时间里，教学与研究融为一体，教学具有研究本质。

杜威关于儿童经验与成人经验的本质区别给了我们重要启发。他认为，教学必须符合儿童的心理过程，把分门别类的学科知识（成人的经验）转化为儿童的经验。而经验必须经过主动的探究才可以形成。因此，儿童必须成为知识的探究者和建构者，这样才能实现教育和教学的目的。

皮亚杰也认为，学习的本质是心灵的主动建构，而成人试图把自己理解的关于自然与社会的知识快捷地灌输给儿童，这是徒劳的。教学应该顺应学生心理，教师必须同时是组织者、引导者、合作者，为学生提供主动建构知识的情境和帮助。

所以，本质上来讲，教学是一个以学生为中心的过程，要让学生成为主动的探究者和建构者，教师在此过程中要理解并发展学生的探究能力，帮助学生学会思考；另一方面，教师也应成为学生学习心理和学习过程的研究者，为学生提供帮助和引导。

教育科学研究发生在教学的各个环节。备课的重点之一就是研究学生的认知结构、学习心理等；在此基础上，教师研究上课的行动方案，包括以怎样的活动促发学生主动参与知识建构。课堂教学以课堂为场域，实施行动方案，在这个过程中，教师也根据学生反馈，不断调适方案，这也是研究过程。而对于学生的作业，教师也要探究学生的思维并以反馈的方式进行沟通，这里无不需要理性判断和思考。

我们强调教学的研究本质还在于教与学本质上均是探究性的，因为知识建构和经验积累都是行动（action）与反思（reflection）的过程。没有这样的探究（inquiry）过程，无论是知识的最初产生，还是知识的再生产以及知识的传播均是不可能的。

行动研究没有统一的范式，它随着研究对象、内容、阶段的不同而不同，但其核心是一个问题驱动（problem-driven）的螺旋式上升的循环研究过程。每个循环都可以包括计划、行动、观察等相互联系和相互依赖的基本环节（Stringer, 1999）。除此之外，观察、反馈、反思和评价也是循环的必须环节（Kemmis & McTaggart，1988），其中，观察过程、审视反馈、反思效果和研究评价是促成下一循环教改的起点。

基于已有研究，我们细化了螺旋式的行动研究模式（见图2.1）主要包括以下研究步骤。

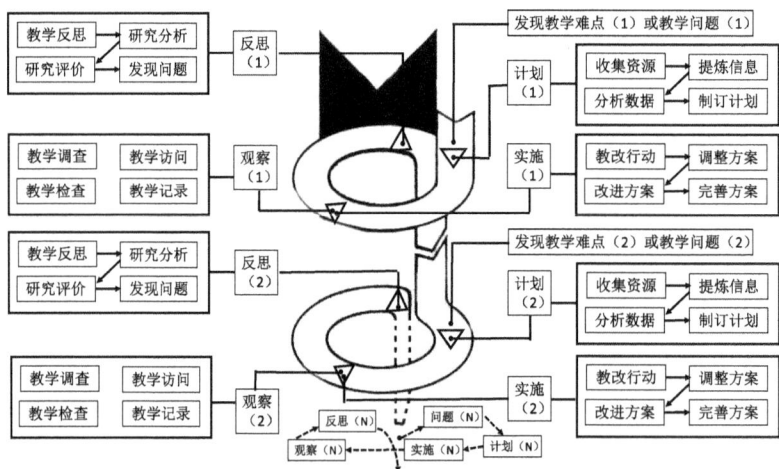

图 2.1 行动研究模式

环节 1：计划

确定教学中的问题后，教师应该收集资源、提炼信息、分析数据、制订计划。这四个步骤属于计划环节，也是形成行动方案的必要环节，是教学行动研究的开始。我们不仅要对问题本身进行研究，还要对方案进行研究。

计划包括研究的总体计划和具体行动步骤。在这个阶段，研究者以问题发现和调查研究为前提，深入思考引起这些问题的人、方法、条件、环境、原因等要素，基于相关的理论和方法，策划解决问题的行动方案和行动策略。

环节 2：行动

以问题为导向，有目的、有步骤、有控制地采取教学改革行动，并视情况不断调整、改进、完善方案。

环节 3：观察

对行动的过程和结果等进行客观观察。很多影响和制约教学的因素具有不确定性和不可预知性，研究者要注重运用调查、访问、检测、记录等手段，及时搜集资料并存档，为下一个阶段的教学改进提供参考。

环节 4：反思

对行动过程及行动结果的思考开启了教学改革的下一个循环。在此环节，我们需对行动的过程和结果做出判断、评价，对有关现象和原因做出分析解释，找出与计划不一致的地方，并分析原因。

研究循环根据研究问题是否得以解决来设定。在完成一个完整的研究循环之后，如果研究问题未能得以解决或者出现了新的研究问题，则需要调整计划，使行动研究得以持续。

第三章

培养学习的人："学术规范 与英语论文写作"课程改革行动研究[①]

一、课程改革背景

（一）课程性质

"学术规范与英语论文写作"是为某高校金融专业和会计专业本科三年级学生开设的一门专业选修课，目的是培养学生学术规范意识和用英语进行学术论文写作的能力。

传统的学术写作类课程主要针对学术论文的类型、写作要求、写作步骤、调研方法、引文等学术规范进行系统知识教学，帮助学生学会如何呈现包括文献综述、理论基础、研究方法、研究结果等研究内容。

本课程专门为拔尖学生设置，意在培养学生的跨文化学术交流和发表能力。本课程改革以项目为导向，采用"做中学"（learning to write academic paper by doing research）的教学方法，提高学生提出问题、分析问题、解决问题的能力，培养学生的批判性思维能力、文献检索能力和文字表达能力。

---

①该行动研究基于在《教育国际化背景下高校外语学科与科研论坛》（2013 年）上发表的论文完善而成。

（二）课程调研

学期初我们对选修该课程的 27 名学生进行了问卷调查，发现学生：

1. 英语基础好

章乃器学院是该校集聚优秀教学资源培养拔尖创新人才的荣誉学院。从 2004 年开始，从每届录取的新生中选拔一批综合素质突出的学生进入该学院，实行滚动分流和选拔的竞争机制。因此该学院学生的综合素质和学习能力较强，英语基础比较好，64% 的学生选修该课程之前，已经达到了大学英语六级水平。

2. 学习动机强烈

学生自主选择"学术规范和英语论文写作"课程的动机强烈。大部分学生都希望本课程对他们将来的研究深造有帮助；66% 的学生或多或少有过论文写作的经历，但 75% 的学生都未曾接受过学术规范和论文写作的训练，而接受过这方面训练的学生也都是某门课程老师在课堂中提及过而已，他们都渴望接受系统学习。

3. 课程要求明晰

通过对该课程性质认知、教学模式期待、对教师的要求以及考核方式选择等几个方面的调查，我们发现：自主、互动、合作是学生最大的要求；将近 50% 的学生希望能以具体项目研究带动写作训练，并且多于 25% 的学生认为"研究—讨论—写作"是一个很好的开展该课程的教学模式，100%的学生不喜欢传统的期末考试形式。

4. 主体意识强

首先，学生希望以教学主体的姿态参与教学活动，希望自己是一个学习及研究的自主者，是与教师和其他学生一起学习的合作者，是师生、生生之间平等的互动者。其次，他们希望自己是认识社会、探知社会的主体，学习的目标是提升自己的社会主体人格，这主要表现在他们不再想要教师告诉他们学术写作是什么样的，而是希望能以具体项目研究和写作操作过程，探知社会是什么样的。这一点在随后的论文选题教学环节表现得尤为明显，他们有的对上海股市的"羊群效应"感兴趣，有的对温州金融改革探索兴趣浓厚。

5. 重构师生关系愿望强烈

他们期望的教师角色，不仅是传统意义上的课程教授者，更是学术写作和研究工作的引导者，这确立了教师的角色不再是"传、授、解"的主体，而是引导学生了解学术写作、社会之"道"，帮助学生寻找解决思想之"惑"、社会之"惑"的主导者。他们不再满足于单方面的知识接受者的角色，而是渴望在实际的研究、讨论和写作中与任课教师平等互动，希望能在具体的项目研究过程中，通过自我的教学参与，带动学术写作教学，从而提高自身的英语学术写作水平。

（三）课程改革计划

课程问卷调查反映出，学生的教育基础、学习动机、课程认知等条件发生变化时，他们对师生关系的认知也在发生转变。这说明高校英语教育场域正发生着深刻的变化，学生日益渐强的主体意识对传统的教师权威主体地位产生了巨大的挑战，主体间性教育的社会性、交往性、民主性、平等性对师生关系定位提出了更高的要求。

"学术规范与英语论文写作"课程的改革，在主体间性外语教育目标的指导下，结合学生需求和课程要求，采用项目为导向的教学方法，实施去权威化的教育行动和新型师生关系重建行动（如图3.1所示）。

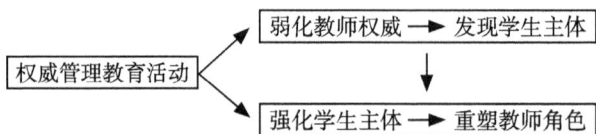

图 3.1　基于权威管理的主体间性教育活动

去权威化是重塑新型师生关系的前奏和准备，而项目驱动的学术研究与英语写作实践是建构主体间性关系的载体。这里我们仅介绍项目驱动的教学方法，关于教师权威等内容将在后面介绍。

项目教学法不仅能够激发学生的学习兴趣和求知欲望，通过相关学科内容的研究提高他们的学术语言能力，而且还能发展他们的自主学习能力、团队协作能力、分析和解决问题能力以及批判性思维能力等终身受益的能力（蔡基刚，2012）。在项目进行的过程中，学生通过获得经验的行为或行为潜能，带来相对持久的、经验性的、适应性的变化。

"学术规范与英语论文写作"课程引入项目教学法，以实际的学术研究项目贯穿整个学期，并带动实际的英语论文写作，边研究边学习研究的学术呈现，这是一种开放式的创新教学法。通过"做中学"把学生推向主体地位，促使他们亲自经历科学研究的过程（选题、查找文献、文献综述、各部分写作），主动建构他们关于外部世界（如金融市场、审计制度等）的内部心理表征，既有对新信息的意义建构（如发现审计制度中的问题，或者发现股市中的规律），也有对原有经验的改造和重组（如修正自己原有的假设）。这是经验（经历）性质的学习主体行为，也是师生、生生之间的主体间性教育改革。

二、权威管理教学行动

（一）教师权威及其挑战

权威是对权力的自愿服从和支持。作为公共行政学最主要的创始人之一，马克斯·韦伯（Max Weber，1997）提出了"权威三分法"，即传统权威（traditional authority）、魅力权威（charismatic authority）及理性法定权威（rational-legal authority）。在此基础上，克利夫顿和罗伯茨（R. A. Clifton & L. W. Roberts，1990）提出了"教师权威四分法"，即传统权威、法定权威、知识权威（专业权威）和感召权威（人格权威）。

链接6：权威与教师权威的观点

一方面是一定的权威，不管它是怎样形成的，另一方面是一定的服从，这两者都是我们所必需的，而不管社会组织以及生产和产品流通赖以进行的物质条件是怎样的。

——恩格斯，《马克思恩格斯选集》第三卷，1995：226

自由是恰当地加以理解的权威之女儿。

——埃米尔·杜尔凯姆，《教育与社会学》，转自
《国外教育社会学基本文选》，1989：23

既然自由的领域是有其界限的，因而当自由蜕化为放纵的时候，那就要恰当地诉之于权威的作用来恢复平衡。

——杜威，《人的问题》，2005：78

教育必须施加纪律和权威的影响。问题在于纪律和权威的分量以及如何使用它们。

——罗素，《社会中的自由》，1998：223

在教师所拥有的教育手段中，对孩子的权威是最要紧、最普通、包罗一切，同时又锐利和不安全的手段。这是一把手术刀，使用它可以进行最细致的、难以察觉的手术，但也可能把伤口刺痛。这是一把不安全，但同时又不可以缺少的刀子。

——瓦·阿·苏霍姆林斯基，《苏霍姆林斯基选集》，2001：808

真正的权威来自内在的精神力量。

——雅斯贝尔斯，《什么是教育》，1991：70

教育本质上是一种有目的、有组织的人类社会实践，它具有权威性（张人杰，1989）。教育中的传统权威和法定权威源于文化传统和社会制度，而知识权威和感召权威则源于教师的个人因素（吴康宁，1998）。张克勤（2010）将教师权威定义为"教师在教育教学过程中相对学生所具有或体

现的权利和威势，表现为学生对教师这一社会角色的认同和支持，以及学生对教师的合法意愿或意志的自愿服从"，可见，教师权威是在教育交往活动中教师和学生共同作用的结果。

主体间性的教育强调作为教育主体的教师与学生的共存与共在，以及对话与交往。具有能动性、自主型和创造性的教育主体在信息时代对传统的教师权威提出了各种挑战：

1. 主体间性挑战传统权威和法定权威

主体间性教育提倡的主体间民主性和平等性打破了传统和法定的教师权威。作为教育主体的教师和学生首先在社会人格上平等，在教育关系中，他们在知识探索中是分工不同但平等合作的伙伴。传统文化或者教育体制赋予教师的崇高地位受到了挑战，要求教师的传统权威和法定权威从以往的领导转化为引导。

2. 教育信息化挑战知识权威

互联网时代，文化资源和信息资源不再被教师独占，学生的主体意识被唤醒，多途径以及多元化的知识获取极大地丰富了学生的知识摄入量。"弟子不必不如师"，教学中因为不同见解而形成教学冲突成为常态，这要求教师的知识权威从以往的传授转化为启发。

3. 多元情感关系挑战传统感召权威

主体间性外语教育强调交往。作为教育主体的教师与学生，情感交往日渐多元化。学习共同体的观点使师生关系从先生后学发展到朋辈，甚至同伴。这种情感距离的变化，也迫使教师的感召权威在某种程度上，从以往的仰慕转化为亲近。

教师权威受到诸多挑战，很多人认为强调主体间性就是强调完全的师生平等，教师权威应该彻底退场。而马克斯·韦伯（1997）认为，任何组织的形成、管治、支配均建构于某种特定的权威之上，适当的权威能够消除混乱、带来秩序，而没有权威的组织将无法实现其组织目标。教学是一个需要组织和管理的过程，教育活动有序开展、教学目的有效实现都离不开教师权威；同时，教学权威可以在更高层面上保障主体间交流，"教师权威的存在有助于促进人对人的主体间灵肉交流活动，包括知识内容的深度、生命内涵的领悟、意志行为的规范，并通过文化的传递功能，将文化遗产交给年青一代，使他们自由地生长，并启迪其自由的天性"（雅斯贝尔斯，1991）。

主体间性教育需要适当的关系性权威。"权威一定是使受控制一方自觉自愿服从的力量，所以它是一种关系性的存在"（史晖，陈会兵，2011），它为师生双方的相互发展提供了可能（孙百娥，2002）。在人格平等的前提下，师生自由沟通产生一种内在的认可力量才会产生真正的影响作用。"亲其师，信其道"强调教师的内在素质和人格魅力的感召权威力量，因为人格魅力具有亲和、激励和化解作用（吴霞，2004）。主体间性教育下的教师权威是一种学习型权威。文化资本支撑的教师权威必须要求教师不断学习，成为引导、引领学习的主体权威。

需要说明的是，本研究的"去权威化教育行动"是通过去权威化的话语行动和课堂设计，实现教学中的学生主体角色的发现和发挥，重塑新型的师生关系。

（二）权威管理教学行动

主体间性教育下，教师和学生是教育的双主体。为去除教师权威性对学生主体性发展的不利作用，我们采取以下行动：

第一，教师去权威化的话语行动。通过去权威化的教师话语行为，迫使学生抛却对教师知识权威地位的幻想和依赖；

第二，教师去权威化的课堂设计。教师通过各种学习环节的设计，将学生推向主体地位。

1.权威管理话语行动

我们先来看下面一段"学术规范与英语论文写作"课程导入课上的师生对话：

教师：我真的不懂金融学和会计学，没有做过任何相关研究。

学生：那你怎么教我们金融、会计专业的学术规范和英语写作？

教师：我懂得学术研究的规范，熟悉英语论文写作的要求，有足够的能力引导大家开展学术研究。在金融和会计方面你们是专家，专业研究是你们自己的事情。

课程教师的开场白无疑是一枚重磅炸弹，在传统教学中，这近乎颠覆教师权威。"不懂专业知识，没做过相关研究"暴露教师自己在专业知识上的缺乏，放下了所谓的知识权威。一方面教师承认自己专业知识的不足，但另一方面也给学生抛出了一个不可回避的疑问——"那你有什么资格教我们金融、会计专业的学术规范和英语写作"这种对教师知识权威的质疑，自然而然地让学生对课程教师产生了探知的兴趣，同时课程教师的坦诚拉近了师生的距离，为课程的师生交互打下了基础。当课程教师回答"我懂得学术研究的规范，熟悉英语论文写作的要求，有足够的能力引导大家开展学术研究。在金融和会计方面你们是专家，专业研究是你们自己的事情"时，学生非常清楚地了解到课程教师能给予的教学指导和帮助是什么，也知道自己该在这门课程中做什么，学生发挥能动性和自主性的行为从此启动。

去权威化话语行动有两个具体实施途径。

1）话语类型的转变

去权威化的话语类型从肯定的陈述更多走向启发式的问句，即从权威型知识传授变为磋商性的启发和知识建构，如表 3.1 所示。

表 3.1 去权威化的话语类型

肯定的陈述	启发式的问句
我认为……/ 我的观点是……	你的观点是什么？
我同意 / 不同意你们的判断，因为……	你同意他们的判断吗？你的依据是什么？
根据某专家的观点，学术论文有以下几种类型……	你们认为学术论文有哪几种类型？为什么？有什么理论根据吗？

涉及专业问题，教师的作用在于用问题引发专业思考的论辩，这时候

的教学重点并不是给学生标准的专业答案，而是帮助他们成为思考者。课外，同学们带着问题请教课本、请教专业教师，使得课堂上的回答变得更加具有理论水平和思辨能力。

再如，面对类似"那什么是研究方法"的疑问，课程教师的提问着眼于学生对问题探究的兴趣，话语类型多为系列问句。

> "那你们说说一般的研究方法有几种？它们的一般特征有什么？"
>
> "财会类课题研究常用的方法是什么？"
>
> "如果回答困难的话，你能否描述一下你的专业老师做过的一个研究或者你自己做过的创新课题，我们试着来判断一下？"
>
> "题目上没有概括说明研究方法，我们来研读一下内容，看能否概括出这个隐性的研究方法？"

教师通过启发式问题，引导学生通过已有的知识和学习经验，整合新知识，教师充分发挥"脚手架"作用。同时教师话语类型的变化也影响了学生讨论时的话语类型，他们也学会使用启发式的问答方式进行深入的讨论。通过话语类型的转变，教师与学生的双主体性得以发挥。

2）话语格局的改变

剥掉"面子"后的去权威化形象改变了课堂话语的格局。话语量出现了主体间逆转。传统课堂上，教师占有最大的话语量，而现在转变为以学生专业讨论为主。

例如，课程教师和学生们讨论了学术选题的方法、要素以及题目写作的英语规范后，要求他们课后查找二十篇英汉专业论文，并对题目进行专业性的、有说服力的深度评价和改进或重写。随后的课堂转变为学生学术写作专业视角的讨论和分享。下面是课堂上三名学生对"新会计准则中公允价值问题研究"这个选题的讨论。

学生 A："新会计准则中公允价值问题研究"这个选题中，新会计准则是研究对象，公允价值是研究焦点或者切入点，问题研究是研究方法。

学生 B：问题研究是一种研究方法吗？

学生 C：应该不是吧？"关于什么什么的问题研究"这样的表述太多了，只是告诉我们什么是研究的焦点，都没有告诉我们是怎么研究的。

学生 A：那这个论题写作不完整？那什么是研究方法？

…………

我们可以看出，三位学生对"问题研究是不是一种研究方法"产生了质疑并随之进行了讨论，由此引发"什么是研究方法"的小讨论。在学生进行了相关内容的探讨之后，课程教师再抛出自己的观点，引导学生进行正确的理解。这次课堂讨论中，许多学生在选题中的研究对象、理论视角／方法、切入点的判断上出现争议，也有学生在语言特征的分析上存在分歧。

通过话语类型和话语格局的改变，去权威化的话语行动得以进行，不仅帮助教师树立良好的感召权威，营造较好的关系型教师权威，同时，并没有因为教师对专业知识的不了解而削减其学习型权威形象。

2.权威管理教学行动

教与学作为教学中的核心关系，教师角色的转换应当以学生角色转换为基础。按照传统教学的惯习（habitus），教师是教学场域中文化资源的主要占有者，这决定了他在教学中的支配地位，也导致学生习惯性地接受老师的安排（"支配"）。信息时代，获取知识的渠道更为开放，文化资源的共有现实使师生关系发生逆转。去权威化教学行动要求教师不仅要主动让出支配权，而且要主动推动"学生的地盘学生做主"。"学术规范与英语论文写作"课程在学习方式、学习同伴、学习评价等方面均由学生参与决策，在去教师权威化行动中发现学生主体。

1）学习方式学生定

课程初始，教师对学习者进行问卷调查，考察学生对学习方式的想法。

11. 你希望这门课怎样进行？

A. 以老师讲解为主　　　　　　B. 我的课堂我做主

C. 以具体项目研究带动写作训练　　D. 研究—讨论—写作

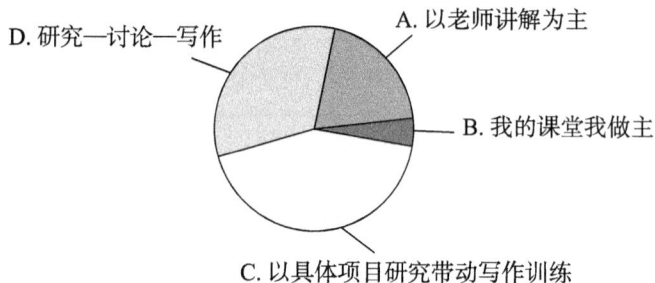

图 3.2　学习方式期待

结果如图 3.2 所示，C 选项"以具体项目研究带动写作训练"和 D 选项"研究—讨论—写作"是大多数学生的选择。

12. 你希望本课程老师

A. 大量讲述学术规范

B. 大量批改作业

C. 引导我们展开研究

而对教师角色的期待，大多数学生选择了"引导我们展开研究"，于是"做中学"便成为学生的自然选择，如图 3.3 所示。

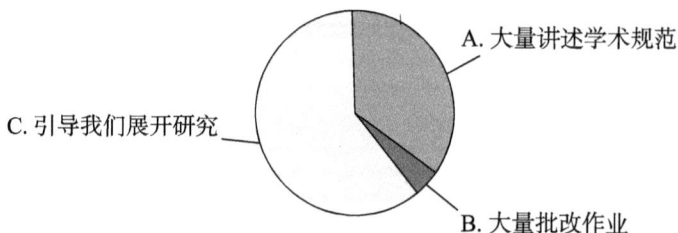

图 3.3　教师角色期待

学生的选择反映出，他们在一定程度上拥有学习主体意识，并不希望自己成为被动的听众，这一点促使教师不再是单纯的知识传授者。部分学生选择了"我的课堂我做主"，说明学生也意识到课堂的主体并不是只有教师。

2）研究话题学生选

我们根据学生对该课程的期待，选择了项目导向的研究实践路径，以真实的项目使得学生成为真正的研究主体。这鼓励学生成为专业视角的社会观察者和批判者。课程初始我们要求学生根据自己的学术兴趣选定研究课题，组成小组团队。下面是同学们自主选择的部分研究话题。

姓　名	研究论题
戴同学	民间金融
李同学	以浙江民营企业为例内部控制和金融风险
李同学	审计
徐同学	衍生金融工具
陈同学	论 EQ3 对中美经济的影响
陈同学	关于企业筹资方式选择
葛同学	财务管理、资本结构、内部筹资等
王同学	成本和内部管理控制系统
徐同学	在大学中推广自行车运动的可行性研究：以下沙大学城为例
徐同学	IPO 之谜，或者是股票的价格分析
……	

本课程提倡学生深入社会，对自己感兴趣的社会现象进行专业研究，当"任务"没有了教师的设定时，学生们睁开了眼睛，打开了耳朵。他们并不是盲目地、随意地选择一个话题，而是通过课外自主学习，了解相关专业知识，查阅相关专业文献，向学长或者专业教师咨询，最终确定了自己的论题。这个过程中，课程教师的适当让渡权利和从旁引导帮助学生确定自己的学习内容和目标，为课程的自主学习打下了基础。

同时，为了培养他们成为专业上的互助者，课程以学习同伴自主组合的方式，形成了八个研究团队。

团队 1   个人所得税
团队 2   民间金融
团队 3   审计
团队 4   医疗改革
团队 5   金融产品、金融市场与金融工具
团队 6   金融产品定价、行为金融、证券市场
团队 7   财务管理
团队 8   金融政策

在课程教师引导下，研究团队的建立更好地服务学生合作学习和自主学习，这为老师部分退出占有式的权威主体奠定了基础。

3）评价方式学生议

传统的课程设计中，学习效果的评价由教师决定。在什么环节评价、评价什么内容、按什么标准评价都是教师的事，制度权威让教师具有至高无上的地位。

"学术规范与英语论文写作"课程不仅由学生决定考核方式，而且把课内的专业分享、课外的自评和互评均纳入考核范围中，如图3.4所示。这种学生自主的考核方式不仅鼓励学生积极参与课堂活动，也使得学生参与度与话语质量不断提高。去权威化的评价设计决策，改变了学生被考核者的形象，激活了他们的主观能动性，教师的职责变为帮助学生学会管理和评价自己，促进学生学习共同体的良性发展。

14. 你喜欢怎样的考核方式？

A. 期末一张试卷

B. 以学期论文代替考试

C. 学习过程成为考核的重要指标

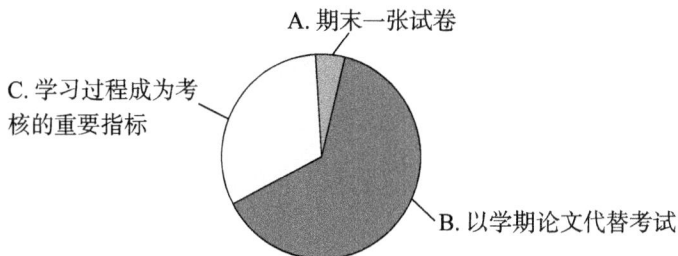

图 3.4 考核方式

"以学期论文代替考试"和"学习过程成为考核的重要指标"是大多数学生的选择。学生的意愿决定了本课程是一个"形成性评估方式"，着眼于学术研究进程和各部分研究写作过程的控制。师生协商确定了如下考核比例。

表 3.2 考核比例

序号	项目及权重	考核内容及要点
1	课本自主学习（≤10分）	突出体验式语言教学观
2	参与课堂语言活动（≤10分）	教师指导学生发现彼此问题，提供解决方案，课堂思想交锋决定学习质量
3	研究团队集体活动（≤10分）	以项目为导向，合作学习、考察批判性思维的质量
4	成长档案（≤10分）	反思性学习促发元认知学习策略的提升
5	阶段性研究和写作（≤40分）	选题、文献搜索、文献综述、引言、方法论、讨论、结论、参考文献每部分5分
6	课程论文（≤10分）	整合、充实研究，形成学术论文
7	入选课程论文集（≤10分）	修改后基本达到一般学术论文发表的标准

学生积极主动参与考核方式的确立，一方面，他们会主动按照自己所定的标准和要求进行研究和写作，另一方面，自主决定考核方式更多地赋予了他们管理自己学习、与团队共同成长的责任感。

4）课堂主角学生扮

传统教学中，教师以主持、领导或者评委的身份参与教学。特别是涉及知识讲解时，教师的知识权威地位非常凸显。这样的课堂容易出现"满堂灌"的现象，学生成为被动的听众。

为了部分地削弱教师的课堂权威，"学术规范与英语论文写作"课程设计了"专业的事情我来说"的课堂环节。上一节课出现的专业争议成为本节课讨论和汇报的内容。同学们带着问题，在课外查阅资料、预习课本、请教专业教师、小组讨论，给出自己对该问题的理解和回答，并在课堂上以"专家"的身份向大家讲解，同时回答大家的提问。这样的演讲、问答、讨论提高了学生的理论阐释水平和思辨能力。

把课堂交给学生并不意味着教师完全退场，教师对学生的"专家"角色和专业阐释应进行相应的点评、指导，帮助学生进行梳理、总结和归纳。教师的这种关系权威可以避免学习进入无序状态，也可以扶正朋辈交流方向和保证课堂互动的质量。

（三）行动反思

放下可控的权威预设，得到的是学生自主性、主体性的张扬。学生对学习拥有了更多的话语权。例如，吴同学从提高学习效果的角度主动向授课教师提出要求，体现了他的学习主体意识。

> 谈谈对这门课的两点心得体会吧：
> 第一，很喜欢老师拿学生们的作业作为例子来讲评的授课方式。因为毕竟大家的水平都差不多并且还不错，完全能够在不断修改后超越教科书水平。
> 第二，上课时间有限，我觉得其实那本教科书我们在课下都能够自学，所以上课除了一些重要的知识点您可以强调一下以外，教科书完全可以不讲。因为我们要完成自己的论文写作，所以书里面的内容我们都会自觉地去反复咀嚼。所以我觉得上课的时间更多地花在作业的评析上会更有针对性一些。

这种"主体声音"非常宝贵。如果我们对该同学的话语进行分析，至少可以获得如下可贵信息。第一，学生主动承担跨越最近发展区的主体角色。从大家的水平到教科书水平，甚至到超越教科书水平，靠的是学生的示范与讨论（"拿学生们的作业作为例子来讲评"）、"不断修改"、对教科书里的内容"自觉地去反复咀嚼"，而不是靠教师讲教科书。第二，学生主动定义教师在发展中的"支架作用"，即"上课的时间更多地花在作业的评析上"。教师的知识权威不再存在，教师也不能再寄希望于教科书这个知识权威的代言人，转而的是建立关系权威（课堂的组织者）；教学的重点转向"我们要完成的论文写作""学生们的作业"时，教师的作用从围绕"道、业、惑"展开的"传、授、解"的"教师教"，转移到对"学生学"的指导（"上课的时间更多地花在作业的评析上会更有针对性一些"）上，同时也激发了学生自主学习的热情。

教师去权威化的教学姿态，显然给了学生平视交流的勇气和机会，他们开始抒发那渐渐苏醒的批判意识。他们不再迷信教师和课本，学生"声音"不只停留在"不同意"，更包含着寻找依据的理性批判。例如，有同学在阅读了课程教师对李同学引言写作评阅的范本之后，就老师提出的"没有研究问题"这一点引发了思考，并给老师发邮件讨论。

其实，我写这个邮件还有一个原因，我和另外一些同学看了李先琦同学的样本后，发现您在他的评述里说没有研究问题。但是，如果我上述的想法正确（注：此段前还有三段），那么他的研究问题将以假设的形式出现在后文中。这点，可能是受中文文献的影响，其假设、数据选择、指标等研究过程都是放在引言之后的。而从我所读的英文文献来看，假设倒是真的和文献综述在一起。而前三部分可以说是一个大大的引言。我觉得作者把假设置于文献综述之后，是有道理的，就像是在前人研究的基础上提出自己的研究问题，去检验假设。

这时，我又产生了一个疑问，是不是所有文章的假设都置于文献综述之后。为了验证我的想法，我又去浏览了另外几篇英文文献。的确有2~3篇文献是将假设置于文献综述之后的，有文献给予的标题是"hypothesis development"，我个人觉得这个标题很形象。这些英文文献在阐述正式的研究之前，都会有大段的文献综述，单独在一个结构中，然后引出了假设。而英文文献的引言部分更多是阐明文章所用的方法、数据来源、结论及研究的价值或意义等，所以，我个人觉得这个引言是摘要的放大版呢，也可以说是对研究过程的简要概述！如果是这样，或许这部分应该在写完方法之后写。

所以，老师，如果就宏观的结构，＝我认为中文与外文的学术论文还是存在区别的，可以就模仿英文文献来分析。另外，我感觉可能不同的方法，英文的那个外在的框架还不一样，比如实证研究就不像书上那样呢。当然，无论是中文还是英文，科学研究的过程都是一样的，都是从提出问题开始的。我个人觉得，不妨将论文分为两个大框架：正式研究之前和研究过程，而这个正式研究前期的工作就是背景、文献综述、假设等等，至于应如何分小框架，每个框架内包括哪些部分，就显得灵活多变些。另外也有同学有同感，所以她说她的论文中还是没有包括问题部分的，李同学没有包括，可能在下文他的研究假设里就会体现他的研究问题了。

这篇近千字的邮件中，16 处使用表达个人观点的"我个人觉得""我认为"等话语结构，表现了极强的学习主体地位。与老师分享的内容主要是对教师观点的不同意见和理性陈述，包括从"我所读的英文文献"找到的证据、"为了验证我的想法，我又去浏览了另外几篇英文文献""也有同学有同感"。更重要的是，该同学还提出了自己的观点，即"不妨将论文分为两个大框架：正式研究之前和研究过程，而这个正式研究前期的工作就是背景、文献综述、假设等等，至于应如何分小框架，每个框架内包括哪些部分，就显得灵活多变些"。

可见，放下教师权威，激活了学生作为教育主体的参与意识和主人翁意识，学生愿意和教师进行平等的对话，在这个良性互动中，他们不仅学会了批判性思考，也培养了合作意识。

三、学习主体培养教学行动

（一）学习主体特质

重塑学生学习主体角色，要培养学生的独立人格。独立人格是学生在发挥主体性的过程中，表现出来的独立思考、独立判断、发表独立见解的品质；在能力、气质和性格上表现出明显区别于他人的个性和非依赖性。独立人格具有如下明显特质。

首先，拥有强烈主体意识。主体意识是学生的参与意识、责任感和权利意识。在学习过程中，明确学习目的，正确认识自己在学习中的作用，善于自我激励，找到学习动力，调动学习主动性，具有独创精神、独立见解、独立判断。

其次，具有自主能力。自主是"学习者的一种自我管理能力"（Holec，1981）。从学习者的角度来看，具备自主性学习能力的学生应获得确定学习的目标、内容、材料和方法，确定学习的时间、地点和进度，以及对学习进行评价的能力（徐锦芬，等，2004）。从本质上而言，自主学习是"学习者对学习过程和学习内容的心理关系问题，即一种超越、批判性的思考、决策以及独立行动的能力"（Little，转引自何莲珍，2003）。具有独立人格的人善于自我建构知识，能充分了解并掌控自己的学习过程，通过反思发现问题的解决办法。

最后，富有批判精神。他们敢于挑战群体的压力，质疑现有的学术，不迷信书本和教师。但质疑并不是怀疑一切，他们根据一定的推理，主动寻求解决问题的思路。

（二）学习主体培养行动

主体间性教育下，教师和学生是教育的双主体。我们采取以下行动强化学生的主体角色：

第一，通过"质疑性"文献阅读，培养批判主体；

第二，通过团队活动，使其成为合作主体；

第三，走向他者，学会求助，培养解决问题主体。

1. 通过质疑，培养批判主体

"学术规范与英语论文写作"这门课程中很重要的一个教学环节是指导专业文献阅读。学术写作的基础建立在大量相关文献的阅读上，但阅读文献并不仅仅只是摘录要点或者学习相关理论。以往很多学生在面对文献时，多是认可和摘录。大家有一个认识误区，觉得只要是书上的东西必定是已经得到专家认可的。

在进入这个环节的教学时，课程教师并没有按照惯例告诉学生在阅读文献时应该注意哪几点，而是将"质疑"作为本次教学改革的重点，以促发学生的理性思考和独立判断。文献阅读作业指令为：

以本人的研究对象或者研究切入点为文献搜索关键词，建立文献库；细读至少两篇这方面有代表性的、权威性的文章，在文摘卡的"有话要说"部分对原文的研究思路、研究方法等做出独立判断，如表 3.3 所示。

表 3.3　文摘卡信息

研究对象：审计任期	文　摘　卡	主题：最佳审计任期
题目：审计任期与审计质量：投资者决策视角的分析——基于沪深 2006—2008 年上市公司样本的分析		
作者：张庆龙、王菲菲	译者：	
期刊名称：《会计之友》	＿＿＿＿卷 10（下）期 2011 年：79—85 页	
【摘要内容】：略		
【有话要说】该文作者在总结前人研究基础上，发现审计质量指标主要从财务报告编者的角度出发，而很少从报表使用者角度进行论述，而关于这方面的研究，国外也很少！而现有的文献，从投资者角度，有盈余反应系数、股权风险溢价、非正常平均收益作为审计质量的衡量指标！而该文的研究也是以股权风险溢价为从投资者感知的审计质量的衡量指标。另外，该文用于研究的模型是可以借鉴的。 　该文只是提到了审计任期与审计质量之间的联系，而且是 2006—2008 年的数据指标，样本数据表明存在审计任期为 ≥10 年的会计事务所，但是，如果按照我国会计师轮换制的规定，任期最多为 5 年。这是更换注册会计师与还是更换会计师事务所的不同。如果强制更换会计师事务所是否会有明显的效果呢？从投资者角度，更换会计师事务所对审计质量的提高会有显著影响吗？		

这位同学的"质疑"涉及了数据样本范围、现有的会计师轮换制与事务所年限的规定和样本数据反映出的矛盾、更换注册会计师与更换会计师事务所两个概念的差异。在此基础上，他们提出了关于审计任期和审计质量这两个具有价值的问题。

通过"质疑"，大家学会了理性阅读和批判接受，并从这些"质疑"中，寻找自己的研究兴趣和研究思路。

2. 培养社会人格，成为合作主体

主体间性教育强调主体间的有机合作，个体的主体性在合作中得以凸显。课堂教学有三个互动主体：教师个体、学生个体及学生群体。这三种主体组成了"师个互动""师群互动""个个互动""个群互动"和"群群互动"五种互动形式。而合作性互动指"师生之间及学生之间彼此配合，互相协作时产生的互动"（吴康宁，1998）。要培养学生的主体意识和主体人格，就必须学会促进教育主体之间的合作性互动。

"学术规范与英语论文写作"课程希望能将学生培养成为专业学习的合作者。在教师的促动下，同学们根据研究兴趣成立了八个研究小组，每个研究小组有一名轮值组长，负责每周至少一次的科研团队活动。教师的任务在于示范和指导，帮助学生学会合作。因此，课程教师设计了作业互评环节。

第一步：教师示范。教师承担指导者角色。学生普遍欠缺对其他同学的作业进行评价的知识和能力。如果单纯地要求他们做出评价，而不给予示范，那么互评只能流于形式。通过示范，教师帮助学生了解评价要点、评价方法、评价标准，使学生更容易发挥主观能动性。

例如，李同学第一个交来他的关于"引言"写作的作业。课程教师第一稿用插入标注形式点评格式规范，包括大小写要求、对齐方式、行间距、标点符号等；第二稿点评"引言"的结构，如引入信息是否从概括到具体，文献引入什么时候该作者优先，什么时候该信息优先。当看到先琦同学模仿外文文献综述模型化方式时，教师不吝啬赞誉，粘贴一个小红花并夸赞"值得欣赏的是，作者借鉴了小娟师姐给的综述类范文模式，将影响审计质量的因素概括成了一个模型,这样文献综述有非常强的系统性和条理性"。当发现他的"研究问题"不足时,教师复制一个"专家建议"的印章,认真写下评语和建议。第三稿是细致的语言评价,不仅关于用词准确性、英汉思维导致的逻辑性,还有学术文体等问题。最后是300~500字的评语。

【教师评语】这是一个非常扎实的引言,内容基本上是完善的,有背景、文献综述、研究论题、研究计划概括,只是研究问题别忘了哦。研究问题的设计能帮助你把研究重点和思路很好地勾勒出来,这样就不会跑题了。关于构念关系类的研究,重点是找到各构念内的变量,王师姐的建议是,你的研究关键要解决的是"怎样测量变量,从国内外的研究看有哪些指标可以测量出审计质量",这样就可以很好地设计出研究问题了。

写作的思路非常好。具体体现在不论是背景的概述,还是文献综述都遵循了从概括到具体的顺序!

引言中的文献综述是个亮点,充分反映了对文献内容的高度概括能力和思维整合能力,只是"综合描述"多,而"综合评述"或"综合述评"内容少。这样,你的研究意义或者研究新意就不那么凸显。

【说给大家听】文献综述的写法可以是这样先模型化再分述,也可以按方面来综述,大家选哪种都可以,但是都要兼顾描述和评述哦!李同学的文献综述比较长,这样我们期待他的正文部分会更长(这是我喜欢的)。如果你的研究论题本身前人研究并没有这样丰富,那也不勉强有这么长的文献综述,但不可少于一段。

当团队合作互评成为考核的一部分时,合作动力和效果得到了保障。教师把自己的评析范例发到公共邮箱,说明"评价的态度、内容、合理建议等都是互评成绩的评判标准"，成绩的杠杆作用起到了非常好的效果。

第二步：学生互评。在仔细研究教师示范的基础上，同学的互评也有三稿，有红花和同学意见，而且还加上了彼此互动环节。如他们彼此意见相左时就会问"老师你觉得呢"，教师要求他们学写评语，评语要有根据，更要有建设性意见，他们的评语不仅关乎专业，而且写得非常专业，是认真的合作提高了他们的批判能力和评价能力。

> 【评阅人小结】
> …………
>
> 但是，就文献综述所选择的内容来说，我还不清楚作者稍后做的具体是怎样的研究。我认为，作者对审计质量的影响因素的阐述详略与否，取决于他的文章长度及主要研究的内容。如果主要研究的是审计质量与公司治理的关系，则应该是这部分详写，若审计质量最后只会涉及其衡量指标的选择，则应侧重在审计质量指标选择不同的文献综述，而非影响审计质量的因素。但是，我也看过，一些文章在之后的变量定义中会有一部分指标选择的文献综述，作者可以在之后进行阐述。如果那样，也感觉挺好的，这样内容就很充实。
>
> 【原作者回应】嗯，关于审计质量的定义、度量相关方面文献综述内容的缺少我也意识到了，这是一个比较大的漏洞。自己当初的考虑是这样的，一直都想着将变量的度量放到研究设计部分（当然研究设计部分肯定需要有），所以在综述的时候把它遗漏掉了……

第三步：跟踪指导。教师的作用并不止于欣赏，教师还应发挥引导者和疏导者的作用。跟踪指导特别是对学生评阅的再次评价往往提高了学生合作的信心和能力。教师不仅仔细阅读学生同伴合作评阅，而且对修改后的二稿进行跟踪。下面是钱同学给陶同学的评阅以及教师的跟踪指导。

【陶同学原文】

Methodology

1. TGARCH (1, 1) - M model

Given ① the importance of predicting volatility in many asset-pricing and portfolio management problems, ② many approaches of forecasting volatility have been proposed in the literature. ③ The most popular one is the class of autoregressive conditional heteroskedasticity (ARCH) models originally introduced by Engle. Then, at the basis of ARCH, Bollerslev put forward Generalized Arch models. ④ These models can identify fluctuation time variation and cluster phenomena. Afterwards, Engle et al. proposed GARCH-M (GARCH-in-mean) model, ⑤ which provides a new estimation and testing of time-varying risk compensation method. GARCH-M model form is as follows: $yt = x't \zeta + \delta g(ht) + \varepsilon t$.

【钱同学评阅】

①提出了预测市场波动性的重要性（资产定价和投资组合管理方面），强调了该研究的现实意义及其结论的应用范围和价值所在，并且表达凝练到位，很好！

②总述检验方法的多样性，是一个小铺垫，好！

③最好的一个检验方法，这是必要的。

④提醒：简单叙述了模型的作用——可以识别波动时间变化和集群现象。我觉得应该再简要说明前者的不足及后来对其不足的改进内容。

⑤提醒：此处叙述了该模型的作用——提供了一种新的估计和测试的风险补偿方法，但存在同上述一样的问题，就是没有较为详细地说明是针对什么问题加以改进的，又改进了哪些具体方面。

【教师跟踪指导】我很同意钱同学的意见，模型变更之间要有一定的衔接。A模型是用来干什么的，它的优点是……但是它有……

的缺点，所以……等人做了……的修正，提出了模型 B，B 克服了 A 的上述缺陷，使得……更加……但是它不能……所以 Zakoian 在 B 模型中添加了……本研究利用此模型来研究……原因有三，……

这样，通过教师示范、学生互评、跟踪指导三部曲，各教学主体之间实现了合作性互动，教师充分发挥指导、引导和疏导的主导角色，而学生的主体意识和独立人格也通过合作学习的方式得以良性培养，充分体现了主体间性教育的特点和优势。本课程使得学生成为真正的合作者。吴同学在他的学习反思中写道：

> 说起让我印象最深的一件事，我想应该是一件发生在课程进行到一半时的事，它让我体会到了团队合作与小组讨论的益处。当时我们的课程已经进行到了文献综述的写作部分，在写作之前，我已经和团队成员胡同学讨论了各自的选题和一些后续研究的具体方向，心中已经隐隐约约有了整篇论文研究模式的雏形，自以为已经完成了整篇论文的构思。但在几天后的学术论文写作课上，我发现自己之前的想法必须进行一定程度的修改。课上，小组另一成员钱同学和我们讨论她的选题，并希望我们解决她的困扰，她的文献综述是写了一遍又被自己否定了。因为我们选的题目都属于行为金融范畴，因此我们都尽可能地给她一些建议，于是我把我的选题告诉了她，从文献的搜索到具体的数据来源与模型构建。当我把自己心中那模糊的构思用很具体的语言描述出来时才发现我心中的模型建立在一个很理想的状态下，要想研究市场中具有一定教育背景的"理智"投资者，就必须把他们和一般投资者分离开来，可是这在现实中根本做不到，我的文章构想必须修改。最后，当我在思考是否将选题进行完全更改时，还是胡同学提醒了我，可以用上市公司决策者的行为替代市场上"理智者"的行为。后来经过资料的查找分析，我最终采用了大型保险公司投资决策者的行为来替代市场"理智者"的行为。

我的问题最终得到了解决，只可惜最后我们并没有完全解决钱同学的问题，她去向柴老师请教了。不过不管我们最后是怎样解决了自己论文写作中的种种问题，我想都是离不开其他人的帮助的：团队成员、柴老师、研究生导师、专业课导师……尽管最后做决定的人只有自己，但身边总有人愿意为我们掌灯照路，指明前行的方向，我想这就是团队的力量，这也是为什么我们小组的口号定为"Cooperation makes improvement"。

3. 走向他者，成为问题解决主体

"教师对学生的引导作用不仅体现在课内所扮演的多重角色上，还表现在他们对学生自主学习的关切和积极的探索行动中。"（周燕，2010）教师不仅要学会自我解放，更要帮助学生解放学习中的一些禁锢。学会求助是学生走向主体间性的解放性的一步。教师的作用不仅是为学生提供可以求助的渠道，更是成为他们走出自己的推手。本课程重点进行了两个专业求助平台的设置。

第一个专业求助平台是专业研究生助教。为了帮助学生专业成长，除了建立研究团队，课程教师还在全校范围内招募专业研究生志愿者。财会专业的王同学和金融专业的史同学成为专业研究生助教，不仅完成教师布置的专业任务，如介绍财会和金融方向的权威期刊和查找权威文献的方法、举行专业工具使用的专题讲座、协助作业评阅，而且为本科生专业研究提供帮助。下面是研究生助教王同学完成的一次专业任务的提纲。

财会类研究前期准备工作

一、国内外主要期刊

国内期刊：《会计研究》《经济研究》《管理世界》《会计之友》《财会通讯》《中国人民大学复印报刊资料》

国外期刊：

会计类：*Journal of Accounting*，*Journal of Accounting Research*，*The Accounting Review*，*Contemporary Accounting Research*

财务类：*Journal of Finance*，*Journal of Financial Economics*，*Review of Financial Studies*

二、常用的数据库资源

色诺芬数据库（www.ccerdata.com）（用户名：zjgsu 密码：123456），泽源数据库，万德数据库，图书馆的数据库电子资源，数据处理常用 spss 和 eviews

三、如何查找经典文献

在中国知网（www.cnki.net）搜索关键词，通过文章被引用的频次排序，找到该领域研究的经典文献。

研究生助教成了学生求助的第一人。因为年龄相仿和助教的亲和力，本科生更容易和助教交流。意外的收获是，本科生的"求助"往往成了"刺激和挑战"，助教们变得更加勤勉。

本课程推动的第二个学会求助活动是走向专业导师。虽然学院在入学初期就已经为每个同学配备了自己的专业导师，但是内敛、羞怯和不习惯专业"拷问"，让大家觉得离导师很远。教师便通过"强制性"任务"逼迫"学生。针对专业问题，教师会布置如下任务："关于这个概念的理解请求助你的专业导师，下次当堂解释给大家。""关于'羊群效应'的研究通常有怎样的研究方法？请你阅读文献并与导师分享意见，请下节课给大家做汇报。"

而关于学生求助行为的任何一点进步都成为我们鼓励更多学生的推手。池同学阅读外文文献时，发现了很多专业问题，和同学讨论之后也觉得没有头绪，在同学的陪伴下，鼓起勇气找到自己的专业课程导师，专业教师诧异于她问题的专业性，把自己三个年级的研究生和正在指导的本科生论文写作者召集起来，要让他们"看看大三同学是怎么阅读文献并进行思考的"，并让他的研究生来解答本科生的问题。我们兴奋地在班里讲述这个故事，其他同学也开始尝试学会求助。下面是同学们求助后的兴奋心情。

> 在论文的结果与讨论部分的写作过程中，我参考权威论文的主成分分析建模方法，试图用最新的数据建立一个新的模型。在数据处理的过程中，我一直很高兴，因为我觉得自己的成果马上就要出炉，胜利在向我招手。可是现实给我开了一个玩笑。用主成分分析处理后，我发现结果不尽如人意，根本无法据此建模。这时的我对着电脑傻傻地发呆，第一次觉得那么沮丧。我不断问自己：怎么办，怎么办？可是只有沮丧包围着我，我尝试了回归、聚类等方法，都一无所获，我真的无计可施了。后来，我想到了暑期数学建模培训的老师，鼓起勇气把自己的问题告诉他，想听听他的建议。他帮助我一起查资料，找方法。最终，我才确定用线性判定的方法建模。处理结果显示，这种方法效果很好！当模型最终成型时，我的开心和兴奋真的无法用言语表达。我马上告诉了老师，感谢他的帮助！这真是一次"惊心动魄"的"旅途"。

（三）行动反思

首先，推动教师角色转变。学生被推动成为学习的主体，教师不再具有绝对的知识权威，这迫使教师走出自己的 舒适区。因为当学生成为学习主角，教师不可能不留死角地备足课程，也不可能全部占有课堂时间。教师面临的最大挑战是转变角色。教师须从知识传播者转变为指导者、引导者。学习是学生的事情，教师的任务在于指导学生如何学习，真正从"授之于鱼"转变为"授之以渔"。教师作为学习的引导者，需要根据学生的个体差异，因材施教，帮助学生进行自主学习，充分发挥学生的主观能动性，使其参与合作学习。教师须成为方法引导者和情感疏导者。教师不再只是一个知识的传授者，而首先是高质量的语言资料库、导演指挥家、心理咨询师（周燕，2010），因此是一位疏导者。这就意味着教师在教学过程中，要平等尊重同为教育主体的学生，认识到学生作为"人"的主体角色，在具体的教学活动中，用引导性问题鼓励学生进行交流，对学生的表现进行反馈调控，帮助学生发现问题、解决问题。

其次，学生成为学习主体并参与整个教学的决策使得学生的主体地位得到空前提升，提高了其学习的效能感。表 3.4 是期末学生对自己的学习情况自评统计表。可以看出，学生较为客观和真实地进行自我评价，即便是"很多没掌握"，也并不刻意避讳。自评有利于学生对没有掌握的知识点进行自我学习或者寻求帮助，发挥更大的主观能动性。学习并没有因为课程结束而结束。

表 3.4　学术规范与语言规范认知学生自评统计

方面	学术规范与语言规范认知（表中数字为学生数）			
	A 掌握	B 基本掌握	C 很多没掌握	D 没有掌握
选题要求	14	13	/	/
文献查找方法	16	11	/	/
文献阅读方法	18	9	/	/
引言写作	10	14	3	/
方法论写作	9	13	5	/
结果与讨论	10	13	4	/
结尾写作	17	10	/	/
摘要写作	11	16	/	/
参考文献写作	10	14	3	/

主体间性外语教学促使教师通过指导、引导和疏导，实现教师角色的主导地位，学生通过学会自主、学会质疑、学会合作以及学会求助，实现学生的主体地位。

四、结语

传统的主客体性教育割断了教育的"交往"本质，已经不能适应新的教育环境的发展，走向主体间性是时代要求。通过以项目为导向的"学术规范与英语论文写作"课程改革，我们重塑新型的主体间性师生角色。教师通过权威管理话语行为和权威管理教学设计等，发挥指导、引导和疏导三重作用，发现学生主体角色，强化学生主体行为，培养学生成为学习的自主者、问题的批判者、学习的合作者、智慧的求助者。在推动学生成为教学主体的行动中，教师角色也从知识权威转变为教学的指导者、学习的引导者，推动了教师的职业发展。

第四章

培养合作的人："大学英语"课程改革行动研究[①]

一、课程改革背景

（一）课程发展及现状

大学英语是我国高等教育必修课程之一。从 20 世纪 50—60 年代部分高校开设大学英语课程开始，大学英语教学大纲、课程计划等纲领性政策体系经历了从无到有、从规定性章程到指导性文件的变革历程。大学英语课程建设及发展进程可分为启蒙（1978—1986）、推动（1987—1999）、转型（2000—2007）和深化（2008 年至今）四个阶段。

启蒙阶段，出台《大学英语教学大纲（草案）》，这是大学英语教学的第一个规定性章程。各高校依照全国统一的教学目标，从教学要求、教学原则、教学方法、教学评价等方面规范大学英语课程建设，建立大学英语教学体系。大学英语受到各界重视。（杨惠中，1995；黄建滨，邵永真，1998；蔡基刚，2009）

推动阶段，《大学英语教学大纲》经历了从文理分科到统一的变革，

[①] 本行动研究部分成果已在《启迪：外语研究方法与创新》（2014）及《当代外语研究》（2019）上发表。

制定了听说读写各项技能在各个级别中的具体要求，规定大学英语四级为基本要求，强调英语学习四年不断线，要求学生能以英语为工具交流信息，提高实际应用能力，提高文化素养，开阔视野（邵永真，1999a，1999b）。大学英语发展成为一门以语言知识与技能、学习策略和文化素质为综合内容的较为系统和相对独立的课程（张文霞，罗立胜，2004），学生英语水平明显提高。

转型阶段，《大学英语课程教学要求（试行）》从全国统一标准的强制性规定转变成为指导性文件。高度集中、统一规范的大学英语教学进入个性化、多元化的发展时代。（蔡基刚，2009）大学英语课程的基础英语阶段学期数和周时数被压缩，而以能力培养为主的选修课程增加（蔡基刚，2007）；以现代信息技术为支撑，多媒体网络技术辅助教学新模式的引入以及个性化、信息化和自主性的课程设置，提高了我国大学英语的教育国际化水平（王守仁，2010，2011；王守仁，王海啸，2011）。

深化阶段，最新版《大学英语教学指南》（下称《指南》，2017年版）和《中国英语能力等级量表》的出台，加强对学生实际语言运用能力、文化意识和跨文化交际能力的培养，适应高等教育的国际化趋势、教学技术的推陈出新、网络平台的应用推广以及大学生独立意识的提升。该阶段的大学英语教学重视学生交流能力的培养，重视计算机网络技术在外语教学中的应用，重视发展学生自主学习能力，大学英语应用能力有明显提高（王守仁，2013；余渭深，2016）。

《指南》十分贴合主体间性教育目标，指出"教育大计，教师为本。教师的素质、水平和能力是影响教学质量的关键因素"，在充分关注学生发展的同时，也关注教师的职业发展。针对学生，《指南》提出大学英语教学应该使学生"在学习、生活、社会交往和未来工作中能够有效地使用英语，满足国家、社会、学校和个人发展的需要，提高学生社会语言能力和跨文化交际能力"。这就要求大学英语教育应关注学生交际能力的培养。《指南》要求关注"学生自主学习能力的培养，引导和帮助他们掌握学习策略，学会学习，促使学生从'被动学习'向'主动学习'转变"，这要求大学英语培养学生的学习能力。另外，《指南》也要求我们关注"师生间应有的人际交往与情感交流，给予学生思想、情感、人格、审美等方面的熏陶和感染"，即大学英语教育应该培养学生的审美能力。针对教师，《指南》提出"造就一支师德高尚、业务精湛、结构合理、充满活力的高素质专业化教师队伍"，发扬"教学相长、教书育人"的优良教风，以"传帮带"方式帮助青年教师成长，营造良好的院系教学文化。

大学英语课程建设、发展及改革进程体现了大学英语教学改革的发展趋势——从只关注学生学习技能和文化素养培养的单一学习目标发展到关注学生社会语言能力、跨文化交际能力和自主学习能力的全人培养，从只关注教学中学生主体的能力培养扩充到关注教师主体的发展。因此，作为教学共同体的教师与学生之间的师生关系是大学英语课程改革不可或缺的研究课题。

链接 7：大学英语改革相关文件

1979 年《加强外语教育的几点意见》

1980 年《英语教学大纲（草案）》

1982 年《高等学校公共英语课教学经验交流〈纪要〉》

1985 年《大学英语教学大纲（理工科用）》（教高 1985[004] 号）

1986 年《大学英语教学大纲（文理科用）》（教高 1986[010] 号）

1999 年《大学英语教学大纲（修订版）》

2002 年《大学英语教学改革基本思路》

2002 年《大学英语教学改革工程草案》

2004 年《大学英语课程教学要求（试行）》

2007 年《大学英语课程教学要求》

2007 年《教育部财政部关于实施高等学校本科教学质量与教学改革工程的意见》

2010 年《国家中长期教育改革和发展规划纲要》
2017 年《大学英语教学指南》
2018 年《中国英语能力等级量表》

（二）课程要求

本教学改革在浙江某高校进行。该学校重视大学英语学习，希望大学英语课程教学能激发学生学习外语的热情，提高学生的综合竞争力，培养具有国际视野、人文情怀、专业素养的应用型、复合型、创新型大商科人才。基于学校学生培养目标及《指南》的专业指导，"大学英语"课程设置 9—12 个学分，开设四个学期（每学期 16 周，144—192 学时）。该课程以学生的英语综合应用能力为培养目标，强调听说能力的培养；旨在使学生在今后工作和社会交往中能用英语有效地进行口头和书面交流，同时增强其自主学习能力、提高综合文化素养，以适应我国经济发展和国际交流的需要。

本课程对学生听力、口语、阅读、写作、翻译以及词汇能力做出以下阶梯式递增的教学要求，见表 4.1 所示。

表 4.1　"大学英语"课程教学目标及能力要求

语言技能	教学目标及能力要求
听的能力	能够基本听懂来自英语国家人士的谈话和讲座，能听懂题材熟悉、篇幅较长、语速为每分钟 150 词左右的英语广播或电视节目，能基本听懂外国专家用英语讲授的专业课程，掌握其要点。
说的能力	能够和来自英语国家的人士进行比较流利的会话，能较好地掌握会话策略，基本表达个人意见、情感、观点等，能基本陈述事实、事件、理由等，语音、语调基本正确。

续　表

语言技能	教学目标及能力要求
读的能力	能基本阅读英语国家报纸杂志的文章，阅读速度为每分钟 80 词，在快速阅读篇幅较长的材料时，阅读速度达到每分钟 120 词，能就阅读材料进行略读或寻读，并且能够基本读懂自己专业方面的综述性文献，抓住主要事实和有关细节。
写的能力	能写日常应用文，用英语进行相关专业论文的文献综述、研究方法陈述，能写作结构基本清晰，内容较为丰富的英文报告和论文。
译的能力	能借助词典翻译一般英美报刊上题材熟悉的文章，能摘译所学专业的英语科普文章，英译汉速度应达到为每小时 350 个英语单词，并做到译文基本通顺、达意，无重大语言错误。

2018 年 6 月出台的《中国英语能力等级量表》规定了中国英语学习者和使用者的英语能力等级，描述了各等级的能力表现特征，适用于英语测评，可供英语教学、学习及其他参考。本次课程教学改革的行动研究过程中结合校本课程要求和《中国英语能力等级量表》中的能力总表（见表 4.2）对学生学习效果和能力进行评价。

表 4.2　《中国英语能力等级量表》语言能力总表

九级	能准确、透彻地理解和把握各种语言材料。 能自如地运用各种表达方式就各种话题进行深入沟通和交流，表达精确、自然、纯正，并体现一定的语言风格。
八级	能理解不同体裁和话题的语言材料，领悟其内涵和话语特征，包括语言风格。 能在多种场合熟练使用各种表达方式和策略进行有效的学术交流或与专业有关的交流，就不同的相关话题进行充分、准确、恰当的阐述、论证和评析，表达准确、流畅、连贯、得当。
七级	能理解多种话题的语言材料，包括自己所学专业领域的学术性材料，准确把握主旨和要义，客观审视、评析材料的内容，理解深层含义。 能就多种相关学术和社会话题进行深入交流和讨论，有效地进行描述、说明、解释、论证和评析，表达规范、清晰、得体、顺畅。

六级	能理解多种话题（包括一般性专业话题）的语言材料，把握要点及其逻辑关系，分析、判断、评价材料中的观点、态度和隐含的意义。 能在熟悉的学术或工作交流中参与多种话题的讨论，有效传递信息，比较和评析不同的意见，发表见解，表达连贯、得体、顺畅，符合相关文体规范和语体要求。
五级	能理解不同场合中一般性话题的语言材料，把握主旨，抓住重点，明晰事实、观点与细节，领悟他人的意图和态度。 能在较为熟悉的场合就学习、工作等话题进行交流、讨论、协商，表明观点和态度，就一般性话题进行较有效的描述、说明或阐述，表达准确、连贯、得体。
四级	能理解一般社交场合中常见话题的语言材料，抓住主题和主要内容，把握主要事实与观点，清楚他人的意图和态度。 能在熟悉的场合就熟悉的话题进行交流，叙述事件发展，描绘事物状况，介绍相关活动，说明事物要点，简单论述个人观点等，表达较为准确、清晰、连贯。
三级	能理解日常生活中的简单语言材料，获取特定或关键信息，抓住要点，推断他人的意图。 能在日常生活或一般社交场合中用简单的语言与他人交流，描述个人经历、志向等，并能说明理由、表达观点等，表达基本准确、连贯、顺畅。
二级	能理解日常生活中常见的简单语言材料，获取基本的事实性信息，把握主要内容。 能就熟悉的话题或身边的事物用简单的语言进行交流，陈述信息，叙述事件，描述情况，表达基本的交际意图，实现基本的交际目的。
一级	能理解日常生活中十分熟悉的简单语言材料，识别相关活动或身边事物的基本信息，理解基本词语的含义。 能用基本的、简短的话语与他人交流，互致问候，相互介绍或描述、陈述身边事物的基本信息，以及表明态度等，有时借助重复或手势、表情等非言语手段。

（三）师生关系调研

大学英语教学改革尊重教育的主体间性，要求构建全新的师生关系，但同时也面临着巨大挑战。

首先，大学英语的错位期待和课时缩减是大学英语师生必须面对的教育现实。教育行政部门期待大学英语能提高学生的人文通识素养和国际化专业表达能力，而学生渴望通过大学英语教学提高英语知识和技能。期待错位使得身处其中的大学英语教师深感压力。同时，大学英语普遍缩减课时和学生自主学习能力之间的不协调也造成教学任务和教学时间之间的紧张。教师抱怨有限的教学时间内要完成大量的教学任务几乎是不可能的事实，而学生希望能在有限的教学时间内，最大限度地学到更多的英语知识，最大程度地提高英语应用能力。这就对师生关系提出了新的要求：师生关系的建立，不能仅停留在师生友好关系的维系上，而是既要做到有效的教学管理，又要帮助学生获得较好的学习效果。

其次，新时代大学生对于师生关系的认知在一定程度上也影响了师生关系的构建。课程改革前，我们针对浙江省某高校大学一年级（第二学期）107名学生的教育背景、学习动机、课程认知和师生关系认知等方面进行了问卷调查，重点关注学生对于师生关系的认知和期盼。

他们渴望交流，认为好老师不仅是优秀的知识传播者，能够有效提高他们的听说读写能力，帮助他们顺利通过各项考试，而且还是愿意倾听学生困惑，能给予智慧帮助的人生导师。

他们渴望平等，认为好老师不应是"一言堂"的发号施令者，而是能够站在学生的角度去思考问题，用学生能接受的方式去指导教学的教育者。

他们渴望信任，认为好老师不仅带领他们掌握知识、技能和方法，还把他们当作朋友，以平等态度对待他们，而且还是能相信他们，并通过传授自主学习方法，赋予他们自我管理权利的管理者。

由此可见，学生的主体意识渐渐苏醒，对主体间性教育有了期待。这真实地体现了主体间性教育下师生关系良性转变的必要性和迫切性。

二、建构主体间性"伙伴"关系理论思考

（一）主体间性"伙伴"师生关系

传统的师生关系经历了教师中心论、学生中心论和双主体论三个发展

阶段。教师中心论强调教师的绝对权威，"一言堂"的课堂教学现象普遍忽略了学生的主观能动性，使其被动地成为知识的接受者。学生中心论强调教学过程中学生的主体性，突显了学生的主观能动性；但由于淡化了教师的主体角色，弱化了教师的责任与义务，容易出现放任型的师生关系。双主体论强调教学过程中教师与学生的双主体性，但忽略了师生之间的共存共在以及互动合作。这三种师生关系的理论都在一定程度上割裂了师生关系。（何菊玲，2013）

我们提出建立主体间性"伙伴"师生关系。"外语教育场域中，师生或者生生之间的交往是一种以主客体关系为中介的主体与主体之间的关系，即'主体—客观世界—主体'的主体间性关系。"（柴改英，2014）主体间性指的是主体之间的相互性、统一性和内在相关性，强调主体间的协调与合作，是主体间的交往和理解关系（白臻贤，2008），而知识的建构正是发生在主体之间（王永祥，2011）。

国内已有少数研究者开始从管理学视域下研究外语教学（孙耀远，2012），这给高校英语教育中师生关系的有机构建带来新的理论支撑和实践指导。我们提出，从管理学视域寻找师生关系的新契机，将语言教学与教学管理有机结合，探索主体间性"伙伴"师生关系。

1. 主体间性"伙伴"的含义

古代兵制十人为一火，火长管炊事，同火者称为"火伴"，现在泛指共同参加某种组织或从事某种活动的人，现代汉语中的写法为"伙伴"。我们借鉴人力资源管理理念中"伙伴"的概念，构建师生主体间性的"伙伴"关系。在大学英语教育场域下，"伙伴"即共同参与大学英语教学活动的教师与学生。主体间性"伙伴"关系则指基于师生教学共同体的教学组织模式，是同为主体的教师与学生在教育场域中的"交往"。大学英语教学关注在外语教育场域中，教师与学生通过交往活动，共同建构语言知识和能力。主体间性"伙伴"概念具有以下两个方面的含义。

1）独立思考与平等对话

　　"伙伴"关系建立的重要前提是独立思考。作为"伙伴"关系中的独立主体，学生在参与教育对话和交往时，具有独立人格，他们的思维方式、思维视角、交流内容和交流方式都印刻着年龄、经历、时代、技术、环境赋予的独特烙印。忽略或忽视这种独特性容易造成教育场域对话的"休克"。当然我们重视学生的独立人格，并不意味着学生能够完全独立于教师。教师应该作为指导者和引导者，对"传什么道""如何授业"和"怎样解惑"具有独立见解和做法。"伙伴"的概念强调的是尊重思想。教师不标榜自己为知识的尺度，尊重学生的独立见解，而且应该鼓励学生发声；更重要的是充分尊重学生关于如何学习的意见。

　　"伙伴"关系建立的重要表现是平等对话。"教育是以人为主体的社会活动。'主体人'包括教师和学生的主体性意识和主观能动性。"（夏纪梅，2009）大学英语教育场域中，教师与学生首先是"一种共生共存的关系，是一种主体间的交往互动的对话关系"（何菊玲，2013）。对话，包含倾听和述说。教师与学生的对话不是教师单方面的说与学生单方面的听，而是师生双方之间的平等对话。平等是构建对话的重要前提。平等的宗旨在于尊重处于同一教育场域下的主体双方的话语权，鼓励双方努力沟通、协商、探讨，通过对话型思维，共同进行意义建构。

　　独立思考是平等对话的重要前提，而平等对话亦是独立思考的重要保障。

　　2）协同互动与动态开放

　　师生"伙伴"关系强调双主体在教育场域这个客观世界中的协同互动与动态开放。"师生互动过程并非教师'为所欲为'的过程，而是师生双方相互界定、相互碰撞的过程。"（吴康宁，1998）主体间性"伙伴"师生关系注重主体间的能动发挥，教师"教"的职能与学生"学"的职责并非泾渭分明，教学相长是大学英语教育场域中师生关系的常态。在教师有限度地适当让渡权利后，教育场域中的学习内容、任务形式、教学评价，甚至教学管理都可以在师生的协同互动中共同开发与执行。

　　同样，"师生互动的过程并非自始至终稳定不变的过程，而是师生双方之间不断解释对方所作反应，并随时采取相应对策的过程"（吴康宁，1998）。大学英语教学是双方主体探究学习的过程。因为探究对象不断变化和发展，教师和学生的互动始终处于开放的动态发展过程中，交往和对话是对意义的磋商和方法的沟通，教师与学生需要移情理解，从对方的角度思考，更好地解释和解决互动中的矛盾和冲突，从而达到协同。主体间性"伙伴"师生关系中，教师与学生互相尊重、互相理解、彼此协作、共同营造一种开放的、动态的教学生成状态，一起建构意义的社会交往活动（王永祥，2011）。

2. 主体间性"伙伴"师生关系的表现形式

主体间性"伙伴"师生关系不是某种单一类型的师生关系，就其表现形式而言，主要体现为服务型师生关系、理解型师生关系和管理型师生关系，它们并非孤立存在，而是相互交融、共同作用。

1）服务型师生关系

"服务"是主体间性"伙伴"关系的新形态和新职能。大学英语教育场域中，由于学生需求持续受到重视，出现了知识市场的特性。师生间的关系也呈现出"专业人士"与"客户"之间的关系。学生不再是凭教师意愿就可以随意塑造的原材料（项茂英，2004），"客户"这个角色强调了学生是有主体意识和自我需求的"知识消费者"，而教师承担了一种新的角色——"知识服务者"。

首先，服务型师生关系要求教师尊重学生的知识需求。经过小学、初中和高中的英语学习，现阶段的大学生对英语的需求不再只是停留在语言知识技能的基本训练层面。大多数学生希望自己能流利使用英语与他人交流，阅读原版期刊，了解英语国家文化。作为具有自主意识的学习主体，学生对英语学习的要求也不尽相同。因材施教是服务学生和学习的要求。当然，教师的"服务意识"并不代表一味屈求于学生需求。虽然在信息技术发达的时代，教师并不是知识的唯一来源，但他们在专业素养和学习理论等方面的优势，可以充分发挥因材施教的能动性。在服务型师生关系中，教师在学生现有水平和潜在水平的最近发展区[①]更多承担"支架"[②]作用。

其次，服务型师生关系要求教师应该尊重学生的体验需求。教师应该为学生提供充分的思维和情感体验的机会，让学生体验成功和快乐。学习是一个知识体验的过程。教师需要创造体验式的学习情景，创造有体验氛围的课堂文化。教师带领学生，体验语言的实用性、文化性、人际性和审美性。当他们亲身体验了这门语言的魅力，了解了这个知识性的服务产品后，会有更强的动力去亲近这门语言。

2）理解型师生关系

理解是主体间性"伙伴"师生关系的平等要素。理解是站在对方的立场，从他者出发进行交往和沟通，这样才能最大程度地发挥两者的主观能动性。平等是理解型师生关系的最基本特征。教师与学生是大学英语教育场域中的两个独立主体，应享有基本的平等权利（万作芳，任海宾，2011）。在英语教学过程中，平等的交往、对话、合作和交流，是一个相互认识、相互沟通和相互理解的动态过程。

尊重是理解型师生关系的主要表现。传统的师道尊严单方面强调学生必须执行由教师或教育部门制定的行为规范，而主体间性"伙伴"师生关系提倡在尊重教师的同时，也要尊重学生以及他们发出的声音。

主体间性"伙伴"师生关系中，教师应该认识到"伙伴"是课程的开发者和创造者。师生之间应该平等对话和交流协商，实现知识的共享（王俊菊，朱耀云，2008）。

3）管理型师生关系

管理是主体间性"伙伴"师生关系的重要职能形式。传统的教学管理

① 最近发展区（zone of proximal development）是学习者独立解决问题的实际发展水平与在有经验的成人指引下或与能力高的同伴合作中解决问题时所体现的潜在发展水平之间的差距（Vygotsky，1978），即在学生现有水平与其尚未能独立处理和运用的知识或技能之间的沟渠。

② 教师通过在学生的最近发展区搭建教学支架帮助学生现有能力得到发展，以便学生将来能够独立完成类似任务（Mercer & Littleton，2007；Gibbons，2015）。

职责由教师单方面承担。教师通过计划、组织、领导和控制等步骤对教学过程、学习过程、学习效果等进行管理，学生在整个学习过程中承担被管理者的角色。传统的管理与被管理的师生关系中，教师习惯了自己"权威者"的角色，拥有掌控整个教学管理的权利，而学生习惯了被动接受教师的指令，完成教学任务。这样的师生关系视学生为教育客体。

在主体间性"伙伴"师生关系中，教师与学生同为主体，参与有限度的共同管理。教师不再是单纯的管理者，他更像一个首席执行官，带领一群伙伴，共同经营一个英语学习共同体，在这个教育场域中共同成长。课代表不是唯一参与教学管理的学生。每一次的课堂任务，分组讨论时都可以设置临时组长。每次小组活动，每位成员承担不同的角色任务，比如说"组长""文案""发言人"等。英语教学是师生共同经营的学习过程。

有限度的共同管理强调的是学生的有限参与，他们需学会自我有效管理和小组合作管理，同时积极参与教学内容、教学方法、评价方式等的决策。有限让渡权利绝不是教师的完全或者盲目让渡权利。教师应责无旁贷地承担教学管理的职责，引导学生参与教学管理，帮助学生培养自主学习能力和自我管理的能力。有限让渡权利对教师形成了巨大的挑战，教师必须跳出自己的舒适区，面对来自学生的诉求，需要不断更新知识，并放下姿态与学生协同。

（二）主体间性"伙伴"师生关系的实现途径

基于服务型、理解型和管理型的主体间性"伙伴"师生关系的构建，我们提出三个实现途径：合作式体验、移情性理解和信任式管理。

1. 合作式体验

《现代汉语词典（第7版）》中"体验"的定义为：通过实践来认识周围的事物；亲身经历。它意指设身处地、亲力亲为，观察感受、查验考证。从心理学角度看，体验是一种感受、一个过程。它指一个人达到情绪、体力、智力甚至精神的某一特定水平时，其意识中所产生的美好感觉（Pine

& Gilmore, 1999）。它也是理智的直觉，是建立在个体内部知觉基础上的一种特殊活动。它与个体的自我意识紧密联系，是伴随自我认识而产生的内心体验，是自我意识在情感上的表现，即主我对客我所持有的一种态度。它反映了主我的需要与客我的现实之间的关系。（陈会昌，等，1994）从教学角度看，体验是一种教学感受，一个或一系列教学事件。一个人在学习过程中，需要亲身经历，亲自验证，才能获得科学知识，养成道德品质，掌握技能。传统的体验式教学以学生为中心，根据学生的认知特点和规律，通过创造实际的或重复经历的情境和机会，呈现、再现、还原教学内容，使学生在亲历的过程中理解并建构知识、产生情感、发展能力和生成意义。教学体验的产生和知识的建构均基于学生个体的感受，认为体验具有过程性、亲历性和不可传授性，是充满个性和创造性的过程。

合作式体验教学具有教育场域的主体间性特征。师生共同作为教学主体，共同复现教学内容所经历的情境，强调主体的参与性与分享性，关注师生在教学任务中达成的某种认知共鸣，提升师生的体验感知能力。共享、共鸣是合作式体验教学的关键。

合作式体验构建的"伙伴"师生关系体现其"服务"的特性，尊重学生学习需求和体验需求。教育的服务职能要求教师必须关注学生的学习体验。学生的学习体验是由一系列的个性化的情感交往组成的。关注学生在学习过程中的情感动态，调整教学设计和安排，围绕学生的学习体验，更好地满足学生的学习需求，并提高教学质量，提升教学效果，日益成为大学英语教学的目标之一。

实现合作式体验有两个关键。第一，需要创建契合真实场景的教学情境，它可以是一个具体存在的现实空间，如教室；也可以是教学共同体之间营造的学习体验氛围，是体验分享和情感共鸣的空间。

第二，需要教学主体间的互动着力，教师要参与教学体验。作为教学体验的主体之一，教师不仅仅是指导者、引导者，更是示范者与参与者。结合课文主题或文章进行课堂任务设计，教师用恰当的方式，展现自己在语言学习过程中的情感体验，并激发学生在相似情境下的学习体验。教学过程中，教师不再是高高在上的教学者、指导者，而是平等的分享者，首先以学习者的态度去体验和完成教学任务，带领学生一起在做中学，以自己的情感体验激发并帮助学生寻找情感的共鸣，从而实现教学目标。

2. 移情性理解

移情（empathy），也称共情，是一种心理分析的技术和产生心理分析治愈效果的重要条件，还是一种能深入他人主观世界、了解其感受的能力。它提倡关怀一个人，必须了解对方和对方的世界，用对方的眼去看待对方的世界，进入对方的世界，从其内部去认识对方的生活方式、生活目标与方向 (Mayeroff，1971)。同时，在正确了解当事人内在的主观世界的基础之上，能将有意义的信息传达给当事人，理解或察觉到当事人蕴涵着的个人意义的世界。甚至，还可以进一步表明自己的态度，影响对方。移情在语用学上指言语交际双方情感相通，能设想和理解对方用意。它既有语用—语言的问题，也有社会—语用问题，涉及说话人如何刻意对听话人吐露心声、表达用意，听话人如何设身处地来理解说话人言谈的心态和意图（何自然，1991）。说话人站在对方的角度吐露心声，传达信息；听话人设身处地地理解说话人的言谈用意，接受信息（柴改英，2006）。

移情要求交际双方站在对方的立场上建构和理解话语。说写者建构话语、表达意图时，要兼顾彼此关系、关系程度以及对方的认知水平、认知能力等因素，并在交际过程中随着语境调整移情策略；进行话语理解时，听读者能抱着合作态度，顺应对方明示的情景，选择和建构语境做就近的、关联的推理（柴改英，2006）。

从教学视角来看，移情是指教学主体之间，以对方的视角去理解对方的世界。移情性理解是师生站在对方的角度去设计、参与教学活动和管理，通过主体间情感的沟通与交流所获得的精神体验（邬易平，2014）。"师生之间的相互理解是构成双方共同行动的基础。通过理解，他们才能相互承认、相互接纳和相互沟通，才能形成真正的交往。"（王守纪，杨兆山，2010）

从课堂教学来看，师生关系的构建是通过一系列的课堂活动，带领学生体会师生之间的尊重和理解，需要换位思考，这就是移情性理解，指的是站在对方的角度进行思考。教师要真正站在学生的角度，想学生之所想，在和学生沟通交流的基础之上设计教学任务，而不是仅仅站在教师的角度，设计一些自认为对学生有益的教学活动，并在活动结束之后，及时了解学生的感受，对之后的教学任务设计提供一定的指导和帮助。要做到移情性理解，课程教师最需要迈出的，也是最艰难的一步，就是放下自己的教师角色，作为伙伴的一员，参与到课程任务之中。

3. 信任型管理

信任是教学管理的前提。教育场域下，主体间基于相互的信任，教师适当让渡权利，学生主动参与，成为课程教学的共同管理者，从而实现学习者自主。这既是实现《大学英语课程教学要求》培养学生自主能力的途径，也是建构主体间性"伙伴"师生关系构建的重点内容。

在教学视角下，信任是给予教育对象能力的肯定，从而期许其获得积极正向的结果。信任可以分为认知的信任和情感的信任（McAllister，1995），"是在社会之内的最重要的综合力量之一"（Simmel，2002）。

信任是授权和监控的结合。你不可能管理信任，只可能管理可信赖(trustworthiness)的行为，它的表现形式是部分让渡权利。在有限度的信任型管理下，教师引导并指导学生主动参与教学管理，适当参与教学设计，教学大纲也可以尝试"由教师和学生通过协商共同制定，并在教学过程中不断修改和补充，以适应不断变化的教学需求"（王海啸，2010）。这样，大学英语教学便是教师和学生的共有事业。

信任型管理借鉴美国管理大师彼得·F. 德鲁克（Peter F.Drucker）1954 年在《管理实践》一书中提出的"目标管理"概念。目标管理是依据外部环境和内部条件的综合平衡，确定在一定时期内预期达到的成果，制订出目标，并为实现该目标而进行的组织、激励、控制和检查该工作的管理方法。其特点有：（1）具有目标体系，是一种系统整体管理；（2）实行参与管理，是一种民主的管理；（3）实行自我控制，是一种自觉的管理；（4）注重管理成效，是一种成果的管理；（5）重视职工培训，是一种提

高职工能力的管理。（刘永芳，2008）

目标管理的特征之一是参与管理。信任使教育场域中的主体获得归属感，激发成员的能动性和创造性。"伙伴"定位将师生置于合作团队中，在共同完成知识建构过程中，信任对方的决策、承认对方的贡献，实现共同管理。在信任式管理的教学实施中，我们主张通过让学生参与课堂任务设计以及实施、部分参与教学评价等教学管理行为，将学生的个人需求与组织目标结合起来，调动学生学习的主动性、创造性和积极性。

链接8：星巴克企业文化

星巴克是美国一家咖啡连锁公司，被《商业周刊》评为全球最佳100品牌之一。受到普遍关注的不仅仅是星巴克的核心价值及核心产品——一杯咖啡，让更多的人认同星巴克的是其企业文化。星巴克使命宣言中"提供完善的工作环境，并创造互相尊重和信任的工作氛围""时刻以高度热忱满足顾客需求"等内容，主要归纳为尊重文化、信任关系和体验服务三个方面。

（1）尊重文化。星巴克总裁霍华德·舒尔茨（Howard Schultz）认为："雇员不仅是公司的脉搏和灵魂，而且也代表着公司的公众形象。"星巴克给予员工较为全面的医疗保险计划和咖啡豆股票，公司所有的人都是成长中的伙伴。1991年9月开始，星巴克停止使用"雇员"一词，员工被称为"伙伴"——"凡是为公司工作6个月以上者，都是合法的股权持有人。甚至兼职伙伴，只要每周工作不少于20小时，也有同等权利。"在星巴克，员工"不是零部件，他们每一个人都是独立的个体，既需要自我价值的肯定，也需要金钱养家糊口"。"伙伴"这个称呼，不仅是星巴克企业管理中对于每一个人的尊重，同时还体现了星巴克人的拥有感、信任感和忠诚度。

（2）信任关系。正如"伙伴"这一称呼所体现的领导层对于星巴克人的信任关系一样，星巴克业务的核心有其独特的一面：关系（relationships）。除了供应商和合作伙伴之外，星巴克的核心价值还在于建立了客户和员工的"关系"。这种关系的建立，是一种相互信任的外显。

（3）体验服务。星巴克非常理解"第三空间"在现代人生活中的重要性，他们提供了一个安全的、舒适的、具有邻里情谊的聚会场所，并通过每一个和客人在店里相遇的机会与瞬间，创造独一无二的服务与体验价值。Jesper Kunde 在 *Corporate Religion* 一书中指出，在消费者的需求重心由产品转向服务再转向体验的时代，星巴克成功地创立了一种以"星巴克体验"为主旨的"咖啡宗教"。

（霍华德·舒尔茨，扬，2011）

主体间性"伙伴"师生关系中的"伙伴"及"伙伴"关系概念主要借鉴的是世界知名企业星巴克的优秀管理经验。

三、行动研究设计

基于主体间性"伙伴"师生关系构建的行动研究设计，以三个实现途径为行动研究的实施主线，我们在浙江省某高校大学一年级（第二学期）107 名学生中开展行动研究。不同的教学方法和教学管理实践是为了实现同一目标，即建构"伙伴"关系，帮助学生提高英语语言运用能力。

1. 行动研究问题

本次行动研究基于课程改革前针对学生对师生关系的认知和期盼的调查，针对学生体验感知及表达不丰富，教师体验分享传达不到位；师生、生生之间沟通欠通畅，理解不到位；学生自主意识不足，教师管理控权过度三个需要解决的问题，通过六个典型教学活动的计划、实施、观察以及反思，形成合作式体验、移情性理解以及信任型管理的实现途径，从而构建服务型、平等型和信任型的主体间性"伙伴"师生关系，最终促进提高学生英语运用能力和自主学习能力的全人培养目标的实现。

2. 行动研究对象

浙江省某高校大学一年级（第二学期）107名学生参加了本次行动研究，其中女生64名，男生43名。他们已经完成第一学期大学英语（三）的学习。语言能力总体水平达到《中国英语能力等级量表》语言能力总表中的四级水平，即能理解一般社交场合中常见话题的语言材料，抓住主题和主要内容，把握主要事实与观点，清楚他人的意图和态度。能在熟悉的场合就熟悉的话题进行交流，叙述事件发展，描绘事物状况，介绍相关活动，说明事物要点，简单论述个人观点等，表达较为准确、清晰、连贯。

3. 行动研究步骤

针对需要解决的三个师生关系问题，本行动研究设计了三个步骤。

第一步骤为实现合作式体验：通过创设教学情境和训练视觉思维两个典型教学活动实现分享语言体验和促进合作体验。

第二步骤为实现移情性理解：通过进行情境表演和定期主题演讲两个典型教学活动来加深语用移情和增进情感理解。

第三步骤为实现信任型管理，通过让学生参与教学组织、建立评价体系来培养学生自主能力和帮助教师有限度地让渡权利。

典型教学活动实施过程中，教师通过教学计划、实施、观察以及反思等行动研究环节，采用教学日志、学生反思、教师观察、教师反思以及学生作品解析等方式收集数据并进行分析。行动研究设计整体思路如图4.1所示：

教学难点	教学计划及实施	教学观察及反思
（一）合作式体验　学生体验感知及表达不丰富，教师体验分享传达不到位。	创设教学情境　分享语言体验　训练视觉思维　促进合作体验	课堂观察　学生采访　教学日志　学生反思
（二）移情性理解　师生、生生之间沟通欠通畅，理解不到位。	进行情景表演　加深语用移情　定期主题演讲　增进情感理解	课堂观察　学生采访　教学日志　学生反思
（三）信任型管理　学生自主意识不足，教师管理控权过度。	参与教学组织　培养学生自主　建立评价体系　教师限度让权	课堂观察　学生采访　教学日志　学生反思
需解决的师生关系问题	典型教学活动	研究数据分析

图 4.1　主体间性"伙伴"师生关系建构的行动研究步骤

四、行动研究实施及反思

（一）合作式体验行动

体验定义为人类的基本生存方式之一，是一种图景思维活动，也是一种震撼心灵、感动生命的魅力化育模式（刘惊铎，2003）。体验是不可被教导的。合作式体验需要师生共同参与教学事件，通过分享体验，共同促进语言感知。我们通过两种典型活动的设计，促进"伙伴"关系：创设教学情境，分享语言体验；训练视觉思维，促进合作体验。

1. 创设教学情境，分享语言体验

创设教学情境旨在帮助学生理解文章结构和内容，学会结合情景描写表达情绪的方法，从而深入理解文章内容和框架。其中，教学情境是教师根据范文主题找到的类似生活情境——校园长廊，激发情境体验是指教师通过在该教学情境中提问、讨论等教学设计引导学生进行情境体验。

任务设计与实施

我们以《新编大学英语》第二版第二册第五单元 TEXT A 第二自然段的教学设计与实施具体为例。

How Do I Discover Words?

(PARA 2) On the afternoon of that eventful day, I stood on the porch, dumb, expectant. I guessed vaguely from my mother's signs and from the hurrying to and fro in the house that something unusual was about to happen, so I went to the door and waited on the steps. The afternoon sun penetrated the mass of honeysuckle that covered the porch, and fell on my upturned face. My fingers lingered almost unconsciously on the familiar leaves and blossoms which had just come forth to greet the sweet southern spring. I did not know what the future held of marvel or surprise for me. Anger and bitterness had preyed upon me continually for weeks and a deep languor had succeeded this passionate struggle.

1) 创设教学情境，激活情境体验

激活情境体验的第一步是寻找或创建与教学内容相似的教学情境。教师带领学生来到校园长廊，利用校园中的自然场景来搭建体验情境，引领学生打开自己的感官，帮助学生搭建文字与情感之间的体验桥梁。

范文中，Helen Keller 站在自家花园门廊前的台阶上。她笔下的花园里，午后的阳光透过覆盖着门廊的忍冬花簇照射到她仰起的脸庞上。她的手指近乎下意识地抚弄着这些熟悉的叶片和花朵。它们刚刚冒出，迎来南方温馨的春天。

校园长廊的自然风景类似于课文中 Helen Keller 所描述的花园中的场景：绿色的藤蔓自然垂落，带着些许暖意的风有些肆意地吹拂着绿色丝绦，而接近正午的阳光十分强烈，透过藤蔓，星星点点地投射到两旁的长凳以及地面，一切安静而美好。长廊、光、藤蔓、叶片、花朵这些自然景观在教学文本和学生所处的自然场景中共现。

2) 引导感官认知，激活情境体验

　　激活情境体验的关键步骤是如何引导学生进行感官认知。为了帮助学生理解感官认知，教师首先通过提问、讨论等方式引导学生激活其视觉感官，其后要求学生自主激活听觉、触觉等其他感官。

　　首先，教师先从教学情境的整体感受切入，要求学生在文中找到一个词来表述 Helen Keller 对这个午后花园的春天的感受。学生找到"南方温馨的春天"（sweet southern spring）。围绕"sweet"一词，教师引导学生结合刚才的情境体验带来的感触，在文中找到支撑这种感受的语言表达：①透过覆盖着门廊的忍冬花簇的午后阳光（The afternoon sun penetrated the mass of honeysuckle that covered the porch）；②刚刚冒出的熟悉的叶片和花朵（the familiar leaves and blossoms which had just come forth）。

　　然后，为了帮助学生进一步理解这个情境带来的感官体验，教师接下来带领学生一起激活视觉感官，仔细观察自己身边最近的那一枝绿色藤蔓，关注它深深浅浅的绿色、大大小小或长或短的形态以及随风摇曳的姿态。教师通过提问的方式帮助学生深度发觉自己对这些景色的感受。例如，教师让学生去思考眼前深浅不同的绿色带来的感受是什么。学生 A 回答说："我觉得绿色代表的是一种生命的张力，让人感受到春天的青春。大小各异的叶片随风摆动，让我觉得这片绿色是流动的，加强了我对生命力的感受。"学生 B 说："绿色从树枝的一端到另一端，由深变浅。墨绿色的叶片较大，像是成熟而安静的女子；而浅绿色的叶片，小小的，感觉像是不更年岁的少女。"学生 C 说："绿色能让眼睛放松，我喜欢看到这些深深浅浅的绿色，不是一块浓重重复的绿色，它们给我很舒服的感觉。"然后，教师鼓励学生自主发觉眼前的其他景物。有些同学喜欢长廊地面上斑驳的星星点点的光点，他们注意到接近中午时的强烈的日光，不可直视，但在长廊的植物的遮挡下，阳光穿透植物，投影在了地面，随着风动，光点也会斑驳闪动起来。有学生觉得阳光是调皮的孩子，好像通过闪动的光点哼唱着歌曲。有学生则感受到春天的那种生命力，不像夏天那么张扬，不像秋天那么成熟，不像冬天那么安静，是一种春天独有的张力，像是成长中的孩子。还有学生看到了长凳旁边不知名的黄色的或紫色的小野花。虽然不是密集地簇成一团，在阳光的照射下，却也还是艳丽得很。还有学生发现了一两只可爱的小麻雀。学生的感受集中在几个关键词，如"生命力""青春""活泼""张力"上。教师要求学生记录并和同学分享感受。

3）激活自主学习，分享情境体验

激活情境体验的目的是帮助学生学会分享体验，并从中学会自主学习。如何在分享和自主之间搭建桥梁是关键。

帮助学生激活视觉感官之后，教师要求学生尝试着自主激活其他感官并和小组同学一起分享触觉、听觉、嗅觉或者味觉感受，关注这些感觉带来的情绪。有些学生用食指轻轻点了点藤蔓和它的叶子，感受到它的轻巧。有些同学用食指和拇指轻轻搓了搓叶面，感觉到它叶面上浅浅的细绒，十分软润。有些学生蹲了下去，摸了摸黄色和紫色的花朵，动作轻盈，担心弄坏了花草。有些学生就安静地坐着，闭上双眼仰面迎接着投射下来的阳光，暖暖的，不强烈。有些学生说闻到了淡淡的花香和清新的草香；有些学生说听到了不远处的蝉鸣，叽叽喳喳好不热闹；有些学生说尝了尝路边三叶草的味道，酸酸的，有些涩……

通过帮助学生激活感官感受，进行生活中情境支架①的创设，教师有效地帮助学生在真实或者模拟的相似场景中亲身体验，有助于提升学生细节观察能力，有效激活学生场景描写的体验认知。"学习知识的最好办法就是在情境中进行。"（Brown et al., 1989）学生的学习反思中集中反映该情境支架带给他们的直观感受及其对写作内容框架搭建的帮助。学生 D 提到："我在预习语言文本时，只觉得这是个非常普通的花园场景。至于作者描述这些场景的目的，我没有深入思考过。但当我近距离地接近这些景物时，它们鲜活起来了，似乎能激活我的某一种情绪。相似的场景帮助我更鲜明地看到文中的花园。置身于这样的场景中，能帮助我进一步去调动

———————————————

① 情境支架为体验式教学支架的一种，指教师在教学过程中基于教学主题创设相应的教学情境，深化学生感知体验的教学帮助。

情绪。"学生 E 进一步论述："文字对于我们而言，还仅仅只是文字。但当处于类似的情境之中时，这些文字就突然鲜活起来，和眼前的自然场景就那么自然地重合了。我能感受到这些日常生活中被我忽略了的自然风景，原来带给了我那么强烈的情绪。我有了一种想要表达的冲动。"

借助于这些具象的情境支架，学生将教学文本中的场景描写与眼前的直观场景叠合，直接作用于自己的感官体验，主观感受得到强化，提高感知效应。换言之，特定情境调动人的原有认知结构，经过思维的内部整合，使学生顿悟或产生新的认知结构。

4）学习语言知识，促进体验表达

语言课程的最终目标之一是提高语言输出质量。语言知识的学习与积累，能更有效地促进学生体验的表达。在创设教学情境，帮助学生激活自己的感官体验后，教师通过引导学生理解范文中的通感感知，充分调动学生心理描写的情感认知，建立语言符号与情感体验之间的符号协同，帮助学生学会使用通感这一修辞，提升语言运用能力。这里具体的语言知识是指通过语言描述具体的触觉体验来折射出作者内心的感受。

为了帮助学生学会情绪描写，教师通过介绍通感这一修辞手法，帮助学生理解作者的情感体验。"通感是一种感觉超越了本身的局限而领会到属于另一种感觉的印象。"（钱锺书，1979）教师从范文文本分析入手，通过分析具体的词例，帮助学生理解通感感知。

失去视觉和听觉的 Helen Keller 主要依靠触觉来感知周边的世界。她运用通感，通过用对触觉的描述传达另一种感觉的印象来表达自己的情绪。教师详细解析 "linger" 一词：Helen Keller 的手指近乎下意识地触摸（linger）叶片和花朵。范文中 Helen Keller 使用 "linger" 一词（本意为徘徊、流连）描述手部无意识的动作。Helen Keller 通过手部触感的描述来映射她内心的不安与焦虑，以及对不确定的未来的一种恐慌（a deep languor had succeeded this passionate struggle），表示她陷入了自己的情绪。

教师通过组织小组讨论的方式引导学生在范文中寻找其他运用通感感知的例子，并且和同学一起分享讨论结果。

A 组同学重点讨论范文中对于阳光的描写（The afternoon sun penetrated the mass of honeysuckle that covered the porch, and fell on my upturned face）。小组同学集中讨论了两个单词：penetrate 和 fall on。其中 penetrate 的本意是"穿透，渗透，意指液体或气体从物体的细小空隙中透过"，fall on 的本意是"落到，扑向，比较有冲力的落下，通常含有对某物品的渴望"。Helen Keller 感受到阳光照射下来 (fell on) 给脸带来的温暖，不是那种毫无遮拦的强直射，而是阳光透过藤蔓温柔地洒下来（penetrate）。脸部感受到温暖阳光的触感，映射出 Helen Keller 对阳光的渴望。

B 组同学深入讨论了被阳光包围的温暖触感和她的情绪之间的强烈反差。小组讨论重点放在 prey on 一词，其本意是"捕食，掠夺，带有控制的意思"。Helen Keller 被愤怒与痛苦包围（Anger and bitterness had preyed upon me continually for weeks），人被某种情绪控制，会一直处于该种情绪的折磨中，放不下。Helen Keller 通过描述日常事物带来的触感来反衬自己的紧张与不安。这种情绪和她在花园里感受到的温暖触觉形成了强烈的反差——身体被温暖阳光包围，而内心却是被愤怒和痛苦包围。同时，bitterness 和 sweetness 为一对反义词，加强了触感和情绪之间的反差映射。

作品点评及教师感悟

在情境体验和语言学习之后，教师要求学生完成两个作业：阅读绘画描写文写作。

作业一为阅读绘画，即要求学生在细读课文的基础上，将师生之间对于这个段落的共同感受以绘画的形式展示出来。这并不是绘画课程，因此不对其做绘画方面的要求，只要求能诉诸画笔来表现自己的感受。由于很多学生不习惯用绘画的形式表达情感，他们可以选择在画面上备注文字，中英文皆可，关键是找到适合疏导情绪的渠道。从他们所选择的文字，结合画面，也能感受到他们对于这个场景的情感认知和语言认知。绘画中的细节能准确表现出大家对于文章的理解。阅读绘画教师点评及感悟见表4.3。

表 4.3 阅读绘画教师点评及感悟

教师点评

　　这幅作品再现课文第二自然段的真实场景。绘画中，你们关注文中描述的细节：阳光、藤蔓、花朵、台阶……淡彩的选择很适合春日午后的温馨场景。中文段落补充描述了 Helen Keller 心中对于未知的茫然和对于生活和学习的疲惫心理。但画中未能涉及 Helen Keller 微微抬头的神态以及用手轻触花朵叶子的动作。从你们的作品中，老师能感受到你们脑海中的画面以及想要传达的情绪，和我们朗读时分享的那种感受很相似。谢谢哦！

教师感悟

　　情感共鸣是这次作业的评价重点。这幅作品，画风或许稍显稚嫩，也未能全面而细致地展现文中描述的所有细节（如抬头与伸手触摸花朵的动作），但它用恬淡的色彩、神似的场景以及文字的描述准确地传达了我们在情境朗诵中所产生的共鸣——在看似恬淡安静的午后，Helen Keller 对于要与新老师见面的那种未知未来所产生的忐忑情绪。情境体验在一定程度上唤醒了学生视觉、听觉和思维的共同的感受，激发了师生对于语言描绘共有的审美体验。

　　作业二为描写文写作，要求学生通过描述校园一景表达自己的心情。

　　学生 G 的初稿包括三个方面的内容。一是校园长廊的风景：长廊、池塘、绿柳、小鸟。二是风景带给作者的感受：平静美丽（quiet and beautiful）、暖和温馨（warm and sweet）以及舒适（comfortable）。三是作者的情绪：想念（miss）家人和朋友。但存在两个问题，首先，场景的细节描写欠生动丰富；其次，风景和情绪之间未建立语言符号关联。教学行动之后，学生 G 根据范文所学，针对这两个问题进行了修改。表 4.4 详细地比较分析了初稿和修改稿的不同。

表 4.4 学生 G 初稿与修改稿的对比分析

初稿	修改稿	教师点评
In the morning, I went to the long corridor in campus alone. It was so quiet and beautiful.	Waking up early in the morning on campus, I strolled along the long corridor in the middle of the campus, relaxed but expectant.	初稿简单阐述作者走到校园长廊，感受到校园的平静美丽这一事实，未能展现作者面对这样一个画面的内心活动。修改稿通过增加状态细节（waking up early）、动作细节（strolled along）、位置细节（in the middle of）以及情绪描述（relaxed but expectant）准确表达了作者进入校园的第一天早晨放松而对未来期盼的心情。
	The yellow and white drops of morning sun penetrated the mass of wisteria that covered the porch, hugged me warmly.	修改稿中新增部分。作者通过对视觉体验（yellow and white drops of morning sun）以及触觉体验（hugged me warmly）详细描述了清晨阳光带给他的情感体验。
Besides the corridor, there was a small pond surrounded by many green willows.	Beside me, there was a small pond, mirroring the surrounding willows.	初稿简单描述了池塘边有许多柳树的场景。修改稿中通过"mirroring the surrounding willows"生动地表现了"柳树映射在湖面"的美丽场景。
When people walked by, a bird lapped off.	A bird skimmed over the pond, sang happily and lapped slowly off.	初稿简单讲述"人来鸟飞走"的事实，修改稿中通过使用丰富准确的语言将鸟儿飞走的样子描述为"鸟儿慢慢地拍着翅膀，快乐地啼唱，掠过湖面"，增加了作者的听觉体验（sang happily）和视觉体验（lapped slowly off）。
I felt the warm and sweet breeze.	I could see the pleasantly cool dawn breeze rippling the shining water.	初稿简单讲述作者"感受到温馨甜美的微风"，修改稿中用带有触觉体验的词（pleasantly cool）来形容清晨的微风，并巧妙地使用通感这一修辞，通过视觉体验（rippling the shining water）来描述作者的触觉体验（初稿中的 felt）。

续　表

初稿	修改稿	教师点评
It was very comfortable.	What a sweet morning in the early spring.	初稿浅显直白地表达作者的感受——舒服。修改稿使用 sweet 一词来形容初春的早晨，通过通感的修辞方法，从味觉的甜美来表达自己对初春清晨温馨甜美的情感体验。
I missed my family, my kid brother and my friends very much.	I was wondering what my future in this university held of marvel or surprise for me.	初稿关于作者的情感描述缺乏与前文场景描述的关联，想家的情绪出现得非常突兀。修改稿中将自己的情绪与场景建立关联，从校园长廊的情境描写，联系到自己对于接下来要在这个场景中生活的未知和不确定性的一种期盼。

由于写作场景和范文相似，学生 G 在二稿修改时有较明显的模仿写作痕迹，但对于初稿中存在的两个问题，学生 G 的二稿还是有较为明显的进步。学生 G 通过仔细观察和描写校园长廊的风景细节，丰富了风景描写的内容，并结合通感体验的语言描述，建立起作者对风景的感官体验和情绪体验之间的符号关联。

具体而言，教学中情感支架的搭建帮助学生有意识地从视觉、听觉、触觉等方面深度挖掘对校园长廊场景中的细节观察和体验。具体表现在视觉体验的细化（阳光色彩的描述、鸟儿掠过湖面时翅膀的拍动、风吹过湖面泛起的涟漪）、听觉体验的细化（鸟儿掠过湖面时快乐的啼唱）、触觉体验的细化（阳光照射在身上的温暖触感、清晨微风的清凉感受以及初秋清晨温馨甜美的触觉）。语言支架帮助学生更生动地表达出他的情感体验，具体体现在词汇句式的丰富（stroll, mirror, pleasantly cool, ripple, shining water, marvel ..., relaxed and expectant 等）和修辞手法的使用，尤其是对于拟人和通感的使用。首先，作者增加关于太阳的细节描写（The yellow and white drops of morning sun penetrated the mass of wisteria that covered the porch, hugged me warmly）。这里模仿范文，使用 penetrate 一词，描写太阳光穿过紫藤的样子，结合拟人的手法，用 hug 一词来描述太阳光拥抱自己的感受，细化其触感体验——温暖。其次，作者增加关于晨风的细节描写（I could see the pleasantly cool dawn breeze rippling the shining water）。无形的风很难描述。作者仔细描述自己看到风吹池塘水面，泛起涟漪的视觉体验，映射自己的愉悦凉爽的触感体验（pleasantly cool），从而进一步强化初春清晨温馨的情感体验。

我们发现教师通过创设与范文相似的教学情境，引导启发学生进行情感体验，并在师生之间分享语言体验，实现了师生之间的合作体验，有效帮助学生打开了视觉、听觉、触觉等方面的感受，在作文写作和修改中有意识地增加了相应的体验描写。

2. 训练视觉思维，促进合作体验

视觉思维的训练是促进合作体验的方式之一。阿恩海姆（1998）认为："一切知觉都包含着思维，一切推理中都包含着直觉，一切观测中都包含着创造。"视觉思维在人类认识活动中是最有效的，其同样具备思维的理性功能，跟一切思维活动有更紧密的联系，所以从完形论出发，从视知觉及其同艺术、审美的关系这个角度上分析，通过大量的知觉实验和艺术实践的事实，可以认为视觉并不是孤立的活动，诸心理能力在任何时候都作为一个整体活动着。视觉乃是思维的一种基本媒介，而且视觉思维的知觉特征不仅仅限于直接的知觉范围内，广义的知觉还包括心理意象，以及这些意象同直接的感性把握之间的联系，因而它也就有了一般思维活动的认识功能。具体来说，人类对于动势的判断也不是通过理性的判断思考得出来的结果，而是我们的视觉在接触到图形的一瞬间所产生的知觉判断，并不需要经过特别的加工。而我们人类通过视觉捕捉到的现实事物的轨迹，便在人的心里产生一个意象，而意象是沟通知觉与思维的中介，将表象世界与抽象思维联系起来。阿恩海姆（1998）认为："思想是借助于一种更加合适的媒介——视觉意象——进行的。而语言之所以对创造性思维有所帮助，就在于它能在思维展开时，把这种意象提供出来。"因此思维需要意象，而意象中又包含着思维。总之，这种意象的形成，其实是心灵对感性事物之本质的解释的产物，它不是对物理对象的机械复制，而是对其总体结构特征的积极主动的把握。简而言之，包含意象的视觉艺术乃是视觉思维的故土。

视觉思维的体验可以通过思维导图、四格漫画、结构分析图等方式表达。为了提高学生对课文叙事细节及逻辑结构的理解能力，加强师生之间的阅读体验的分享，我们设计了视觉思维训练环节，即要求学生理解课文的语言描述，通过绘画展示视觉体验，激发认知体验，唤起情感共鸣。

任务设计及实施

本次教学任务的目标是通过师生，特别是生生之间的合作式体验，结合阅读策略的训练，通过视觉思维的训练提高学生对记叙文叙事结构和叙事细节的查找和理解能力。最终以课文复述的形式，展现教学成果。

以《新编大学英语》第四册第四单元 Text B "A Mortal Flower" 作为范文。这是华裔作家韩素英回忆自己找到第一份工作的经历。文章详细描述了面试当天的情景。文中有详尽的人物描写、环境描写以及事件描写。学生在英文表达中，对于描写文比较有畏难情绪，特别是很难把握细节描写的精髓。我们决定结合这篇文章的叙事结构，让学生展开视觉化思维的训练——将文章改编为四格漫画。学生清楚地了解这个教学任务的重点是通过漫画重现文章的叙事结构和细节，而不是绘画本身。

1）学习阅读策略，构建体验框架

在进行阅读体验之前，通过学习相关具体的阅读策略，构建体验框架是十分必要的。学生完成教师布置的课外阅读练习，复习略读（skimming）和查阅（scanning）等阅读策略，并根据教师给出的记叙文五要素训练模板预习课文，重点关注记叙文五要素（character, setting, conflict, plot, theme），查找相关信息。具体见图 4.2。

学生对于阅读策略和记叙文五要素并不陌生，也在相应的阅读理解练习中进行过训练。但在自己进行记叙文表达时，容易出现思路不清、叙述笼统等问题。为了有效改善这一问题，教师尝试引入视觉思维这一工具，要求学生在查找到记叙文五要素的细节信息后，通过四格漫画的形式展现，将其阅读体验通过视觉形式具象体现。

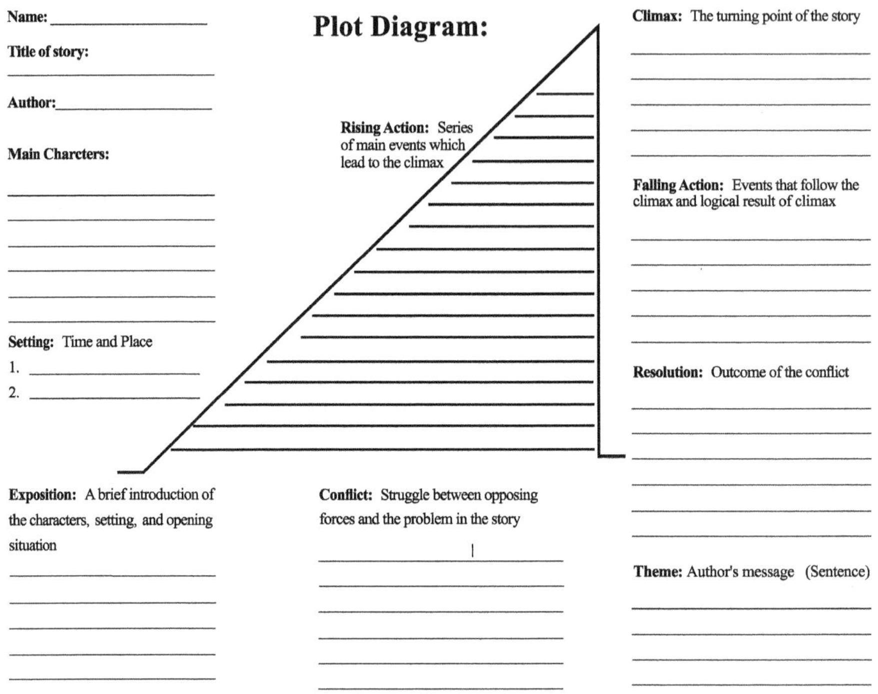

Name: _____

Title of story:

Author:_____

Main Charcters:

_____

_____

_____

_____

Setting: Time and Place
1. _____
2. _____

Exposition: A brief introduction of
the characters, setting, and opening
situation

_____

_____

_____

Plot Diagram:

Rising Action: Series
of main events which
lead to the climax

Conflict: Struggle between opposing
forces and the problem in the story

Climax: The turning point of the story

_____

_____

_____

Falling Action: Events that follow the
climax and logical result of climax

_____

_____

_____

Resolution: Outcome of the conflict

_____

_____

_____

Theme: Author's message　(Sentence)

_____

_____

图 4.2　记叙文五要素训练模板

2）设计四格漫画，促进合作体验

设计四格漫画是视觉体验的具体表现形式之一，目的是通过视觉形式的展现，帮助促进师生之间合作的阅读体验。

本次教学活动的主要形式是小组讨论，通过伙伴之间的思想交流，分享共有的阅读体验。课堂上，学生以小组为单位进行讨论，根据各自所完成的记叙文五要素，选取关键性细节，将课文改编为四格漫画。由于篇幅的限制，只能通过四格漫画来展现文章的五个要素，小组成员需要商榷关键信息，重点关注的应该是文章情节的细节描写，并在课堂上进行展示。

基于课前预习的内容，学生很快就进入了讨论状态。教师重点参与了A 组的讨论。这个小组四位同学，思维都很活跃，但对于阅读理解等基础技能训练不是很感兴趣。表 4.5 是小组讨论的记录：

表 4.5　A 组讨论记录

A（组长）：大家按照座位的顺序发言，每个同学根据自己预习时完成的记叙文五要素模板的内容，提出四格漫画的四个分主题。

B：我认为主要有四个要点，分别是面试前的准备、第一次面试时的慌张、第二次机会——打字和得到工作的兴奋。

C：我完全赞同 B 的说法。

A：那你可以细化一下 B 的建议。

C：第一次面试的慌张，可能很难通过漫画展现出来。

A：好的，那么 D，你说说吧。

D：我觉得四个要点应该是面试的时间、地点、主角的着装，面试时主角和老板的对话、主角打字以及获得工作的兴奋。

A：结合大家的意见，我个人的看法是分为这样四个要点：每个人物的着装、面试的地点、面试的对话以及面试的结果。

教师：刚刚仔细听了大家的发言，我觉得很受启发，大家找到的几个分主题，看似不完全一致，其实是有重合的，要不接下来先找出我们一致认同的部分？

A：好的……

讨论继续进行下去。10 分钟后，小组开始合作制作四格漫画。在小组完成绘画，小组成员根据漫画进行课文复述后，教师第二次参与到他们的小组讨论中，记录见表 4.6。这次教师作为对话的主要引导者，帮助小组成员通过复现讨论过程，自主探讨如何在讨论中进行合作体验。

表 4.6　教师参与 A 组讨论记录

教师：A，你觉得这次小组讨论中，你的组长的职责完成得如何？

A 愣了一下说：不是很好，中间的讨论停顿时，我也不知道该怎么办。

教师：其实我觉得你这次作为小组长，完成得非常不错。你们记得在 C 第一次发言后，我曾经想插话的那个细节吗？

大家点了点头。

B：那个时候 A 先说话了，要求 C 继续细化我的建议。

教师：这一点做得特别棒。在讨论中，简单地表达认同或者不认同，在一定程度上会终止讨论，这时需要给出进一步的行为来支撑。A 提出的细化建议的要求很棒。

D：C 当时给出了积极的回应，认为"慌张"是个不容易通过绘画形式表现出来的抽象概念。小组成员得到老师的肯定，觉得很开心。

教师：不过，同样在这个环节，你们还有进步空间。

C：比如说呢？

教师：其实 C 提出了一个很好的问题，怎么通过视觉方式来展示一个抽象的概念，但可惜的是，大家没有深入下去，而是又回到了各自自己的想法上。

D: 其实，我本来想回答这个问题的，但以为要先说说自己的建议，结果说完，就忘记了。
A: 其实，我们可以把疑问先记录一下，这样可以在后面的讨论中提醒大家。
B: 是的，而且，如果一个阶段的讨论结束后，我们可以尝试做一个小结，这样帮助我们在接下去的讨论中继续深化。

A 组的讨论充分体现了教育主体间性伙伴关系：同处于最近发展区的伙伴通过"提出—认同—深化—不认同—辩论"这一系列的观点互动，充分发挥了他们的教育主体意识。同时，发挥了主体意识的讨论参与也提高了他们讨论的质量，帮助他们有效地运用视觉思维这一工具，深化对课文的理解。

3）小组讨论复述，分享体验表达

课堂上，教师将收上来的四格漫画交叉发放到其他小组，要求小组成员参与讨论，根据所拿到的四格漫画进行课文复述，通过视觉思维训练，帮助学生理解文章的叙事结构和细节。教师参与部分小组的讨论，听取并指导学生的复述，找出存在的问题，并给予指导。最后邀请 2~3 个小组（教师未参与讨论的小组）在全班同学面前进行复述，可以由小组自主决定是一个代表发言还是所有成员一起合作发言，并邀请同学总结在该次教学活动中找到的视觉思维帮助寻找细节和进行课文复述的方法和体验。

在这次活动中，教师通过视觉化思维训练（四格漫画），结合阅读策略，帮助学生培养查找关键信息的能力，关注细节，并最终用自己的语言再现原文。活动中关注具有主观能动性的"伙伴"之间的合作。通过合作，学生之间的团队合作能力得到提升。

作品点评及教师感悟

本次教学行动的课堂作业是小组合作，根据课文要点，绘制四格漫画，并根据四格漫画进行课文复述。下面是 B 组完成的四格漫画及教师点评。

表 4.7　四格漫画及教师点评

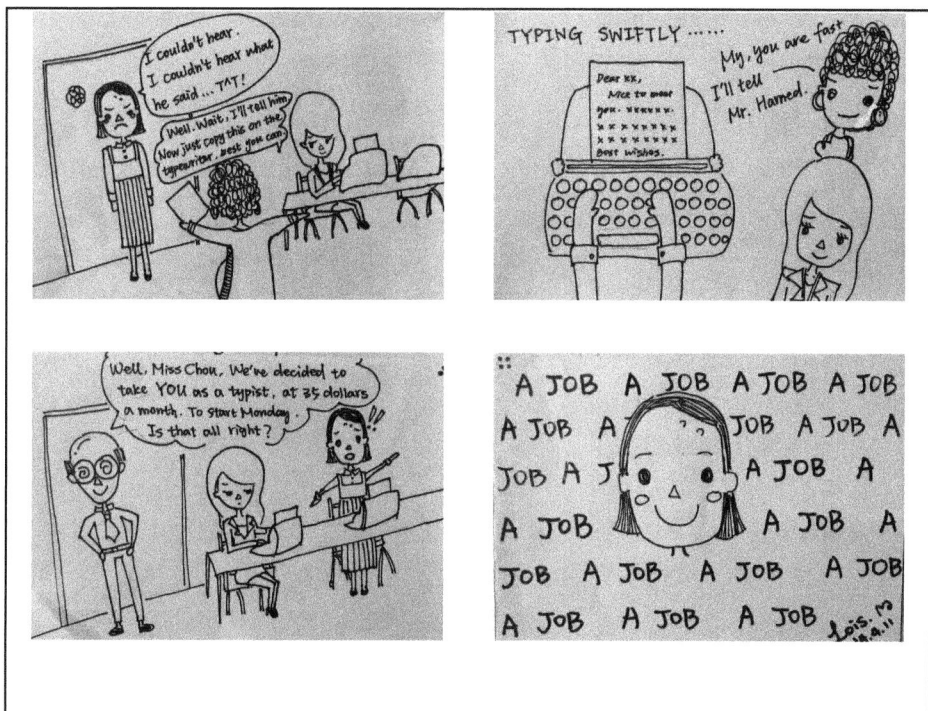

教师点评

　　看到这么可爱的四格漫画，我一下子就被吸引了。虽然漫画中没有标注每个人的名字，但是根据人物的外貌特征、面部表情和他们的关键对话，我很快就能联系到课文叙事中的对应情节。这说明你们认真通读了课文，了解了关键情节以及抓住了人物特征。还有个小小的建议，这篇文章对于场景的描述也十分有特色，可以学习关于中国建筑的英文描述。课后可以尝试根据作者的描述，画一画这个宫殿，再次练习一下视觉思维这个工具哦。

教师感悟

　　这是学生 L 和小组其他成员一起努力绘制的四格漫画，是非常典型的视觉思维作品。小组成员一起讨论并决定可以在四格漫画中呈现的细节，由学生 L 执笔。这幅作品首先抓住了主要人物的外貌特征，以及范文作者在应聘时的表情。同时，选取了作者能够获得工作的关键信息，表明小组成员认真领会课文，掌握细节。虽然我没有参与这个小组的课堂讨论，但是在课堂上的课文复述和体验分享中，他们讲述了自己最关注的细节，与其他小组不完全一致，具有该小组成员的明显特色——他们在以往的小组合作中，也特别关注语言表达。因此，在四格漫画中，他们巧妙地运用了对话这一形式。小组合作的教学任务中，具有主体间性的伙伴关系能帮助他们顺利完成学习任务。

视觉化思维训练活动的设计旨在培养学生查找信息的阅读策略和合作性学习能力。小组成员一起讨论，完成任务，做出最后成品。大家一起努力之后，看到了作品，非常有成就感。即便是绘画功底一般的小组，也并不会觉得自己的作品太难看，反而因为情节的展现，觉得十分有趣。特别是小组成员的合作，大家有了共同的承担和奉献，也减少了学生面对评价时的焦虑情绪。教师通过参与学生之间的讨论，学生通过讨论以及共同制作四格漫画的过程实现了师生、生生之间的合作体验。

在合作式体验"伙伴"关系的构建过程中，教师尊重并启发学生的知识需求，深入引导并挖掘学生的体验需求，形成服务型主体间性"伙伴"师生关系。

（二）移情性理解行动

本次行动研究关注如何通过任务改革增进主体间"伙伴"关系，培养学生的情感人格。师生或者生生之间的移情性理解并不是某个孤立环节中的任务，它贯穿整个任务链。"教师理解学生，是把学生作为独立人格的精神整体进行交往，是站在平等的地位引导和帮助学生。学生理解教师，同样要把教师作为一个与他一样有血有肉、有个性、有情感的真实的人来接纳并尊重他，把教师作为一个生活中的先行者、一个有生活经验的人来接受他的支持、帮助和引导。"（王守纪，杨兆山，2010）

创设接近真实的社会生活场景，让学生参与情景表演，帮助学生在情境交往中，理解设定角色的立场，运用合适的言语表达。我们通过两种典型活动的设计，促进移情性理解"伙伴"关系的构建：情境表演，促进"伙伴"间的语用移情；主题演讲，促进"伙伴"间的情感理解。

1.进行情境表演，加深语用移情

语用移情中的社会—语用问题涉及言语交际双方的社会—文化背景和人际关系，当然也涉及语境。社会—语用方面的移情主要指言语交际双方都设身处地地尊重对方的思想感情和看法，从而在言语交往过程中相互产生默契，达到预期效果（何自然，1991）。

任务设计及实施

以《全新版大学英语综合教程》第四册第三单元课文"Job Hunting"为例，结合课文主题"求职"，进行"职业规划"的课堂任务设计。"职业规划"创设了一个"猎头公司"的社会场景。小组成员自己选定一个目标人物，结合该人物个性特征、教育背景等，为其量身定做一个职业规划。活动采取个人陈述＋自由问答的形式，陈述者做 2 分钟左右的职业规划陈述，接受 3 分钟左右的自由问答。

1）职业规划表演，加强生生理解

为了创设接近真实社会场景的教学情境，帮助学生通过情境表演，了解在特定社会语境中设定角色的语用立场，学会运用合适的言语表达，教师设计了职业规划的教学任务。虽然学生目前尚无职场经历，感性认识并不丰富，但职业憧憬和给同伴提建议做规划的活动足以吸引他们主动参与，通过学习、协商理解求职行动及掌握相应的语言表达。

学生 E 给她的室友 F 做了一个毕业后的五年职业规划。她首先分析学生 F 的性格、经历、兴趣和特长，指出学生 F 是个性格温和、严谨认真、喜爱阅读、生活规律的学生（有每天记日记、做手账的习惯），然后指出会计和财务管理是非常适合她的职业方向。在毕业后五年内学生 F 应该凭借自己优异的成绩去应聘四大会计事务所，熟悉各项业务并同时获取各类专业证书，完成职业生涯中的第一次晋升。在学生 E 完成她的个人陈述之后，学生 H 提出了质疑。学生 H 是学生 F 的好友，她认为学生 F 最好的职业规划应该是继续深造，争取考取硕士及博士研究生，完成学业后，留在高校进行教学和科研任务。她认为学生 F 最大的特点就是做事情有计划，有安排，对难题有钻研精神。她举例说明学生 F 在完成一次调研活动时，在使用 SPSS 软件做数据分析时那种油然而生的兴奋感和严谨性，让她当下立即觉得这是一位学者应有的特质。学生 E 则反驳，做数据分析时的兴奋感和严谨性，做事情的计划性和执行力，这些都是会计这个职业需要的工作特质，这也就说明了会计这个行业是适合她的。两位同学产生了不同意见。学生 E 坚持认为会计这个行业具有较强的实践性，继续深造对于职业发展未必是最佳途径，反而越早接触实践工作越有利。但学生 H 也坚称学生 F 的性格其实比较适合留任高校，做教学和研究的她会对社会做出更有利的贡献，能让这个专业领域的知识传给更多的学生，同时也能通过研究丰富该领域的知识。最后教师邀请学生 F 自己站起来做反馈。学生 F 首先表达了自己的谢意，她很开心两个好朋友比她自己更了解自己。她表示自己目前还没有确定是否读研，但自己的确很喜欢与数字打交道，也很喜欢会计这个专业，因此将来应该还是从事与本专业相关的工作。从同学们的陈述中，学生 F 感受到了彼此之间的情感互动和支持，这种被关心和被关注的情感体验，帮助她认真审视自己将来的职业规划。

职业规划活动要求同学站在目标人物的角度，借助英语这一语言载体，结合其性格、经历、兴趣、特长等因素提出职业规划。移情性理解是完成该任务的关键。经过两个学期的共同学习，同学们彼此经历了相识相知的阶段，活动中大家都会站在目标人物的角度进行思考，活动完成度很高。

2）教师主动参与，加强师生理解

活动第二个环节，教师主动参与，表示自己渴望得到猎头公司的帮助，制定一份自己的职业规划。学生虽然感到意外，但对这个案例很有兴趣。他们主动询问教师目前的职业困惑，并根据平常所了解到的教师的性格，提出许多有道理的好建议。

学生 H 认为教师比较适合的职业是幼师，因为老师比较有耐心，有有趣的教学方法和先进的教学理念；学生 I 认为教师可以承担人力资源师的工作，因为老师愿意倾听、善于分析，对学生的性格了然于心，并且能根据学生的兴趣爱好设计有意思的教学活动；学生 J 则认为教师可以去做全职妈妈，因为从老师平常的课堂分享中可以看出老师是个很有爱心的人，有时候还会提到自己对孩子教育的心得和体会。三个人各执己见，希望教师能采取自己的建议。最后学生 K 站起来了，坚持要求教师还是继续当大学英语教师比较好，要不然他们就少了一位优秀的老师。

这次任务本身需要学生之间进行移情性理解，站在对方的角度出发，才能给出合适的建议。教师主动参与，是寻求师生之间移情性理解的一种方式，希望学生能够站在教师的角度去思考问题。通过学生提出的建议，教师惊喜地发现学生对自己有很多了解（如"比较有耐心""愿意倾听""善于分析""有爱心"），特别是最后学生对教师本职工作的肯定（"继续当大学英语教师"），让教师有了成就感、满足感和幸福感。这充分说明了交往是双向的，从最开始的相遇，通过两个学期的相处，达到了伙伴之间的相知。师生关系也是双向的，不能只片面关注师生关系中的任何一方，而应该将两者当作在同一教育场域下具有独立主观能动性的主体，各自为意义建构做出特殊的贡献。具体教师日志及感悟见表 4.8。

表 4.8　职业规划课后教师日志及感悟

教师日志	教师感悟
今天"职业规划"的教学活动举行得很顺利。每个小组的同学都站起来，<u>通过分析性格特征、习惯爱好等方面，给自己的同学提出了职业规划的建议。</u>其中，让我印象深刻的是学生 E 和学生 H 在给学生 F 提出建议时产生了小小的"争执"。其实，"争执"这个词有点儿大。<u>她们对学生 F 的性格特征和兴趣爱好的看法是一致的，但给出的建议却不相同。</u>学生 E 认为学生 F 非常适合本专业，毕业后可以直接工作，并争取在五年内晋升，因为这个专业的实践性很重要。而学生 H 却认为学生 F 对于数据分析研究的兴奋感和敏感度说明她更适合做科研和教学，这样对于这个专业领域的发展会有更大的贡献。<u>看到她俩在课堂上进行了小型的辩论，大家都被吸引了，纷纷站队支持。</u>最后学生 F 自己站起来表示，虽然目前还没有确定将来的职业发展，但她很开心，今天能得到两个好朋友认真的探讨和建议，双方都很有道理，她会认真考虑。她表示："今天不仅仅收获到了职业规划中的一些英文表达，还收获了满满的友谊。<u>同学朋友之间的肯定和认可给了我前行的勇气和力量，这超越了英语作为语言工具的学习。</u>"对此我也感同身受。在后来的自由交流阶段，我主动参与互动，<u>要求学生给我做一份职业规划。</u>原本我以为学生会忌讳我教师的身份，只能给出一些泛泛而谈的建议，但出乎意料的是他们根据平常课堂上我的表现，归纳出我的性格，并根据我的性格给出了当幼师、人力资源师以及全职妈妈的建议，特别是最后学生 K 的发言，得到了大家的同意，也让<u>我得到了极大的职业满足感、成就感和幸福感。</u>教师能得到学生的认可和喜爱，这也是这份工作给予我最大的回报吧。	◎设计本次教学活动是希望学生了解语言交流的语用问题。站在对方的角度进行职业规划，让学生学会言语交际双方在沟通时，需要尊重对方的思想感情和想法。 ◎言语交际双方在沟通时，出现意见分歧并不可怕。学生在讨论的过程中，有理有据地提出自己的看法，并且都是基于对学生 F 的了解和善意。这种讨论是有益的。 ◎有效地吸引了班级同学的参与，移情性理解不仅仅只发生于学生 E、学生 F 和 H 之间，还发生在所有参与同学之间。 ◎学生 F 的感悟恰如其分地彰显了英语课堂学习的全人教育目标——培养学生的情感人格。 ◎教师的全程参与，不仅体现了和学生的平等关系，而且更重要的是通过去权威化的教师行动，让学生在伙伴分享的氛围中，促发学生参与建构的热情和能力。 ◎教师的主动参与和学生的积极反馈体现了师生之间的尊重和关爱，是师生移情性理解构建的方式之一。

教师通过"职业规划"课堂任务，让学生了解职业规划的基本步骤和表达方式，同时通过师生的共同参与，实现了师生之间的相互尊重、平等对话和交流协商，建构了理解型的主体间性"伙伴"师生关系。

2. 定期主题演讲，增进情感理解

课堂上教师强调语言的交际功能，在关注读写能力培养的同时，注重听说能力的培养。由于语言教学的特殊性，许多老师在课堂教学中比较注重和学生的互动沟通，愿意以平等尊重的方式和学生进行英语交流，强调语言是思想和文化交流的载体。因此，课堂教学任务的设计和实施同样也是移情性理解实现的重要渠道之一。移情性理解不仅体现在日常的师生沟通和交流之中，而且通过具体的课堂任务设计及实施来体现和培养。

任务设计及实施

基于主题的个人陈述，是每节课的必修环节。主要分为以下三个步骤：

第一步，主题演讲。学生基于兴趣自主选择主题，可借助 PPT、黑板板书或者海报进行视觉辅助展示，完成 2~3 分钟的个人陈述。

第二步，自由问答。针对演讲同学的个人陈述，其他同学以小组为单位，提出问题，写在小纸条上。由于课堂时间限制，演讲同学只抽取其中一个最感兴趣的问题回答，并和提出问题的小组同学进行一个小型的对话。此步骤时间为 3~5 分钟。

第三步，体验分享。在自由问答之后，邀请一位同学结合当天的演讲，进行 1~2 分钟的自由发言，分享感受。

主题演讲一直是学生比较喜欢的教学设计。通过主题演讲，他们可以了解彼此的兴趣爱好，加深彼此的情感。下面教师分享学生 L 主题演讲的经历，可以看出学生 L 在这次主题演讲中的自我成长以及和同学之间的移情性理解的构建。

学生 L 和大家分享了他喜欢的国产动漫《秦时明月》。L 一直对古文情有独钟，对中国风很有研究，常一边感叹中文的神奇，一边吐槽英语的难学。这次是 L 第一次一个人用英文在全班同学面前做演讲，他有些紧张。但当第

一张 PPT 展示出来时，他听到班上有同学发出了惊喜的声音。这让他稍微缓解了紧张的情绪，开始慢慢地讲述。同学的自然反应在情绪上给予 L 以正面鼓励和心理支持，让他感到自己的主题是被大家认可的。L 首先介绍了这部动漫的背景，这是一部中国本土出产的动漫，改编自温世仁同名原著小说。时代背景从秦灭六国、建立中国首个帝国开始，到咸阳被楚军攻陷结束，讲述一个体内流淌英雄之血的少年——天明，最终成长为盖世英雄，影响历史进程的热血励志故事。它集武侠、历史、奇幻于一体，融入了众多中国元素。

接下来，L 开始详细介绍故事内容。在介绍"阴阳"这个概念时，他采用了"yin and yang"的翻译，这时他停顿下来看着教师，其他同学也笑了。大家好像在等待教师的反应。教师利用这个机会和同学展开自由讨论。

教师首先笑着反问学生是否还有别的翻译建议。有同学说"the positive and the negative"，也有同学说"既然是中国元素，那就应该用拼音"，还有同学说"可是如果只用拼音，我们中国人能懂，那么外国人能懂吗"。

教师于是提问 L："你觉得大家的建议怎样？"他想了想说："嗯，我能不能几个建议综合一下，先使用'yin and yang'，然后再补充说明一下呢（the positive and the negative）？"

教师追问原因，L 回答说："我觉得'yin and yang'能凸显中国文化，我舍不得丢弃。但这不是英语的术语，那么给一个进一步的解释，可以帮助大家理解它的概念。"

教师给他点了一个大大的赞，重复了他的翻译，并给出了补充（It means the two opposing principles in nature）。

此时，教师主动和他击了一下掌。他稍微有点局促，但看得出他很高兴。班上的其他同学也"哇"地发出了羡慕的声音。因为自己选择的翻译得到了大家的肯定，学生 L 后面的介绍就更加顺畅自然了。

在最后的体验分享时，学生 M 主动站起来发言。他说今天的演讲有三个打动他的地方：第一个是 L 用英文介绍了中国元素，这在他看来是最难想象的部分，但今天基本上都听懂了，觉得很满足；第二个是大家一起来翻译"yin and yang"，当时自己也觉得这个"yin and yang"不能丢，但又觉得这样有些怪,不符合他学习英语的经验,他一直觉得英语表达要做到"native"才行,但大家讨论后的翻译,让他心服口服;第三个是老师和 L 的击掌,他觉得不仅仅是 L 得到了赞赏和肯定,他也感同身受,觉得这是教师对大家讨论的肯定。对学生 L 主题演讲的教师日志及感悟见表 4.9。

表 4.9　学生 L 主题演讲的教师日志及感悟

教师日志	教师感悟
今天,学生 L 鼓起勇气第一次一个人在全班同学面前完成了《秦时明月》的英文主题演讲。在他介绍完历史背景后,<u>我明白了为什么这部动漫会如此吸引 L,这与他深厚的中文和历史功底不无关系。</u> 　　<u>主题演讲过程中同学们对于话题的兴趣以及他们给出的情绪上的认同,给予了学生 L 莫大的鼓励,</u>他从最开始有些局促到坦然,到最后能享受和同学的讨论,这个过程应该是他本次演讲中最大的收获之一。<u>其中,有关"Yin and Yang"的全班小讨论是本次演讲的高潮。全班同学参与讨论,并通过自己的讨论得出合适的翻译,这个过程中的相互合作和理解带给他们极大的满足感。</u>学生 M 的感受分享也给学生 L 极大的鼓舞和成就感。 　　课后,学生 L 主动告诉我,他之所以主动请缨完成这次的个人陈述任务,是因为之前学生 N 完成了一次有关地图的介绍。学生 N 有一个特别的兴趣爱好——阅读地图。他可以将几种不同的地图多维层叠,在他的头脑中,地图如同一个神奇的多维度时空,他能说出自然地形、历史发展以及人群分布,甚至可以借助地图完成一次军事对抗演练。那次的个人陈述也非常成功,让大家体会到了地图的神奇功用。<u>学生 N 的个人陈述给予了学生 L 勇气,他想和大家分享自己喜爱的东西。因为老师说过有情感的演讲,是可以被接受的演讲。</u>	◎本次教学活动的设计希望发掘学生的兴趣爱好,通过分享自己喜爱的东西和话题,增强师生、生生彼此的理解和认知。 ◎伙伴情感上的彼此支持,让学生 F 自信地完成个人陈述。 ◎伙伴站在学生 L 的角度,一起思考,解决陈述中术语翻译的问题,而不是纯粹坐着听,被动接受他的观点。这让学生 L 有勇气在课堂上做出自己的决定。 ◎伙伴的学习经历和体验可以成为相互鼓励和促进的动力。带有情感的相互理解让他们愿意打开心扉,以伙伴身份分享。这一切都促发了学生分享英语学习体验的热情,充分体现了教育主体间性特征。

在移情性理解"伙伴"关系的构建过程中,教师发掘学生的兴趣爱好,站在对方的角度尝试理解和参与学习,便于教师放下知识权威角色,以学习伙伴的视角,帮助学生进一步认知自己的特长、能力、方法、态度,同

时为课堂教学活动设计和实施提供思路。这些从伙伴出发的设计，展示了学生，锻炼了他们英语运用的综合能力，建立了一种理解型主体间性"伙伴"师生关系。

（三）信任型管理行动

信任既是管理的前提，亦是管理的目标。信任建立的关键是教学管理中 学生自主参与和教师有限度地让渡权利。德鲁克认为，并不是有了工作才有目标，而是相反，有了目标才能确定每个人的工作（刘永芳，2008）。让学生自主参与课堂教学活动的组织和实施，明确课堂活动的教学目标，学生在活动中主动分担各自的任务。

在大学英语教学过程中，执行信任型管理并不容易。作为教育主体的教师与学生对信任型管理的认知不同。传统的教学思维普遍认为教学管理应该是教师的责任。

首先，信任的建立发生在主体之间。教师与学生之间的情感联系往往是尊重与爱护。信任是伙伴之间的情谊。从尊重、爱护到信任这样的情感交往，需要的不仅仅是时间，更是教师与学生对彼此的真心、对教学的热爱。"师生双方为了共同目的和意义而进行平等交流和对话，这是师生间的相互理解、求同与合作的过程，也是师生交往中彼此信任和认同的过程。"（何菊玲，2013）

其次，让渡权利的程度是建立在信任的基础之上。教师往往因为担心学生的自主能力不够，或者自主意识不够，或者学习方法不对等因素，不敢将教学管理的权利让渡给学生。

再次，学生自我管理的能力培养需要过程，需要指导，这是一个师生共存共在、共同成长的过程。教师也需要改变自己的教学信念，关注学生的自主学习能力，帮助他们掌握自主学习和管理的方法。

荀子的话给了我们深刻的启示，"不闻不若闻之，闻之不若见之，见之不若知之，知之不若行之"。其英文也阐释得很明白，"Tell me and I forget, teach me and I may remember, involve me and I learn"。汉语表达更强调学生的学习主体地位，"闻之""见之""知之""行之"的默认主语都是"学生"；英文表达在强调学生和教师双主体活动中（默认的 you 和 I）教师的主体作用。结合中英文，"行"的主体是学生，"involve"的主体是教师。汉语中，以宾语形式出现的代词"之"从"知识"（如"闻之""见之""知之"）到"活动"（"行之"）说明最终是"活动"（"行之"）将一体两面的学生主体和教师主体联系在一起。于是我们设计"做中学"以提高学生的学习效果。

1. 参与教学组织，培养学生自主

以《全新版大学英语综合教程》第四册第三单元 课文"Job Hunting"为例，结合课文主题"求职"，进行求职面试的课堂任务设计。这次教学任务的目标是让学生掌握求职面试中的英文自我介绍以及交际用语，帮助学生通过学习、协商理解求职行动及掌握相应的语言表达。

任务设计及实施

为了引导学生参与课堂任务组织与实施，教师只给学生布置了教学任务——通过课堂活动的实施，帮助大家掌握求职面试中的英文自我介绍以及交际用语，同时帮助学生通过学习、协商理解求职行动及掌握相应的语言表达。承担任务的组织小队设计了"求职面试"这个教学任务。活动流程的组织和实施都由学生主动参与。学生根据该教学目标自己设计了"求职面试"的课堂教学活动，创设模拟毕业招聘会的真实社会场景。全班分为招聘组和应聘组两个小组。

第一步，招聘介绍。招聘组的同学借助 PPT、海报或者黑板板书进行 3 分钟招聘介绍。招聘组组员需策划撰写公司简介、岗位要求、招聘录取程序等，组员需通过组内协商确定成功应聘的人员名单并简述录取理由。招聘组同学精心准备了公司介绍，包括公司背景、职位介绍及入职要求。

C 组创建的是一个动画制作电影公司，D 组是一个智能手机研发公司，他们都简单地介绍了公司的发展历程、制作成果以及人事组成，分别需要招聘艺术设计人员和营销经理，并给出了具体的招聘要求，如表 4.10 所示。

表 4.10　海报及招聘广告

第二步，招聘面试。应聘组同学选择自己感兴趣的公司参加一对一面试。应聘组组员携带自己的英文求职信和简历，回答面试官的提问，如成功入职，需发表 30 秒的入职演说。应聘组同学准备了自己的英文简历和求职信。整个过程需要他们分别站在招聘公司和毕业求职者的视角进行移情理解和思考。面试过程很灵活，应聘组根据自己的意愿将简历投到公司，公司组织一次现场面试，并给每位应聘者聘用或者不聘用的理由。

E 组和 F 组两个小组同学准备了英文简历。E 组成员的自我设定为会计专业人士，F 组成员的自我设定为时装设计师。简历如表 4.11 所示。

表 4.11 应聘英文简历

E 组的简历	F 组的简历

在模拟面试环节中，面试官们精心准备了面试中常问的几个问题，和前来应聘的同学进行一对一对话。表 4.12 是 C 组和 D 组两个小组准备的面试问题。

表 4.12 招聘小组的面试问题

面试问题
1) Tell my something about yourself.
2) What are your strengths?
3) What are your weaknesses?
4) Where do you see yourself in five years?
5) What do you know about our company?
6) How do you handle change?

续　表

| 7) Do you work well under pressure? |
| 8) How do you make important decisions? |
| 9) Why should we hire you? |
| 10) What position do you prefer on a team working on project? |

根据学生模拟面试的对话录音分析，教师发现虽然由于应聘小组准备的简历设定与招聘小组设定的职位需求并不一一对应，这给现场面试环节带来了一定的障碍，但学生们的处理都很灵活，他们根据职位的需求，寻找自己应聘的优势，努力和面试官进行一对一的英文对话，回答所有面试官的提问。他们对于面试中常遇到的提问都有自己的准备，突出自己的优势，强调自己的学习能力和创新精神，面对自己的弱点提出改进的方法，表达出强烈的求职欲望。

在公布招聘人员的结果之前，教师选择了 C 组的艺术设计师一职参与面试，与面试官进行对话。面试官觉得有些紧张，但随着教师开始做自我介绍，面试官也开始进入状态。首先，面试官按部就班地要求教师回答自己的优缺点及未来几年的职业规划，听取了教师的回答后，他们提问道："你现在是高校教师，有着一份稳定又受人尊重的工作，为什么要换工作呢？"这个问题并没有出现在面试官之前准备的提问单上，是他自己根据现场对话临时增加的。教师装作很犹疑的样子，想了想回答道："因为我发觉自己是个喜欢探究新奇，有着好奇心和童心的人。教师的职业的确能带给我很大的满足感和成就感，但无法帮助我实现内心一些千奇百怪的想法。同样，我觉得教师的职业经历也能帮助我更好地表达自己的设计理念，与团队合作做出优秀的设计。"面试官对这个答案很满意，继续问道："那这个工作需要你加班，你已经适应了教师较为灵活的工作时间，这份新工作，你觉得你可以适应吗？"教师继续回答道："教师行业的工作时间看似灵活，其实工作和生活很多时候是分不开的。所以我相信即便设计师的工作需要加班，我也能较好地平衡工作和生活。"面试官根据教师的情况灵活地调整了面试问题，使得对话顺利进行。表 4.13 是本次教学行动后的教师日志和感悟。

表 4.13　模拟应聘教师日志和教师感悟

教师日志	教师感悟
我将这次模拟面试的整个教学设计都交给了学生自己完成。整个过程中，我有以下几个担心的问题： 　　首先，我担心课堂秩序混乱。整个教学活动的过程都由学生进行设计和实施，我作为和他们一样的参与者，只是参与活动，教学活动是否会出现指令不清、时间安排不合理、教学内容未完成等现象呢？ 　　其次，我担心在模拟面试过程中，学生会害怕，甚至逃避进行一对一的英文对话。这个环节是学生自由进行，教师对课堂的掌控达到最低程度，学生是否会在这个阶段浑水摸鱼呢？ 　　再次，我担心学生会打友情牌，招聘的都是自己的好朋友。因此，我也尝试参与面试，亲自体验模拟面试的对话环节，了解面试官的提问和判断标准，并期待学生给予评断。 　　结果，事实证明我的担心是多余的。整个活动中，学生都是站在创设的社会情境角色的角度进行思考，谨慎行使权利、认真讨论，给出有理有据的结论。这证明了他们对待管理权利的态度是认真谨慎和公平合理的。他们的表现也为自己赢得了伙伴的尊重和信任。	◎设计本次教学活动是希望激发学生自主学习的管理能力，通过以小组合作的形式设计并实施模拟面试互动，增强学生的团队意识，以及彼此之间的信任。 ◎教师在将课堂组织和管理权利让渡给学生的时候，逼迫自己走出舒适区，心情是比较忐忑的。 ◎教师这种"失控"的情绪需要通过师生共同的合作体验才能建立相应的信任。 ◎师生之间的信任首先建立在尊重的前提下。教师虽然内心惶恐，但依旧尝试有限度地让渡权利，尊重学生的选择；同时学生也认真谨慎地完成整个教学活动，尽量给出公正公平的评价和判断。

　　通过这次任务的组织和执行，教师和学生增强了"伙伴"间的团队意识，加强了彼此间的理解和尊重，进一步加强了彼此间的信任，在学生这次任务的组织和实施中，教师和学生均能够尊重对方的声音，增加了"伙伴"间的团队意识，加强了彼此间的信任和尊重，构建了信任型主体间性"伙伴"师生关系。

2. 建立评价体系，教师有限度地让渡权利

VAW CARD 评价制度采用 Volunteer Card、A Card 和 Wish Card 三种卡片，针对学生学习过程的参与度、完成度和创新度进行奖励。三种卡片奖励的侧重点不同：Volunteer Card 鼓励学生主动参与教学活动，如奖励上课自愿发言、主动承担课堂活动的组织和实施；A Card 鼓励学生高质量完成教学任务，如奖励较高质量的课堂发言、讨论、教学活动及课后作业；Wish Card 鼓励学生发挥创造力和创新精神，奖励较有创意的课堂表现。具体见表 4.14。

表 4.14 VAW CARD 评价制度

Volunteer Card	A Card	Wish Card
V	A	
参与度	完成度	创新度

基于师生信任关系的建立，教师有限度地让渡权利，让学生适度参与评价制度的修订和执行。我们将 VAW CARD 评价制度的执行权交给教师和学生共同承担。教师主要负责日常教学过程中 VAW CARD 的发放以及学生 VAW CARD 使用情况的审核和监管。学生主要负责某次由其自主组织和实施的课堂活动中 VAW CARD 的发放。学生在自主设计实施某次课堂活动时，需要设计该次活动的评价方式，决定 VAW CARD 发放的标准。在活动开始之前，交由教师审核。教师协助和指导负责小组进行评价标准设计以及课堂上的执行，根据课堂活动的设计提出一些建议。最后，课堂上的具体实施由教师和学生共同完成。

实施 VAW CARD 评价制度时，可以通过引导学生主动参与影响他们成绩的考核制度的决策，增加他们的自主性以及对学习过程的掌控，培养学

习者自主管理的能力和意识，并培养相应的自我学习管理习惯。这样他们参与学习管理的积极性增强了，自主学习水平和能力提高了，对自己学习的效果满意度也有一定程度的提升。

教师反思

在外语学院教学午餐会上，我和大家分享了 VAW CARD 评价制度的实施情况，重点讲述我和学生在参与 VAW CARD 评价制度执行过程中的收获与存在的问题。

首先，我们对教师的部分让渡权利都存在一定的疑虑。一方面，作为教师，我最担心的是课堂活动的失控。以往的教室仿佛是我的主场，规则由我来制定，学生只需遵守。但当 VAW CARD 的课堂评价部分权利让渡给学生后，我被迫走出自己的舒适区，去面对教室里可能发生的失控场面。虽然我已经在课前审核过组织者制定的规则，但对于执行过程中可能发生的问题，还是很担心，特别担心学生能否公正公平地执行规则以及其他学生对组织者权威的挑战。另一方面，学生也有顾虑。组织者担心自己的规则制定和执行能否得到教师和其他同学的认可，参与者担心这样的评价体制是否会不公平，是否会影响他们的得分。但是初生牛犊不怕虎，相对于顾虑，他们拥有的更多的是对未知的兴奋，以及对使用课堂评价权的向往。

其次，我们对教师的部分让渡权利都很期待。师生双方都不清楚课堂活动中可能发生的状况。师生需要共同面对未知的可能失控的场面，共同处理，在具体的教学管理活动中的合作，让学生真正感受到了自己作为学习主体的权利和义务。他们的主体意识增强，不再是被动地参与课堂教学活动，而是主动发现问题，主动解决问题。同时，教师并没有完全退出，也不是旁观者或者纯粹的评价者，教师同样也是作为教学主体，主动参与到学生的课堂教学管理中，一起发现问题和解决问题。双方都很期待这样的合作。

在经历了几次课堂实践之后，我们欣喜地感受到了部分让渡权利带给我们的变化。

作为教师，我走出了完全由自己掌控的课堂教学，让课堂教学成为和学生一起合作管理的教育场域。在这个过程中，我需要和学生一起面对可能发生的问题，一起思考解决办法，并且一起承担可能出现的结果。这个管理视域的合作，加深了教学共同体中我和学生的联系，并极大地调动了我的主体意识。

而学生也感到了他们的成长。学生 P 在反思中提到，参与 VAW CARD 的课堂教学评价，让他感到"作为课堂组织者的不容易，既要考虑课堂活动的顺利进行，还要考虑评价方式的公平合理。在活动进行过程中，心里一直很忐忑，担心活动中断，担心被同学骂，还担心被老师批评……但是在活动结束后，觉得自己好像有了些进步：不是那种做对了一道题的进步，而是一种对于学习的新认识。英语学习不再只是背背单词，做做阅读理解，写写作文，而是在完成任务的同时，主动地去运用语言这个工具，同时，感受到在交流过程中语言的重要性"。

在部分让渡权利的教学改革实践过程中，我们不可避免地遭遇到了一些问题。

有次课堂任务实施过程中，为了鼓励其他小组的积极参与，我提出了 VAW CARD 发放的一个临时标准：在聆听负责小组的发言之后，提出问题的小组会记录提问次数，次数多且质量高的成员可以拿到 A CARD，如果整个小组都站起来提问，就有可能拿到 WISH CARD，这个标准的确在一定程度上促进了学生们参加讨论的积极性，课堂上讨论气氛十分热烈，其中两个班级大多数同学都是在认真聆听和深思熟虑后才提出问题，并不是所有人或小组都站起来提问了。但在另一个班级出现了所有小组都站起来提问题，并且问题质量不高的现象。很明显，他们抓住这次 VAW CARD 发放原则中对于参与讨论的鼓励这一原则。我隐隐感觉有些不妥当，但当时没有想到如何及时处理。果然有一个组织小组有意见了。学生没有当面提出异议，但我发现他们在小声地讨论，并且有些情绪，于是我课后就给那个小组成员发了一条短信，询问他们具体情况。他们回了短信，告诉我他们觉得自己做了充分的准备来做小组发言，也积极回复了所有同学的提问，但是并没有因此而得到额外奖励（只拿了 A CARD），而其他同学只需要课堂积极参与，并且整个小组提问的话，就能拿到 WISH CARD，他们觉得有失公允。他们也理解我建立这个体制是为了鼓励同学们的参与，但因为涉及最后的平时分，还是会觉得有些委屈。我很庆幸自己及时和他们沟通了，这样才能马上发现不足，安抚他们的情绪。沟通之后，我承认自己设置这条临时原则时考虑不周，并邀请这个小组的同学帮助我一起进一步完善这个 VAW CARD 的评价体制，关注这个评价体制的实施过程。

在处理这个问题的过程中，我发现自己和学生的关注点不同，我在意评价体系的鼓励作用，但学生更看重评价体系带来的分数以及公平性。同时，我对这三种卡的理解和学生的理解也不一样。我在强调参与性的同时，也希望能保证参与质量，因此，我更强调 A CARD 的获得，但学生会发现由于 WISH CARD 可以提出一个愿望，其实也可以替代 A CARD 一次，那么在强调参与性和创造性的时候，可以尽量获取 WISH CARD。这样在他们看来，WISH CARD 的获得其实是相对容易的。于是，在后期的活动中，我加大了获取 WISH CARD 的难度。

　　另一个发现是，我的性格和执行评价体系之间存在矛盾。我属于冲突避免型性格。如果发现冲突，一定要尽早解决。但用分数去做这个评价体系时，冲突是不可避免的。虽然从我自身感受而言，评价体系的建立和使用是非常有效果的，但冲突的发生又让我十分纠结，甚至影响到生活。

　　因此，在信任型管理的教学改革实践中，难点在于：①如何突破教师自我局限；②教师对于"有限度让渡权利"程度的掌控；③师生双方对于评价制度的认知之间存在沟渠。

利克特指出只有参与式的民主领导才能实现真正有效的领导，才能正确地为组织设定目标和有效地达到目标。麦格雷戈认为员工参与管理就是发挥员工所有的能力，并为鼓励员工对组织成功做更多的努力而设计的一种参与过程。其隐含的逻辑是通过员工参与影响他们的决策，增加他们的自主性和对工作生活的控制，员工的积极性会更高，对组织会更忠诚，生产力水平会更高，对他们的工作会更满意。这样的设计和实施以信任为情感纽带，深化了主体间性师生关系。

在信任型管理"伙伴"关系的构建过程中，教师尊重学生需求、信任学生态度、启发培养学生自主管理能力，深入引导并挖掘学生的自主学习能力，形成信任型主体间性"伙伴"师生关系。

五、结语

"大学英语"课程改革经过合作性体验、移情性理解和信任型管理三个实现途径的行动研究，有效构建了主体间"伙伴"关系，有力地推动了大学英语教学改革。教学关注"双主"理念，坚持"教育以学生为本，办学以教师为本"的思想，提出"以学生为主体，以教师为主导"的师生关系应服务于学生的个性发展需求（王守仁，2010，2011；王守仁，王海啸，

2011）。教学是一个由教师、学生、教育技术、教学活动等因素不断互动形成的立体化教育生态。"互联网＋"时代，信息资源不再由教师独有，学生获取资源的方式和途径在不断增加。同时，大学英语教学的对象是有专业背景的学生，他们除了要求提高通用英语能力，也希望具有专业性的跨文化语言沟通能力。这些变化都使教师的知识权威受到空前挑战，教师角色改变和师生关系重塑迫在眉睫。本次行动研究促使我们思考教育的主体间性。

1. 如何正确理解主体间性"伙伴"关系？

"伙伴"是主体间性师生关系的核心关系。"伙伴"源于人力资源理念，体现了尊重文化、信任关系和体验服务的内涵，对于高校英语师生关系的构建具有借鉴意义。企业和高校都致力于在交流的过程中，建立和谐的伙伴关系，实现企业／学校教育的效益最大化。

主体间性"伙伴"关系强调教师与学生、学生与学生在大学英语教育场域中双主体的地位。首先，伙伴关系是一种平等对话关系，双方合作地发挥主观能动性。这种对话是"以平等为前提，以理解为基础，以合作为途径，以情感为动力"的对话（李玉萍，2008）。其次，伙伴关系是教学管理共同体关系。教师有限度地让渡权利，使学生获得信任感，并通过自主管理提高学习效能。再次，伙伴关系是彼此促进的发展关系，教师放下知识权威和管理权威，全面开发自己的元管理者能力和导师能力，学生被赋予更多的角色，得到知识、技能外的有关管理、情感、社会交往等方面的提升。

2. 教师在主动建构主体间"伙伴"师生关系时应做好怎样的准备？

首先，教师应理解并尊重教育的主体间性，着眼建设主体间性师生关系。大学英语课堂教学要体现以教师为主导、以学生为主体的教学理念，形成以教师引导和启发、学生积极主动参与为主要特征的教学常态，并鼓励大学英语教师开展教学研究，努力做到教学实践与教学研究的紧密结合（《指南》，2017）。 教师要随时面临权威被挑战的情况，主动转变角色为导师和管理者，要主动转变为教学研究者，教师应把握信息化发展机遇管理教与学的关系和师生关系。

其次，大学英语教师应有意识地自觉开展行动研究。课堂是教师和学生共同赖以生存之地，日常课堂的生存环境构建和生存质量改善应当是教师研究的主要内容，也是教师自主、自治、自我发展的途径之一（夏纪梅，2009）。新的时期，技术日新月异、信息几何增长、学生兴趣更趋多元，这些生态共生体的不断变化要求教师对教学新形态保持关注和持续研究。

再次，现代教育技术的冲击，既是促成有效的主体间性"伙伴"师生关系的平台，也是难点。现代教学技术是主体间性"伙伴"师生关系构建的主要技术支持，分为网络移动技术和多媒体课堂教学。网络世界的迅速发展为教师与学生之间的沟通提供了极大的空间和便利，通过微博、微信等方式，学生与教师之间的沟通几乎是无障碍的，但如何有效管理和有效沟通也给教师带来极大的挑战。课堂上的多媒体技术同样也是一把双刃剑，怎样有效地利用多媒体技术，而不是被动地成为电脑操作员，是英语教师必须面对的问题。这也将是我们下一步行动研究的重点。

主体间性"伙伴"师生关系是一个新的视角，能为英语教学的良性发展提供一个新的研究平台。我们将继续从理论建设和实践验证两个方面深度挖掘，为"伙伴"师生关系的构建以及教师自身的发展研究提供一定的帮助。主体间性"伙伴"师生关系应贯穿整个教学过程，并期待对其他学科的师生关系构建也有借鉴作用。

第五章

培养社会的人：
体验式"旅游实务英语"课程改革行动研究

一、理论思考

培养社会的人始终是大学教育的使命。早在中世纪，西方大学应解决社会问题之需而建立；随后，解决人的信仰、社会秩序、人类健康等问题的神学、法学、医学等科目不断出现。进入现代，随着功能主义教育观的出现和发展，教育的中心走向如何更大限度地挖掘、利用教育的功效以促成社会的进步和发展（胡振京，2008）；而其中，如何把学生培养成为能和谐处理社会关系，能有效从事社会实践的人也成为高等教育的主题。

（一）社会主体教育使命

人的社会属性与人的自然属性相对，不仅指人是社会的产物，在生产和生活中结成各种各样的社会关系，而且指人作为社会活动的主体，积极改变和发展客观物质世界和人类自身。人与人的活动构成社会，也受着社会的影响。人如何在社会中发挥主体性在很大程度上取决于人自我意识（self-identity）的社会性发展和社会自我效能感（social self-efficacy）。

自我意识，除了指人对自己的生理和心理的认知，更指对自己与他人关系的认识，这就是自我意识的社会性（陈兰萍，雷文斌，2009）。它发生于社会实践，使个体意识到自己的社会角色，意识到个体在一定的社会关系和人际关系中的地位和作用，意识到自己具有怎样的知识和技能参与、完成社会实践。我们强调自我意识的社会性，也强调它的能动性，即个体能根据社会或他人的评价、态度和实践建构自我意识，并且能根据自我意识调控自己的心理和社会行为。根据詹姆斯的理论，自我包括"主体我"和"客体我"，前者指作为行动者、心理功能的执行者的自我，这个自我强调个体的行动能力，如控制冲动、计划未来、监控并评价自己、主动建立与他人的关系、能动地参加社会实践等等；而后者是指作为对象的自我（冯向东，2004）。

大学生处于自我意识分化与统一比较显著的阶段，虽然对未来充满幻想，但由于校园依然是高筑在学术和理论之上的象牙塔，他们社会经验的匮乏往往表现出"主体我"与"客体我"之间的分化（顾明远，2003）。当大学生"主体我"高于"客体我"时，会导致自大心理，如毕业生初入社会普遍显示出眼高手低的特性。当"主体我"低于"客体我"时，则会导致自卑，如毕业生刚入工作岗位觉得自己学到的知识无用武之地，学无所长（张楚廷，2002）。因此大学教育的任务之一就是促使学生的"主体我"与"客体我"协调发展，即努力培养学生成为具有和谐自我意识的社会的人。

社会自我效能感是人们对自己的人际能力的判断和信念，它影响着个体人际行为的发生和发展，影响个体面对社会情景时其人际能力的发展和应用，也影响着个体对互动策略的选择，进而影响互动质量和社交活动的成功（顾佳旎，孟慧，范津砚，2014）。影响大学生社会自我效能感的主要因素是学生缺乏真实的社会体验（实践经验和人际经验）。这对高等教育提出了艰巨的任务，教学致力于创造条件增加学生的社会体验，提高学生参与社会实践的人际互动能力，提高学生发现和解决社会问题的实际能力，即努力培养学生成为具有较强社会自我效能感的社会的人。

（二）社会主体间性教育的体验本质

体验，是"在与一定经验的关联中发生的情感融入与态度生成，它包含认知在内的多种心理活动的综合"（张楚廷，2002）。可见，体验不仅促成认知的改变（量的扩张或者质的发展），也促成情感发生和态度的变化。

狄尔泰对经验和体验的区分可以更好地帮助我们了解体验的本质。他认为不同于主客二分的经验，体验是主体与对象的融合。在体验时，主体全身心地进入对象之中，以身体之，以心验之，它是一种认识人的精神世界的方式。体验使我们融入到人与自然、人与社会、人与文明的关系之中，感受生命的艰辛与欢愉。只有体验的东西，才能内在于人的生命之中，融化为生命的一部分。（冯建军，2004）

培养大学生成为社会的人，就是要创造各种体验条件，营造体验氛围，促使学生融入到人与自然、人与社会、人与文明的关系之中，形成他们对于世界、社会、自身的合理认知，形成与世界、社会、自身相处的合意态度，在体验中提高他们在将来的社会生活中"客体我"和"主体我"协同发展的能力。

体验是学习者在学习过程中存在与发展的重要方式。体验教学是指"在教学中教师积极创设各种情境，引导学生由被动到主动、由依赖到自主、由接受性到创造性地对教学情境进行体验，并且在体验中学会避免、战胜和转化消极的情感和错误的认识，发展积极的情感与正确的认识，使学生在充分感受蕴含于这种教学活动中的欢乐与幸福的同时，达到以促进其主体性充分、自由地发展为目的的教育"（闫守轩，2004）。

体验教学具有主体间性，表现在两个方面。一方面，体验的对象除了知识、事、物外，更重要的还有人，人际体验便于增进人际理解、促进人际和谐，这是学生作为社会人的成长必需品。例如，写作同伴互评教学环节的设计不仅仅是让学生体验如何做一名写作教师，处理与作文之间的关系，更重要的是让学生体会如何和另一个主体（作者）进行交往。另一方面，很多体验教学活动是在体验主体间通过协同互动完成的（朱慕菊，2006）。作文互评设计的另一目的是通过互评的过程使学生对于什么是好的写作有一个更加清晰的认知，这种体验式的习得有赖于学生主体之间的互相切磋，是他们之间的评价、质疑、解释、协商等各个体验行为促成他们达成共识，也达到以评促学的教学目的。

可见，主体间体验式教学具有社会属性。教学中，如闫守轩（2006）发现，学生在教师的导引之下，以整体的生命投入其中，在与教师、同伴、世界的相遇和互动中，超越纯粹认知的方式，以体验的方式在与知识世界、意义世界的交融一体中，体悟人类获得知识的过程、方法、精神与情感，并与自我的生活世界实现对接，赋予知识以人之生命的灵性，教学的内容反映的不再是孤立的散乱的知识，而是整合的交往结构，如此，这样的知识才是经过了师生解读的、经过了生命体验与内化了的货真价实的知识。体验教学在多方面体现主体间互动的社会性。

1. 体验成就主体

主体间性教育强调发挥学生的主体性，不仅仅局限在教师给予学生发言的权利（这本质上是被动地参与教学），而是更大限度地"使学生能动地、自主地去体察知识和经验、去认识事物并且在认识的过程中获得自己的感悟，激发已有的情感，并且真正地以自我的身份去参与，真正地成为主体"（卢植，2006）。"真正地以自我的身份去参与"就是在体验中发挥主体功能。

体验教学中，学生社会主体性的发挥，首先源自学生对客体的移情体验（即设身处地体验他者）。体验中，学生从客体的环境、立场、观点去观察事物、思考问题，从中获得关于客体的信息。也就是说体验者消弭主体和客体、主观和客观的二元对立，把认知对象当作一个"准主体"，与之相遇互动，和它融为一体，运用体悟、移情去倾听它的呼吸和脉搏（任长松，2005）。例如，在学生作文互评任务中，评判主体（学生）通过细读文本和了解写作者，使自己能够站在作文或者写作者的角度，思考是怎样的经历、情感、思路、话语习惯影响了作文的构思和风格。了解了作文或者写作者的呼吸和脉搏，主体才能将自己的认知融合进去，对一篇作文做出评价，更重要的是提出建设性修改意见，这是学生主动性发挥的更高一层含义。用维果斯基的最近发展区理论来解释，移情性体验帮助我们了解作者的现有水平（独立活动时所能达到的解决问题的水平），而建设性的作文修改意见就是通过教学帮助作文作者激发潜力。从现有水平越过最近发展区达到潜在水平的过程中,学生评阅者发挥着搭脚手架的主体功能。

这种始于移情体验,发展到"搭脚手架"的帮助者是一个体验过程。学生根据对客体的移情体验,形成自身的学习目标,为实现这一目标建立一整套方案(上例中学习作文评价标准和关于学习写作过程的研究成果等)和操作(如对照标准评判作文、提出建设性建议、与作文作者沟通),最终提高了自我(自己对写作、评判标准有更加清晰的认识),真正体现了具有社交性质的体验活动带来的他助、自助教育目标。

2. 体验发展情感

主体间性教育活动过程中师生间的双向或多向交互活动是现代教育的特征。与其他交互关系不同,师生首先是内心情感丰富的个体,因此教学活动就必须关注老师以及学生的生命情感,包括学生精神建构与人格养成的理想等。体验教学不仅关注学生的认知,更强调学生的情感发展,"它涵盖了学生个体的理性、感觉、情感、态度、信念等各个层面,使学生在理解教学内容的过程中,有期望,有意向,有知识储备,有判断未知的能力,也有探索未知的能力,重视学生的生活现实与精神世界"(常丽丽,2007)。由于学生所体验的是真实或接近真实的社会生活环境,运用的是熟悉的知识和自身经验,并且被给予了充分的自主体验和表达机会,因此对学习内容能表现出内心真实的情感,投入感、参与感、求知冲动被充分激发,整个教学活动充满了体验的积极情感。在这一交流过程中,教师同样与学生进行心灵的沟通,师生双方以情入境,因此,体验教学使教学活动更贴近学生情感和精神世界。

3. 体验发现情境

体验情境是激活学生主体性的催化剂。首先,情景创设了亲历的机会。认真听讲、快速记住现成的结论无法激活学生的学习热情,也无法激活学生主动通过已有图式深度加工新知识的认知过程,无法使学生体验到扩展原有知识结构或者彻底改变知识结构的参与感和兴奋感。应该让学生在合适的情景中亲历,让学生"经过多次质疑、自主选择、独立判断;不经历痛苦、茫然、失望、喜悦、满足等情感变化，没有对大千世界的独特感受和发自内心的真切体验，那么，很难说学生真正掌握了知识、发展了能力，他们的情感态度价值观更无从谈起"（卢植，2006）。

对于大学生而言，情景体验可以指生活情景体验，也可以是实际问题情景体验。前者如大学英语教育关于岗位招聘与应聘的教学设计，学生转变成为招聘公司和应聘者的角色，体验公司设计、岗位描述、应聘问答等各个环节。后者以现实中的真实问题为情景，如"如何解决杭州快速公交的提速问题"等，解决问题容易激发学生解决问题的兴趣，而寻找解决方法成为其自身的需求。这种需求是学生参与体验学习的内在动机，将促使学生在体验中获得的知识和技能转化为解决实际问题的能力，使其在心理上获得极大的满足（杨敏，2013）。

4. 体验发现生活

体验教学使主体间性教育的视野从师生、生生互动延伸至师生与教学内容、环境、社会等更加普遍的联系中，从对科学世界的关注，发展到对科学世界与生活世界和谐统一的关注。科学世界以生活世界为源，是对生活世界的理性思考，但是它以符号编码进入知识传播体系时，因抽象概括而远离了生活世界。离开生活世界所探索的知识，"是人为的、不真实的和不具备实际行动特点的"（靳玉乐，李森，2001）。体验式教学就是把知识与社会和生活有机结合起来，不仅体验知识的生活属性，而且通过知识探究反哺生活，解决生活问题，从而完善科学世界。

由以上分析可见，主体间性体验教学教育致力于培养全面的人，即培养融学习主体、社会主体与情感主体为一体的全面的人。

二、体验式"旅游实务英语"课程改革行动

（一）课程改革背景

1. 课程及需求分析

"旅游实务英语"是一门专门用途（English for special purpose）英语

课程，其教学目标是教授跨文化旅游语境下的英语。课程包含了两层含义：首先是跨文化旅游语境，其次是英语。由于跨国旅游具有社会性和市场性，因此教学内容需与社会和市场接轨。同时，教学也要满足学生的意愿，把握学习者将来遇到的交际情景、社会文化环境和应具备的知识与技能。因此课程开设之前，我们充分进行了市场调查，同时对六个教学班级共 200 位学生进行了开放式调查问卷，内容涉及学习目的和课程知识期待两方面，情况如图 5.1 和图 5.2 所示。

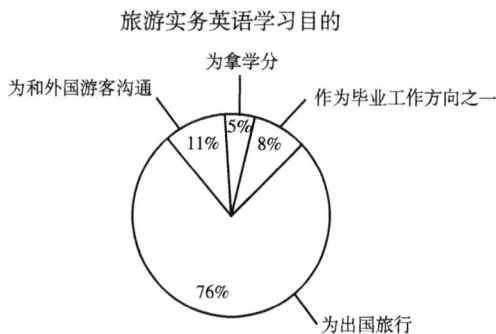

图 5.1　学习目的调查

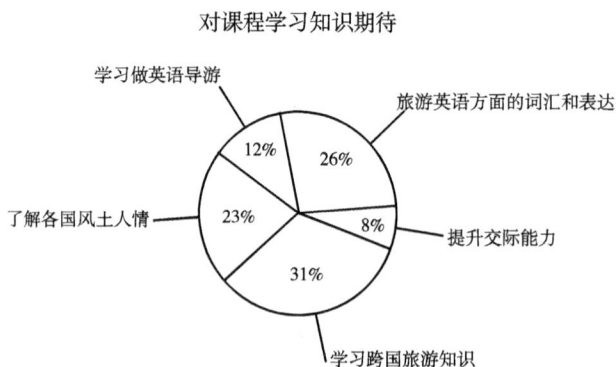

图 5.2　对课程知识期待的调查

图 5.1 显示，学生学习"旅游实务英语"课程的主要目的是将其应用于出国旅行，这是最直观和最即时的效用。关于交际能力培养等较为抽象的目标占比较低。可见，即时的实用性更能引发学生的学习兴趣。图 5.2 显示，学生在课程中期待学到的知识呈现多元化，包括语言表达、职业能力培养、了解世界等。但"学习跨国旅游知识"占比最大。

上述调查表明，学生秉持的学习目的与课程期待都基于实用性和兴趣度，对交际能力培养等综合性、深层次的目的考虑不多。事实上，这些方面是相辅相成的。如语言表达是从事涉外导游和涉外旅游管理的必需条件，它包含了通用英语语言技能和旅游专业术语的特定含义，即了解旅游知识、提升旅游交际能力等的必要基础。学生学习目标和内容期待与其功利性和娱乐性心理倾向有关。但在设计时，需以更深入的交际能力培养为终极目标，这样才真正有利于学生作为社会人的发展。但在设计具体教学内容时，可以迎合学生的学习心理特征，使学生感受到其能学有所用，提升其学习积极性（陈程，2012）。本课程教学内容以实用性为导向，包含旅游预算、交通设计、景点介绍、旅游冲突解决等，同时融入相关实践活动。在此过程中，语言技能训练和知识内容习得共同进行。

2. 教学目标

针对以上课程性质和调研结果，我们设置"旅游实务英语"课程的教学目标，包括：（1）培养学生在跨文化旅游语境中的交际能力；（2）培养学生自主学习跨文化语言和信息的能力；（3）培养学生跨国旅行的独立操作和应对能力，包括运用英语来组织和设计旅行线路、选取景点、预定机票和旅店、与当地人沟通交流、处理冲突等的能力。

（二）课程改革设计

对 30 多种常用的旅游英语相关教材进行调研，有的教材侧重景点英文介绍和导游英语培训，有的教材涵盖订票、离境、餐饮、住宿、交通、游览、购物、娱乐等各方面的英语对话。同时对杭州 4 所高校相关课程进行调研，结果表明大多数课程以训练旅游场景中的英语表达为主，虽然教师的课堂中融入了视频、音频、图片等多媒体手段，以及阅读、听力、角色扮演、情景对话等活动，但依然以旅游情景下的语言训练为主。总体而言，现有教材和课程有以下问题：

（1）学生的跨文化认识具有封闭性。虽然传统教学中也包括了模拟跨文化环境的对话、讨论等教学环节，但往往局限于一元文化，学生所产生的认识和观点容易以自身的文化和思维为出发点，缺乏多元性和开放性。

（2）学生缺乏对跨文化的真实体验。一方面，一元文化教学环境难以使学生体验到跨文化环境下的可能问题（文化语用失误、文化冲突、文化休克、文化空白等）；另一方面，脱离真实涉外环境的单纯理论知识传授和语言技能训练，很难使学生体会真实语境和获得真正所需的信息，导致知行不一的问题。

（3）知识具有滞后性。现代国际环境发展瞬息万变，尤其是网络和数字技术在跨文化旅游中的应用发展迅猛，但目前相关教材内容相对固定，信息滞后。跨文化类的知识与真实的现代多元文化语境脱节。

基于以上问题，我们致力于建构中外学习共同体，改变现有跨文化英语教学中单一的文化语境，建构真实的交际情景。

"旅游实务英语"教学将中国英语专业学生和在华留学生组成学习共同体，互相协作，共同参与课堂教学活动和任务实践：一方面实现真正的跨文化交流体验；另一方面，以旅游项目实践为任务驱动，实现真正的旅游实务体验。课程在真实的跨文化场景中，引导双方学生为自己设计角色，成为对方的学习环境和资源，共同参与体验式实践。（见图5.3）

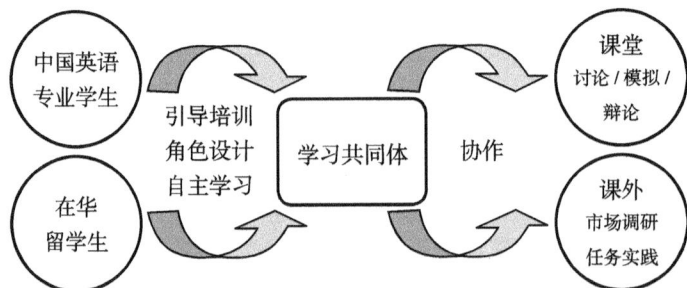

图5.3 "旅游实务英语"课程中外学习共同体

基于中外学习共同体的体验式"旅游实务英语"课程具有以下特点：

（1）中外学习共同体构筑跨文化主体间性关系。来自不同文化背景的人群在真实的旅游商务环境中相遇，他们彼此设定商务角色，通过交互对话，成为对方所需的学习资源和环境。

（2）中外学习共同体构筑平等的主体间关系。教师讲、学生听的传统师生关系让位于共同体知识和技能构建中的生生关系，教师成为共同体的设计者、共同体活动的组织者和推动者，而中外学生成为真正的活动主体。

（3）中外学习共同体构筑跨文化体验环境。在真实的导游（中国英语专业学生）与客户（在华留学生）协商旅游事项的跨文化交际活动中，体验真实语言和文化差异，了解真实的需求，解决真实的问题。真正体验意义的磋商、分歧分析、共识达成。这样的体验教学提高了学生的跨文化生活能力。

（4）中外学生共同体提高学生多元文化意识。通过跨文化的交流、调查与分析，学生加深了对域外宗教、历史、风俗等的了解，自我总结和获得了传播策略；同时改变了跨文化交际中对一元"国际化"的追求，培养对多元文化的尊重意识。

为此，课程创新地建立以学生共同体知识和技能构建为中心的一系列体验式教学内容。（见图5.4）

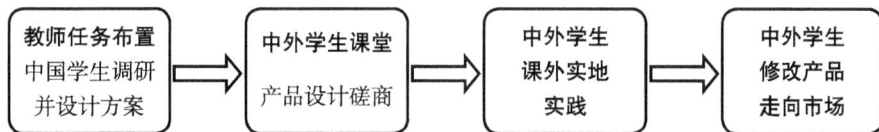

图 5.4　基于中外学习共同体的体验式"旅游实务英语"课程活动方案

"旅游实务英语"课程以 3~4 名中国学生和 1~2 名外国留学生组成一个任务组，完成以下两项任务。任务与实施方案分别如下。

任务 1：中国英语专业学生扮演当地导游，与在华留学生扮演的游客共同设计"杭州一日游"的涉外行程以及杭州历史文化景点和杭州特产等的英文介绍；完成设计后，"导游"带领"游客"实践"杭州一日游"。具体见表 5.1。

表 5.1 任务 1 的实施方案

环节	具体内容
环节 1	教师布置中外学生调研并设计方案的任务 中国学生组成任务小组（3~4 人）以问卷调查和访谈等方式，根据任务目标对外国留学生"游客"（1~2 人）进行前期文化、宗教等背景信息调查。
环节 2	中外学生针对产品设计进行磋商 在前期调查数据和分析的基础上，中国学生在翻转课堂教学平台上对杭州历史文化信息、翻译策略等内容进行自主学习，同时中外学生讨论互动，共同设计"杭州一日游"的行程，包括杭州历史文化景点、特产等的英文介绍。
环节 3	中外学生课外实地实践 中国学生在前期产品设计的基础上，在实地景点向外国留学生传播杭州本土文化。外国留学生通过评分等形式，对设计产品和中国学生提供的文化传播内容进行标准化评价。每小组摄录实践交流过程，作为后期学习和改进的研究资料。
环节 4	中外学生修改产品并走向市场 在外国留学生反馈意见的基础上，中外学生相互协作，共同修改设计产品，并最终投入旅游市场应用；同时对交流话语进行分析，总结对外传播策略。

任务 2：中外学生共同设计在外国留学生家乡的旅游行程和当地的景点介绍（包括文化、历史等信息），并形成旅游产品，教师负责挑选并推荐给国际旅行社。具体见表 5.2。

表 5.2　任务 2 的实施方案

环节	具体内容
环节 1	教师布置任务，中外学生调研并设计方案 外国留学生根据任务目标，向中国学生介绍自己家乡的文化，中国学生搜集记录信息。同时中国学生进行涉外旅游的市场分析。
环节 2	中外学生针对产品设计进行磋商 中外学生根据市场分析和浙江省国际合作旅行社的技术指导，模拟预订机票、酒店，设计行程，协作设计英文的文化景点介绍。同时，根据用餐礼仪、路线规划、购物娱乐等不同设计步骤的需要，学生在翻转课堂在线学习平台上自主学习视频资源和电子课件，并进行讨论互动。
环节 3	中外学生课外实地实践 中外任务小组以公开的形式向浙江省国际合作旅行社进行产品展示，由旅行公司的代表对设计产品进行评分和评价，并就后期修改方案与学生进行商讨。
环节 4	中外学生修改产品并走向市场 根据旅行公司的反馈意见，中外学生共同修改"出国游"产品设计方案，并最终投入旅游市场。

（三）行动与观察

1. 标准导向的任务布置

教学中所设置的任务内容均以社会和市场需求为导向，设置形式以驱动学生自主实践为主线，教师引导和评价为辅线。根据杭州市某国际旅行社的建议，要求学生以小组（4~5 名中外学生）为单位进行任务 1 和任务 2 的设计，包括英文网站的机票预订、当地酒店官网的预定、行程的设计，以及当地文化、风俗、景点、交通、美食等的英文介绍。为了使学生在执行任务时有标准化参照，也为了保证评价的公正公平，教师在此之前先公布了两项任务的评价内容及标准（见表 5.3）。

表 5.3　任务评价标准

	类别						
	行程趣味性	行程舒适性	行程特色性	行程经济性	演示表现	超预算扣分	总分
占分	2	2	2	2	2	—	10
得分						—	
评语							

注:
行程趣味性:行程丰富、充实,景点、美食、线路等安排有趣。
行程舒适性:行程不折腾、行程合理、住宿妥善等。
行程特色性:反映当地文化,尽可能体验最地道的特色。
行程经济性:享受折扣、团购等优惠,性价比高。
演示表现:能运用英语清晰、响亮、有条理地表达行程安排;能用图片辅助表达;必要时可以以中国文化为辅,进行解释。注意:忌 PPT 或 Word 上呈现大段文字,多媒体仅为辅助工具,讲解才是个人演说能力的体现;对于生词要进行解释;运用最有感染力的言辞说服你潜在的客户。

通过这种标准化的任务实施细则规定和评分准则,使学生了解任务执行规范,并在规范内充分发挥主观能动性。林琛(2017)通过教学实验得出,在缺乏标准化评价制度的学生任务课堂展示中,错误表现形式五花八门,如报告结构不规范、缺乏与主题的关联性等,经教师点评和指正后,类似的问题未见显著减少;而标准化的任务布置能使学生按照细则执行,偏离要求的严重问题很少出现。大学生作为成人学习者,需要通过驱动自身动力积极主动地建构知识,而这种能力的培养是在有效的引导下习得的,这与明确的评价内容和标准有着密切关系(陈程,2012)。这种标准导向的任务布置克服了教师凭印象给分的主观性和随意性,也避免了不理性评分造成的学生实践积极性低下。此外,课程设立了反馈得分奖励和优秀成果报酬等激励措施。

2.跨文化任务设计磋商

教师引导学生扮演导游和游客的角色。虽然中国英语专业学生扮演的导游和在华留学生扮演的游客都属于他们自身文化背景中的角色,但他们不熟悉其特定跨文化场景下角色的职业素养、专业用语、任务规则,需要经过前期角色学习。教师引导学生在翻转课堂在线学习平台上自主学习，完成相应步骤。

中外学生学习小组以交流互动的形式在课堂和课外展开。为完成任务1，中国学生以访谈和问卷调查的形式向"客户"——在华留学生搜集相关信息，包括产品期望、宗教文化背景、个人喜好等。为完成任务2，中国英语专业学生向在华留学生搜集其家乡的旅游景点、文化信息、风俗习惯等信息，经过双方探讨，总结出符合中国市场的跨文化旅游产品设计。

经过跨文化磋商，学生了解到"客户"文化背景对旅游产品的整体设计结构和具体细节的影响，提升了多元文化认识。如任务1中，A组中的中国英语专业学生对其成员留学生Kenzhebaev Zamir做了个人信息问卷调查（见表5.4），基于所收集的信息为其做了"杭州一日游"的线路设计（见表5.5）。

表 5.4 A 组对留学生 Kenzhebaev Zamir 做的背景调查问卷

In order to provide you with a better service in our travel in Hangzhou, we prepare this questionnaire for you to apply.

1. What's your name?—Kenzhebaev Zamir.

2. What's your nationality?—Kyrgyz.

3. Do you have a religion? If the answer is yes, what's your religion?—Islam.

4. Which kind of food do you prefer? For example, hot, sweet, salty, sour, etc. —Halal food.

5. Which kind of transportation do you prefer? Such as on foot, by bus, by subway or by bike.
   —It depends on the distance.

6. Have you ever heard of the West Lake? What's your favorite among the ten scenic spots?
   —Yes, I have heard about the West Lake, but I don't know about these scenic spots.
   （1）Su Causeway in Spring Dawn 苏堤春晓
   （2）Breeze-Ruffled Lotus at Quyuan Garden 曲院风荷
   （3）Autumn Moon over the Calm Lake 平湖秋月
   （4）Lingering Snow on the Broken Bridge 断桥残雪
   （5）Orioles Singing in the Willows 柳浪闻莺
   （6）Viewing Fish at Flower Harbor 花港观鱼
   （7）Leifeng Pagoda in Evening Glow 雷峰夕照
   （8）Twin Peaks Piercing the Cloud/ Doubles Peaks Kissing the Sky 双峰插云
   （9）Evening Bell Ringing at Nanping Hill 南屏晚钟
   （10）Three Pools Mirroring the Moon 三潭印月

7. Which kind of scenic spot do you prefer? For example, the natural scenery, the cultural scenery or any special preference?—Natural.

表 5.5　A 组为留学生 Kenzhebaev Zamir 设计的"杭州一日游"行程

Destination	Schedule
Lingyin Temple	9:00—11:00
West Lake	11:30—12:30
Restaurant: Louwailou	13:00—13:45
Prince Bay Park	14:10—15:10
Leifeng Pagoda	15:30—16:15
Qinghe Street	16:57—18:00

　　根据客户信息（包括宗教信仰、饮食偏好、交通倾向等）进行线路设计，但设计内容可能还有缺陷，因此课堂上教师通过引导提问、讨论等形式检验其设计的合理性。引导性的问题包括：（1）如果游客为穆斯林，是否可以游览灵隐寺？（2）游客是否可以去楼外楼用餐？

　　受到上述提问的启发，组 A 修改了自己的设计：灵隐寺为佛教寺庙，与穆斯林宗教相冲突；在楼外楼餐厅点非猪肉的菜肴即可。但其他小组表示异议，讨论热烈。教师引导学生通过进一步实证研究来解决争议。组 A 经过对在华留学生进行访谈后得出与之前完全不同的答案："It's OK for a visit without praying"（我们可以去佛教寺庙游览，只要不膜拜即可）和"We only go to Muslim restaurant"（我们只去穆斯林餐厅）。通过磋商，中外学生在跨文化交际的体验中实现了自我修正，形成了跨文化思维。

　　3. 实践检验

　　体验教学重视直接经验的获得，尊重学生的个人感受和独特见解。因为体验是体验者的事，他以自己的需要、价值取向、认知结构、情感结构、经历等完整的自我去理解、感受、建构，从而生成自己对知识独特的情感、感受、感悟和意义（陈佑清，2002）。

体验可通过发展性评价来促使学生实现自我的不断修正。发展性评价关注的是学生的整体发展变化，既有知识与技能的发展，又有情感、态度、价值观的发展。在这一过程中，学生并不只是被动接受评价，而是积极参与评价，成为评价的主体，调动学生的内在动机，自觉内省与反思。在任务的评估中，教师走下了权威的神台，将原本神秘的评分标准和过程完全公开化，重新定位自己的角色，与学生进行交往与对话。这样自由、民主、平等、公开的教学环境使师生之间的交互活动在认知、情感、态度等方面得到全方位的提升。

任务1设计的受众为外国游客，其反馈体现了跨文化传播的效果。如，一个任务小组在向自己的游客介绍杭州著名景区清河坊时，以音译"Qinghe Fang"来命名，配以景区内带有古代特色的建筑和商店的图片加以解释。此时留学生经过中国学生的解释后对清河坊的理解是"an ancient styled street where you can buy traditional souvenirs"。中国学生认为其理解有偏差，立即用手机上网查找相关信息以求更精确的答案，得知"坊"即古汉语里对街巷的称呼，译为"Qinghe Street"更易让没有背景知识的游客理解。清河坊不仅仅是一条具有古代建筑风格的购物老街，它之所以成为杭州一大名胜是由于其悠久的历史和文化：清河坊自古是杭州繁华地段，是南宋时期宋高宗寝宫德寿宫遗址；因南宋时被封为清河郡王的张俊的住宅就在当时被称之为"御街"的太平巷，故这一带被命名为清河坊。这些地方名称和文化历史信息，对于具有中国历史背景的中国学生来说容易理解，但对于外国游客来说极易因文化不对等而感到理解困难。因此他们渴望通过了解名称的渊源来学习中国文化。经过教师的引导之后，小组对该景点的介绍进行了改进，增添了有关文化背景信息的解释（见表5.6）。

表 5.6　小组对清河坊英文介绍的改进过程

清河坊景点英文介绍	
修改前	Qinghe Fang Qinghe Fang is otherwise known as the Snack Street for the diverse foods it serves. The street clearly concentrates food from all around the country, while at some time highlighting the local flavors. Here, walking along Hefang Street, you can enjoy the nice feeling of eating and shopping.
修改后	Qinghe Street Qinghe Historic and Cultural Street is a legacy of Southern Song Dynasty. It is the Song Gaozong's chamber—the birthday palace ruins during the Southern Song Dynasty. Zhang Jun of the Southern Song Dynasty dubbed the Qinghe Duke House in Taiping was that street lane, therefore this area is named Qinghe Street. The century-old shop in Hangzhou, Wang Xingji, Zhang Xiaoquan, Wanlong Ham Stack, Hu Qingyu Tang, Fang Hui Chun Tang, Wang Runxing, etc., are concentrated in this area.

设计孤山景点介绍的小组向留学生介绍此处为 "Isolated Mountain"。此时留学生 Michael 问 "Are there many mountains which are separated from each other？" 任务小组成员连忙解释："No，there is only one mountain. The name of the mountain is 'isolated mountain'." Michael 点头示意表示大概理解。此时从旁观察的教师提示："如果'孤山'是其名称，那么就不应该使用'isolated'这个词，因为它是形容词，表示分离的意思。使用'isolation'更为恰当，如果能给出关于其山名出处的解释，Michael 对此的理解就更为深入了。"

与孤山类似，断桥的英文介绍也在实践中引起了不小的误会。不同任务小组对此的介绍大都包含了对断桥景色的描写，对"白蛇传"神话传说的介绍，但每组介绍都有不足之处。

表 5.7　断桥景点英文介绍原稿

第一组	Broken Bridge 　　The Broken Bridge, which is located at the east end of Bai Causeway, is the place where Lady White Snake and Xu Xian met each other and went through so many hardships according to the Chinese folk story "The Legend of Lady Snake White".
第二组	Lingering Snow on the Broken Bridge 　　Finally, we will visit the Lingering Snow on the Broken Bridge at 10:30. It is the most romantic scene of the ten must-see scenic spots. The stone arched Broken Bridge is where the character of a famous Chinese folktale Xu Xian and a beautiful girl who is actually a white snake, first met and fell in love with each other. After a snowfall, when the snow on the more exposed side has melted, with the shade side remaining white, it looks as if a long white belt has been ripped apart on the bridge thus earning the name "Lingering Snow on the Broken Bridge".
第三组	Lingering Snow on the Broken Bridge 　　Though the name of the bridge dates back to poems in the Tang Dynasty, the bridge became famous because of one of the best-known love stories in Chinese folklore. 　　According to the legend of White Snake, the beautiful girl who was actually a white snake met Xu Xian on the bridge in the rain and they fell in love with each other and an umbrella they used became the symbol of their love. The bridge was also the scene where they made up after a long series of ups and downs. 　　Thanks to the love story between the human and the immortal, the Broken Bridge attracts numerous visitors and has its legendary reputation spread far and wide all over China. Many people believe the bridge is the number one place for people in love.

　　第一组介绍只给出了断桥的方位和"白蛇传"故事的概要，第二组介绍了"白蛇传"故事的概要及某些细节，第三组介绍了"白蛇传"故事的概要及断桥名称的融雪景象由来。为了检验效果，在这三个任务小组完成介绍后，教师询问外国留学生对断桥的理解状况，通过其理解信息的完整性和准确性对小组景点介绍进行评估（100 分制），得出：第一组 20 分，

留学生只获得了"桥""一个男人和一个女人的爱情故事"这两点信息；第二小组得分 30 分，留学生获得了"有关爱情的桥""古代的桥""一个男人和一个女人的爱情故事"这三点信息；第三小组得分 30 分，留学生获得了"有关爱情的桥""神话故事""雪景"这三个信息。根据留学生的接受情况，外国"游客"从中国"导游"所获得的有关断桥的信息基本是片面的、孤立的。事实上，断桥的名称、景色、历史、文化是相互关联的。据考证，对断桥其名的由来，众说纷纭：一说孤山之路到此而断，故名；一说段家桥简称段桥，谐音为断桥；最普遍的说法还是由于古石桥上冬日雪霁，桥阳面冰雪消融，桥阴面仍然玉砌银铺，从葛岭远眺，桥与堤断之感，得名"断桥残雪"。传说中白娘子与许仙断桥相会，两人之后凄美的分离也为断桥景物增添了浪漫色彩。历史传承本身就是文化延续和累积的过程，原本系统的、相互关联的景点文化信息，在留学生的理解中却成了片段式、相互分离的信息。对"Broken Bridge"，外国游客有"断裂的桥"的先入为主的字面理解，如不加以解释，就容易产生误解。虽然第三组提及了融雪时桥面好似断成两部分的现象，但未与其名称进行关联性解析。通过对留学生反馈的反思，学生认识到自己的问题在于行程设计和景点介绍没有立足对中国文化知之甚少的外国游客。

再如，在断桥，第二小组按照事先写好的英文语段介绍"白蛇传"的故事：

It was said that there was a white snake, which was called Bai Suzhen. She was willing to repay Xu Xian for saving her life before 500 years ago. Then she turned to a beautiful lady and married him, living together happily. But the Monk Fa Hai, who was from the temple Jin Shan, kept making Bai Suzhen die. What he did make them part and the couple had no chance to meet.

但外国留学生听后表示困惑，提出了两个问题：（1）Is Lady White

Snake a human being or a snake? （2）How could she turn from a snake to a human being? 具有文化背景的中国学生都清楚：白素贞既非人，也非蛇，而是妖，她通过修炼变成了人形，但这难以用英文向留学生解释清楚。教师引导学生搜集此类问题，并在课堂上探讨。通过查阅字典，学生们知道英语用"demon""gobin"表达"妖"；但这些都与白素贞蛇的本质和美丽的外表特征不符合。"妖"的概念是中国文化独有的，无法找到对等的英文表达，需要通过增译等方式来进一步解析。中国神话传说中有关修炼促成动物、人、妖、仙之间转化的故事非常丰富，而在西方文化中却没有类似的说法。这源自道家互相转化的思维模式与文化，深深影响了中国文化和语言。这一问题的探讨使学生在文化传播中从关注翻译转变为关注传播效果，从语言层面深入到文化和思维层面。

导游实践环节既是学生自主学习、体验和设计的输出部分，也是检验学习效果设计有效性的途径。通过深入探讨在实践中受众所反映的问题，并自主找寻解决的对策，学生能深刻体验文化差异对旅游文化传播的影响。通过实践体验提高的不只是学生传播文化的技能，更是他们的一种跨文化意识。实践反馈后，很多任务小组在介绍风景的同时，对景点的名称由来、历史故事等信息进行了补充，对回答"外国游客"所提出的问题也更加有针对性和条理性。

当然，除了语言和内容方面的问题，实践也暴露出中国学生的处事方式和交际能力等方面的问题。如留学生 Emmanuel 提出："The only default is that the speaker always stares at his phone."任务小组的学生因为脱稿缺乏安全感，担心犯错误，因此介绍时看着手机屏幕照本宣读。留学生 Daniel 提出："They are not confident while speaking because they always looked at the Ipad and never gave eye contact."

很多中国"导游"在设计行程时，未能充分考虑"游客"的感受和喜好，忽略了游客的文化差异和特殊心理。留学生 Michael 对任务小组的行程安排 (见表 5.8) 提出异议："The time arrangement is too tight. It seems too exhausted. Don't they leave time for rest？"

表 5.8 为留学生 Michael 设计的"杭州一日游"行程

The Traveling Plan for One Day in Hangzhou

Morning:

07:30—Breakfast: school canteen (Qingfeng) (RMB 4)

08:00—Subway Line 1—Ding'an Road Station (RMB 6)

        Walk about 290m to Yaojiang Building

        Take Bus No.113—Hu Xueyan's Former Residence (RMB 2)

Total Time Consuming—nearly 1 hour

10:00—Hu Xueyan's Former Residence (RMB 10)

12:00—Lunch: Wangrunxing Restaurant, No.101, Qinghe Street (RMB 100)

Afternoon:

13:30—The China Academy of Art (free)—Museum of Shadow Arts (free)

15:30—Walk 294m to Qianwangci Crossing

        Bus No.102—Wansongling (RMB 2)

        Walk 1,241m to Wansong College

Total Time Consuming—21 minutes

16:00—Wansong College (RMB 10)

17:30—Walk to Wansongling

        Bus No.102—Gongyuan Station (RMB 2)

        Walk to Qingteng Tea House

Total Time Consuming—30 minutes

18:00—Dinner: Qingteng Tea House, No. 278, Nanshan Road (RMB 88)

Evening:

19:00—West Lake Music Fountain (free)

20:00—Subway Line 1—Wenze Road (RMB 6)

Totally Costs (per person): RMB 230

The Traveling Group Members:

Zhuo Manying, Ren Zheling, Luo Weiyi, Ye Ziling & You

由于苏堤、白堤、西湖等景点相距较近，因此选择步行观光较为方便和适宜。但留学生 Sue 提出："It's too tired to walk all the way. Is there any transportation that she can choose to replace walking？" 任务小组原本认为：这几个景点位于同一片区域，一般都是选择步行观光的。但留学生的意见让他们明白：不同文化的人可能有不同的喜好和习惯，作为设计者需要从客户的视角出发。改进后的方案增加了杭州特色公共自行车或者西湖边的观光车作为交通工具。在实践交流时，任务小组为了使留学生更容易理解，借助 Ipad 或电脑中的视频、图片、PPT 等辅助工具。 然而，留学生 Jack 提出："They should pay attention to providing maps, even though they presented pictures of the houses and scenic spots."大部分中国学生对杭州市区的布局非常熟悉，没有使用地图的意识。然而，很多留学生却有使用地图理解方位的习惯。通过留学生提醒，中国学生加深了多元文化意识。

当然很多留学生也对旅游设计和"导游"的表现满意：

"The discussion was lively with all three group members fully explaining the various facts about many sites and places to be visited. They also noted Chinese historical icons such as poets and warriors from long ago."

"The journey is full of attraction and interest. The presentation is passionate and detailed. The guide hits the points—offers the audience rich information (including the routes, prices, specialties). The pictures are glamour, and the spring is beautiful. "

"This is a well organized and detailed presentation. They have a good background of the places they are going to visit. They use the right and correct phrases for their context. In general this is very good presentation."

从这些褒奖可见，外国游客在游玩时非常渴望了解中国文化和历史背景。其实，教师曾讲授过跨文化景点介绍的注意点，但传统的单项知识传授显然效果不明显。相比之下，实践使学生体验了真实的跨文化场景，所受到的质疑与批评促使学生主动探索问题的根源，寻求解决的办法，相关能力得到了提升。

体验式实践也能培养学生在跨文化环境下的统筹规划、沟通交际能力。由于缺乏相关社会经验，任务执行者在考虑问题时往往难以兼顾各种情况，只有通过复杂生活原型的刺激唤起学生体验的兴趣（辛继湘，2005）。例如，任务 2 是设计出国游的行程计划，成果评价要求运用 PPT、图片等辅助工具进行旅游产品展示，每小组 15 分钟，以博得"潜在客户"（杭州市某国际旅行公司代表、教师和其他小组）对产品的青睐。本次任务的评分标准和细则经过教师与该国际旅行公司代表的反复商榷最后确定。评分由旅行公司代表、教师和其他小组当场给出，并在评语栏给出评分依据和修改意见。旅游公司代表从旅游市场经营者和客户经验，从国际旅游知识包括语言与内容、设计可行性、文化适度性等各个方面给予评价，使学生设计者更真切地感知、了解和掌握旅游市场的实际需求和旅游实践的真实要求。表 5.9 是 B 组的行程报告及旅行公司代表的打分（100 分制），表 5.10 是提出的意见。

表 5.9 B 组的任务 1 行程报告

Trip to Thailand

Start the journey

1. Hangzhou to Shanghai

Take any train which costs ￥24.5

2. Round trip between Shanghai and Bangkok

Departure	Destination	Flight	Departure Time	Arrival Time
Shanghai	Bangkok	9C8579–economy class	2014–04–09 13:35	2014–04–09 18:10
Bangkok	Shanghai	9C8580–economy class	2014–04–17 19:10	2014–04–17 23:35

3. Accommodation of the first night

A House Boutique Guesthouse

Cost: 450THB (86RMB) / day

Address: 273/169 Soi Terdthai 53 Pakkhlongphasicharoen Phasicharoen

Day 1

Bangkok

1. Route

Grand Palace (Wat Phra Kaeo) → Wat Pho → Wat Arun → Golden Dome Cabaret Show

2. Attractions and Activities

(1) ① Grand Palace

The palace has been the official residence of the Kings of Siam (and later Thailand) since 1782.

② Wat Phra Kaeo

The most sacred Buddhist temple in Thailand

Cost: 500 THB/person（including the ticket of Vimanmek Mansion Palace）

Time Consuming: 3h

(2) Wat Pho

One of the largest and oldest wats.

More than one thousand Buddha images, as well as one of the largest single Buddha images of 160 ft.

Cost: 100 THB/person

Time Consuming: 1h

(3) Wat Arun

The Eiffel Tower in Thailand

The best place to overlook the Chao Phraya River and enjoy the night view

Cost: 50 THB/person

Time Consuming: 1h

Transportation: getting on the boat at Tha Tine

(4) Golden Dome Cabaret Show

The performance with the oriental culture

Most of visitors come from Asia.

Show Time: 17:00, 19:00, 21:00

Cost: 500 THB/person

Transportation: firstly, take subway and take off at the Sutthisan Station，and then take taxi to reach the destination.

3. Food

Tom Yam Gong

Tom Kha Gai

Fruit Shake

Pineapple Rice

Mango Sticky Rice

Som Tam

4. Accommodation

The same hotel as the first night: A House Boutique Guesthouse

Day 2

1. Route

Vimanmek Mansion Palace → Khao San Road

2. Attractions

(1) Vimanmek Mansion Palace

A former royal palace

Made of wood without any nails

Cost: Free

Time Consuming: 2h

Transportation: Bus 10, 18, 27, 28, 70, 108

(2) Khao San Road

A backpacker's paradise

Time Consuming: Half of the day

Transportation: Bus 10, 18, 27, 28, 70, 108

3. Accommodation

Spending the whole night at train to reach the next destination (Chiang Mai)

Train number: Bangkok → Chiang Mai No.1

Time: 18:10—8:15 (+ 1)

Cost: 671 THB/person

Day 3

Chiang Mai

1. Route

Wat Phra Singh → Wat Chedi Luang → Wat Jet Yot → Wat Chiang Man → Night Bazzar

2. Attractions

(1) Wat Phra Singh: the biggest temple in Chiang Mai, and having the highest statues

(2) Wat Chedi Luang: having the same reputation of Wat Phra Singh, and the oldest temple of the city.

(3) Wat Jet Yot

(4) Wat Chiang Man

(5) Night Bazzar: You can buy a lot of souvenirs for your friends there, and can also try many delicious food.

3. Transportation

These temples are centralized in the ancient city of Chiang Mai, you can just walk from one temple to another.

4. Accommodation

A Little Bird 2 Guesthouse

Cost: 39 RMB/day

Address: 248/18 Sahasriphum place Maninopparat Rd. T. Sriphum, Muang

Day 4

1.Route

Chiang Mai → Bangkok → Phuket Island

2. Transportation

Departure	Destination	Transportation	Time	Cost
Chiang Mai	Bangkok	2nd class air-conditioned bus	06:30—16:30	403 THB
Bangkok	Phuket Island	2nd class air-conditioned bus	19:15—06:45 (+ 1)	626 THB

续　表

Day 5

1. Route

Phuket → PhangNga Bay → Phuket City → Hat Patong

2. Attractions and Activities

(1) Phang Nga

① The most beautiful part of Phuket Island

② Limestone islets, stalactite caves and mangrove forest

(2) Jungceylon shopping Mall

(3) Hat Patong

① Walking in the twilight

② Massage (LET'S RELEX 700 THB)

3. Transportation

Departure	Destination	Transportation	Time Consuming	Cost
Phuket	Phang Nga Bay	Bus	1.5h	36 THB
Phang Nga Bay	Kayaking	Bus	3h	200 THB
Phang Nga Bay	Phuket City	Bus	1.5h	36 THB

4. Food

Tom Yam Gong, Nam Prik Goong Siab, SeaFood BBQ, Som Tum, Khanom Chin, Phuket's kaeng luang

(Restaurants: ① about 300 THB: Climax on Bangla, No.6 Restaurant, Shabushi ② about 600 THB: Patong Seafood Restaurant)

5. Accommodation

The Chilli Salza Patong

Cost: 115 RMB /day

Website: http://hotels.ctrip.com/international/ShowHotelInfo.aspx?hotel ＝ 435459&startdate ＝ 2014-04-12&depdate ＝ 2014-04-13&rooms ＝ 1

Day 6

1. Route

Phuket → PhiPhi Island

2. Attractions and Activities

(1) Attractions

① The most beautiful Tarnboke Koranee National Park

② Maya Bay

(2) Activities

① Sunbath

② Swimming

③ Water Para-gliding (600 THB)

3. Transportation

Departure	Destination	Transportation	Time Consuming	Cost
Ko Sirey/Makham Bay/Chalong Bay	PhiPhi Island	Boat	2h	250 THB
PhiPhi Island	Ko Sirey/ Makham Bay/ Chalong Bay	Boat	2h	250 THB

4. Food

Poo Pad Phong Karee

(Restaurant: Tongsai Seafood, 300 THB)

5. Accommodation

The Chilli Salza Patong

Day 7

1. Route

Phuket Island → Similan Island → Phuket Island → Bangkok

2. Attractions and Activities

(1) Attractions—Similan Island: It is one of the world's Top 10 dive meccas. It is rich in living marine biology resources and magnificent reefs.

(2) Activities—Snorkeling (Cost: 1000 THB; about 2~3 hours)

3. Transportation

Departure	Destination	Transportation	Time Consuming	Cost
Phuket Island	Similan Island	Bus	3h	100 THB
Similan Island	Phuket Island	Bus	3h	100 THB

4. Food

Cashew nut (honey cashew cake, garlic cashew nuts, coconut, cashew, etc.), dried fruit, shibori products, tin products

5. Accommodation

Taking the night bus to Bangkok

Mode of Bus: 2nd Class Air-Conditioned Bus

Reservation Office: Buying ticket at Phuket Bus Terminal

Departure Time: 19:00

Duration: 12 hours

Cost: 378 THB

Day 8

1. Route

Bangkok → China

2. Activities

Shopping Center

(1) Terminal 21—A shopping mall with one floor one theme. It is decorated based on well-known streets in cities such as Rome, Paris, Tokyo, London, and Istanbul.

(2) Big C—It is the leading hypermarket chain in Thailand.

(3) Central World Plaza—It is the biggest shopping center in Bangkok.

3. Transportation

On foot or taking a Tuk-tuk (Cost about 20THB)

At about 17:00—17:30 going to Bangkok Airport and going back to Shanghai, China.

Budget

Item	Cost	Notes
VISA & Air Tickets	¥230 + ¥2222 = ¥2452	
Transportation (In China)	（¥4 + ¥24.5 + ¥8）*2 = ¥73	Subway, train to Shanghai
Transportation (In Thailand)	¥30 + ¥20 + ¥128 + ¥10 + ¥77 + ¥120 + ¥62 + ¥96 + ¥38 + ¥72 + ¥10 = ¥663	Train, bus, boat, tuk-tuk
Accommodation	¥86*2 + ¥39 + ¥115*2 = ¥441	
Food	¥60*8 = ¥480	
Tourist attractions tickets	¥125	
Entertainment	¥96 + ¥115 + ¥191 + ¥134 = ¥536	Shemale show, massage, para-gliding, snorkelling
Others	¥150	Souvenirs, unpredictable cost
Total	¥4920	

旅游公司代表提出的问题和质疑见表 5.10。

表 5.10 针对 B 组任务 2 的意见和建议

缺点

1. 最大的问题是第一天到达时已经很晚了，无法安排行程。这方面没有考虑周全，行程必须减去一天，行程非常紧张。

2. 8 天去 3 个城市过于紧张，大部分时间花在去景区的路上，一般推荐走 2 个城市，而且清迈只去一天，时间太少。

3. 去 Similan 岛，往返 6 小时，待在那里玩的时间太少了，而且当天要回泰国曼谷，行程就在车上会比较累。

4. 最后一天的游览，各点间的交通没有交待。

优点

1. 整个行程一目了然，清晰明确。

2. 行程中的游购娱乐大部分交待得比较清楚。

评分：85 分

通过这种形式的体验，学生获知产品与市场和客户期望之间的差距，以及现实中可能存在的诸多问题，如目的地交通方式和时间、货币兑换和使用等。这些体验仅仅通过相关旅游知识的阅读是无法获知的。

4. 旅游产品市场应用

为了使学生进一步体验到自己成果的应用，使教学内容与社会实现接轨，本课程邀请杭州市某国际旅行公司和杭州某国际饭店作为赞助，对被采纳的优秀旅游设计给予奖励，同时将学生的设计报告制成宣传册，置于客房或旅行公司门店，为游客和住客提供参考。

导入任务时，教师鼓励学生，"任务中的行程安排如被旅行公司采纳，行程设计可收获一定的劳动报酬"。这鼓励学生确立社会角色定位（旅行产品设计者或是导游），在体验中发挥能动作用，使知识和技能很大程度地转化为解决实际问题的能力。同时，课程邀请社会机构参与评价标准的制定和评价行动，使体验的社会性和实践的责任性得到充分的发挥。同学们为了使自己的产品以更好的形式呈现，自己设计、自费将行程报告做成精美的手册。

基于中外学生共同体的体验教学不仅让学生认知到包括旅游公司和消费群体对产品的需求和准则，而且使其学会跨文化旅游语言与内容表达，更重要的是增强了学生跨文化沟通的意识和能力。

（四）课程改革反思

体验教学的特点决定了学生的学习主体和社会主体地位。学生主体性的发挥在于他们的体验过程，特别在与他者（事物或者人）交互对话的过程中，将已有图式和新的经验相结合，通过理性思维，或者改变已有图式，或者在已有的图式中添加新的认知。本课程通过中外学生共同体的旅游设计体验，特别是在外国留学生的质疑和教师的引导下，中国学生对断桥、白蛇传、河坊街等旧图式进行了扩充。社会性的主体间互动给予学生积极的主观感受，为他们进入社会奠定了良好的基础。

为了使学生产生的体验对他们的学习、生活、发展更有意义，在具体的体验之后，教师要善于对他们进行理性思维的引导（卢植，2006）。本课程所使用的引导方式包括学习效果自评，也包括反思性写作。学生自评和反思决定了他对自己完成某项社会活动的能力的一种认识，即社会自我效能感。这种效能感对他们将来的社会生活起到积极的作用。学期结束后，学生填写的调查问卷（见表5.11）反映出他们对自己和自己学习情况的认识状况。

表 5.11　"旅游实务英语"课程学习效果自评问卷

通过一学期的学习，请同学们对自己学习到的知识点进行一次自评。请在相应的选项下面打分，每项总分为10分。

知识点	10	10	10	10	10
旅游英语词汇和表达					
用英语与外宾沟通和解决旅行中问题的能力					
用英文进行旅游景点介绍的能力					
对外宾宣传本国文化的能力					
出国游的计划和程序的满意度					
独立设计和规划行程的能力					

我们在任务1结束之后，对6个班级共200位学生进行统计，学生对

各知识点掌握的自评平均成绩为："旅游英语词汇和表达"，7.8分；"用英语与外宾沟通和解决旅行中问题的能力"，8分；"用英文进行旅游景点介绍的能力"，8.5分；"对外宾宣传本国文化的能力"，8.8分；"出国游的计划和程序的满意度"，9.5分；"独立设计和规划行程的能力"，9.2分。可见，学生在一系列任务的完成中，对语言技能和相关能力提升的自我效能感有了很大认可。

为了更具体地体现学习效果，本课程采用了反馈奖励机制。布置任务时，教师明确说明："本次活动结束，第八周之前欢迎同学以电子邮件的形式与教师交流本次活动的感想、收获和意见。分享的同学可以获得平时成绩加1分奖励。"受到激励，学生积极响应，对自己在任务执行中学习的知识、提升的能力、遇到的困难、寻求解决的方式等纷纷进行了总结，例如某同学的感想：

> 终于把任务1的PPT展示和报告都完成了，瞬间心中安定了不少。说实话，这是一个很新颖的活动，可我们在准备的过程中，真的是痛苦万分。为了节省费用，我们小组四个人前前后后几乎花了一整天的时间像个无头苍蝇一样在各个网站之间浏览，现在回想起来，还挺搞笑的。查着机票，我们都有一种想要一起出去旅游的冲动了。
>
> 虽然，我们也很尽力地想要做好，但是到了真正展示和聆听别人展示的时候，我们才意识到自己的方案还是有很多的不足。很多细节方面的东西，比如，景点与景点之间的交通，我们只是泛泛地查询了地铁线路，没有考虑到景点到地铁站的方式等。而且，为了省钱，我们很多小组都选择了许多不需要花钱但有些无趣的景点。又或者，有些小组想去更多的地方，就把一整天安排得满满当当，没有喘息的时间。这些似乎都让我们的出国行失去了应有的乐趣。而真正有过旅游经验的小组，往往在行程的节奏上安排得比较合理，更合乎实际。
>
> 总体来说，这次的任务让我们觉得有些烦琐，但是回头看自

己并不完美的方案时，还是有满满的成就感！之前，自己出去旅游的时候，总是在网上下载几篇别人写的旅游攻略就直接出发了。也许，下次，我会有更多的激情去做出一个自己的方案。

正如上述总结所述，学生们在体验中建立起旅行预算和开支概念，并且在与他人的方案对比时发现了自身不足，并找到了改进思路。这充分证明体验式教学带给学生的经验获得感，和与他者互相交流（小组内协商完成任务、与别组方案对比）带给他们的社会主体能力提升。从学生的分享中，我们发现基于中外学生共同体的体验式"旅游实务英语"课程改革达到了如下效果：

1. 体验使学生发现了社会主体间的他者

模拟真实社会场景下的任务凸显了中外学生主体间交流时中国学生的他者意识状况。如学生 A 和学生 B 在对任务 2 的总结中，反思了忽视"客户"文化背景而造成的商务交际失败：

学生 A 对任务 2 的总结：

介绍特色菜比如鸡翅时，很多外国人不喜欢，因为他们会觉得吃鸡翅很恶心。介绍的时候发现他们基本上都去过西湖，所以再介绍西湖就没什么意思。

学生 B 对任务 2 的总结：

我个人觉得这次的任务 2 活动还是蛮有意思的，虽说我们是英语专业的学生，但是我们平时和外国友人交流的机会还是很少的。这次活动给我们提供了一个很好的张开口和外国友人对话的机会。

起初说是要我们每个小组都和外国友人一起在杭州游玩一天，这个想法很有新意，但是的确可实施性比较差。而如果只是我们再做一份 PPT，一组一组去台上展示的话，不仅烦琐费事，而且又会与任务 1 出现雷同，白白浪费了一个好提案。所以，对于最后老师尽可能地满足我们的要求，邀请到了三个外国友人到我们班上和我们做面对面的交流这一点，我觉得特别棒。

我没有料想到的是，我们分到的外国友人很认真地看着我们，听我们讲，也会适时地提问。而且，还有一点我也没有料想到。我们都以为既然是"杭州一日游"，参加的外国友人肯定是刚来杭州或者是对杭州挺不了解的，所以毫不犹豫地选择了西湖这个杭州最具有代表性的景点。但事实上，我们组被分到的外国友人已经在杭州待了两年，去过西湖5次，比我去的次数还多。当得知这一点的时候，我们有点羞愧，觉得应该带他去不一样的地方才好。好在西湖真的好大好大，我们带他去的西湖南面的四个主要景点他表示都没有去过。

任务设计中，学生"导游"想当然地根据自己的感觉（特色小吃鸡翅外国人应该也喜欢以及外国友人肯定是刚来杭州或者是对杭州挺不了解的）为留学生"顾客"安排活动，这引起了交际障碍（外国人觉得鸡翅恶心以及他们基本上都去过西湖，不觉得有新鲜感）。"我们有点羞愧"这个消极的自我意识恰恰是积极建构他者意识的良好开端。与他者沟通成了学生的必修课，这也是我们建构中外学生学习共同体的初衷。在课堂上我们希望通过中外学者的充分沟通，达成对彼此的了解。A同学能够站在对方的立场移情考虑问题，"觉得应该带他去不一样的地方才好"，这是作为社会主体积极健康的人格体现。他通过沟通发现，"西湖南面的四个主要景点他表示都没有去过"，这才发现了他者真正的需求。

有了他者移情能力，才能尊重他者的意见，促成社会生活的成功。例如，留学生Mark针对任务小组的行程安排提出："能否将中间的休息时间和地点考虑在内，因为一整天都在步行会觉得疲劳。"以Mark的需求出发，小组A根据景点的地理分布，安排了白堤的观光椅、苏堤的钓鱼廊等处作为中途休息的地方。传统的"讲—听"单项传输课堂很难为一个人的社会移情能力提供发展机会。

2.体验使学生发现了社会主体间的自我

"平时成绩加1分奖励"的设计是为了最大限度激活学生作为社会主

体的意识和能力。表达不同见解是他们批判性思维的苏醒。如以下反馈是学生对任务1中其他任务小组的交通安排提出了不同意见，认为单纯为了省钱而坐火车，"舒适性很低"又"浪费时间"，并根据自己在执行任务中所查得的资料和经验总结，提出了改进意见："可通过团购的方式节省住宿开支，选择交通便利的旅店比选择廉价的交通方式更加省钱。"

老师您好，以下是我关于presentation的一些想法和建议。

今天刚做完我们组的presentation，发现有组员去过旅游地是比较有优势的。5000元的预算去远的国家不太可能，大部分钱都是花在机票上的，所以最好要提早买好特价机票。很多同学为了省钱都是坐火车，虽然花费少，但是舒适性很低，而且往往要坐一天，非常浪费时间。我的建议是，在当地一些场所消费的话，可以提前在淘宝或者其他各种网站团购，按我的实践经验来讲，是会优惠很多的。还有一点就是旅店地点要选好，最好是交通便利，下楼就有公交车站的那种，这样又省钱又方便。

更为可贵的是，学生对两次任务的组织形式、评估手段等提出了自己的见解和意见。学生通过这种方式积极参与课程建设，把自己也看作课程的教学主体，在和老师商量的过程中发挥了积极的社会主体功能。如以下两位学生的反馈：

反馈1：

收获 & 感想：

1. 从各组同学选择不同的目的地中认识了许多国家，特别是东南亚国家的风土人情，为自己以后自由行提供了许多选择；

2. 以前从来没有想过穷游，这次学会了好多节约经费的小窍门，非常实用；

3. 有趣的作业，可以堪称本学期最认真完成的一次。

小建议：

1.每个组的 presentation 时间安排可以再延长一下，让大家充分发挥；如果考虑到课时安排，可以运用计时器，倒计时掐表。

2.经费可以增加，这样选择的地点也可以不仅限于东南亚这块了，使大家的攻略不至于都比较相似，可以增加一些趣味性。

3.大家的打分和评价可以在汇报的小组一一解释、反驳之后上交，不然无法进行修改；

4.打分系统可以细化，这样打出来的分不会相差太大，可以提高公正性。

当然，这项作业趣味性很强，也很考验团队协作的能力，我们都还挺喜欢的。

反馈 2：

老师：

您好！

本周顺利完成了任务 2 的作业，在此发表一下自己的小感想。本次任务主要是介绍杭州具有文化特色和代表性的景点，首先范围具有一定的局限性，同学介绍的行程都大同小异，不免会让外国留学生感到枯燥，不利于其做出客观的评价，建议目的地范围可以扩大，使行程可以更具特色，也可以让外国留学生多了解中国的文化。其次打分具有一定的主观性，例如本周课上来了两名外国学生，其中一名是新同学，有同学反映这名学生打分明显宽松，基本打满分，而另一名同学则相对严格，这不免有失公平。

最后，很开心可以和老师度过这一个学期，我也从中收获了不少实用的旅游知识。

学生们不仅表达了对收获的积极感受，提高了自我效能感，而且对本次任务的组织形式、评分操作表达了自己的观点，并提出了建设性意见。针对任务 1，学生提出了任务展示的时间安排问题，也建议运用计时器保证时间公平；他们提出评价建议：为了能根据意见有针对性地修改自己的旅行计划报告，"打分和评价可以在汇报的小组——解释、反驳之后上交"。关于任务2，学生不仅指出了不同学生的行程设计雷同的问题，而且"建议目的地范围可以扩大，使行程可以更具特色"。建设性的意见说明学生的主体意识复苏，同时也把自己定位为积极的、负责的社会活动建构者。反思不仅是对所学知识的"温故知新"，更是对自身社会角色和角色发挥的反省和建构。社会主体角色对于社会活动的主动建构（如课程设置等）要求教师重新定位自身角色，走出传统知识权威，与学生建立平等的对话关系。

3. 体验使学生提高了社会主体间沟通能力

社会主体能力主要体现为社会主体间的交往能力、处理事件的能力、协作能力等。两次体验任务使得中外生生、学生与企业等多元主体深度卷入，社会互动真实展开。首先，中国学生与外国留学生就线路设计的诸多细节进行探讨、商榷，培养了学生的跨文化交际能力、搜集和整理信息的能力；学生为获得资金支持和技术支持与旅行公司、酒店等进行协商和沟通，是对其社会交际能力和商务洽谈能力的提升。这些真实的社会情景帮助学生更好地体验并分析学习中的影响因素，更加准确地把握影响体验诸要素和环节之间的运作方式，对于我们有效地实施体验式教学起着关键的作用。情景越真实越能够唤起学生情感的共鸣或者冲突，越能使学生及时意识到问题的存在并进行有效的纠正和改进。学生通过"旅游实务英语"课程课堂上这一微小的社会场景的体验、学习和适应，实现了社会人格的完善和提高。如以下学生在反馈中表达了这一点：

> 这次活动非常有意义，行程路线设计比上次要容易一些，但是与上次不同的是这次是以交流的形式展开，面对外国友人进行"杭州一日游"的介绍还是很有难度的，我和团队里的其他三个小伙伴是想尽了各种办法使老外听懂、理解，比如给他看图片，用手比画，等等，真不容易！此外，我们对杭州这座城市也有了更深的了解，相比较上次的任务1而言，这次我们做的时候更加有经验了，同时，这也是一次很好的与外国人交流、锻炼口语的机会。总的来说，这次活动是挺成功的！

学生也在为活动拉赞助的任务环节中，体验到了作为社会主体的旅游公司及其他企业单位的立场。在与社会其他主体的互动中，学生不仅学习到了社会沟通和交流的技巧，而且不断总结规律，并将这些规律再次应用于实践中，每一次的改进不仅是社会经验的丰富，也是社会人格的提升。如第三小组在数次与旅行公司沟通失败后，在网上搜索了拉赞助的流程，然后递交了一份详细的项目报告（见表5.12）。

表 5.12　学生任务成果展示

一、项目意义

1. 本教学实践活动的行程设计和景点、杭帮菜的英文介绍可以为旅游公司所用。

2. 本教学实践活动计划邀请电视台作为新闻播出，可以为旅游公司做间接宣传。

3. 本教学实践活动能为旅游公司定点培养潜在的跨文化导游人才。

4. 本教学活动设计的出国游行程（包括机票、宾馆、吃住行）也可为旅游公司做参考。

二、项目内容、目标及可行性

1. 项目内容：

（1）学生小组作业（四人为小组），为外国游客设计"杭州一日游"行程，包括交通、景点、购物、午餐等元素。

（2）为设计中的旅游景点以及午餐中的杭帮特色菜设计英文介绍。

（3）每小组为我校一名留学生做"杭州一日游"的导游，实现设计的行程和介绍。

（4）通过问卷调查，由留学生为小组的设计和导游表现进行打分。

（5）整理各小组设计的旅游路线和景点英文介绍成册。

2. 目标：

（1）通过本次导游活动，使国外游客对杭州文化有全面的了解。

（2）通过本次设计和实践活动，培养本院英语专业的学生运用英语进行跨文化交际的能力，尤其是对外宣传和推广本土文化的思维和能力。

3. 可行性：

（1）小组成员均为英语专业学生，具备较好的英语基础，能够比较容易地解决项目过程中所遇到的专业问题。

（2）指导老师有多年的旅游英语教学经验和丰富的学生科技活动指导经验，能对项目进行更专业的指导，有利于我们研究的开展和深入。

（3）团队成员均对项目有极大的热情，在前期已对杭州的景点和杭帮菜的英译有丰富研究。

（4）有丰富的资源可以利用，如学校图书馆及浙江省图书馆有丰富的文献资料可供研究，互联网的丰富资源可以有选择地利用。

学生通过搜集网络上相关信息和写作模板，也总结了商务沟通技巧。例如，学生撰写"项目意义"的第4点时，从旅游公司的利益点出发，博得了旅游公司的认同。这不仅适用于旅游商务场景，在其他商务谈判、跨文化交际等社会场景中都适用。这种以他者为出发点的交往实践提高他们的社会生活能力。

4.体验使学生提高了社会主体间的合作能力

任务提高了学生的合作性主体间社会能力。留学生 Mark 针对中国组员的任务表现提出 "These girls needs to be cooperated more united and efficiently"。该意见对任务执行过程中的团队合作能力和表现提出了质疑。这一能力恰恰是传统的课堂教学中难以体现的。虽然两次任务均是小组作业，但大部分小组在执行过程中表现出分工大于合作的行为，小组成员更专注于完成分配给自己的任务，最后将四人的成果简单合并。因此，"客户"感觉到缺乏成员之间的沟通，产生了问题之后就不知所措。学生收到"客户"的不满后，能主动意识到这一薄弱点并产生想要改进的意识，这不仅仅只是团队合作能力的提高，更是社会人格的成熟。

三、结语

"旅游实务英语"课程教学改革将课程目标升华到社会的人的培养层面，这是与英语专业的人才培养目标相一致的。将传统的知识点记忆和语言训练融入到真实的旅游商务场景中，学生以任务驱动模式能动地、自主地进行跨文化沟通和旅游实务体验，并在实践中，不断自我修正、完善自我，真正作为社会主体，知行并进。

体验教学不是具体的教学方法，也非具体的教学模式，而是一种教学理念。它在本质上是主体间性教育理念的具体表现，并将其在多种形式中加以延展，赋予其社会性。体验教学并非停留于掌握某一知识点或提升语言技能，而是通过体验，来提升学生作为一个社会的人进行社会生活的综合能力。

第六章

培养思辨的人：
"英语写作"课程评价体系教学改革行动①

一、课程介绍

为了培养与经济社会相适应的人才，《中华人民共和国高等教育法》（1998）明确规定：高等教育应培养具有创新精神和实践能力的高级专门人才。在此精神指导下，高等学校外语专业教学指导委员会英语组于 2000 年重新修订了《高等学校英语专业教学大纲》，并在其中明确指出，英语专业应培养具有创新素质的复合型英语人才，其内涵是，扎实的基本功、宽广的知识面、一定的相关专业知识、较强的能力和较高的素质。也就是要在打好扎实的英语语言基本功和牢固掌握英语专业知识的前提下，拓宽人文学科知识和科技知识，掌握与毕业后所从事的工作有关的专业基础知识，注重培养获取知识的能力、独立思考的能力和创新的能力，提高思想道德素质、文化素质和心理素质（高等学校外语专业教学指导委员会英语组，2000）。其中，独立思考的能力和创新的能力要求学生应具备敏捷性、灵活性、批评性、

---

① 本章行动研究的部分成果见《外国语文》2014 年第 4 期《英语写作同伴互评双螺旋模式》和《山东外语教学》2010 年第 5 期《外语创新能力发展：基于博客的英语写作评价体系重构》。

独创性、探索性和多向性的思维品质和思辨能力；英语专业教学应提高学生解决问题的实践能力，包括与人沟通的能力、与人合作的能力、善于向他人学习的能力、组织能力、决策能力以及处理复杂问题的能力。可见，外语思辨能力是新形势下英语全人教育的目标之一。我们尝试通过英语写作的评价体系创新，探索基于英语写作教学平台发展外语思辨能力的有效途径。

　　"英语写作"系英语专业核心必修课，是英语应用文写作和学术英语写作的先修课程。作为技能课程，它以培养学生英语遣辞造句、段落写作、篇章布局等能力为教学目的；其教育目标则以能力为导向，不仅在觅材取材、逻辑铺排、文体选择等构思过程中培养学生思维判断能力，并在四种题材写作中培养四种思维能力：提出观点和严谨论证的思辨能力、清楚条理的说明能力、生动的叙事能力和细致的语言绘画表述能力。"英语写作"课程的教学改革行动,重点关注议论文写作教学,以培养学生思辨能力为导向,通过自评、互评和教师评阅等重要评价环节，建立主体间性写作评价体系，培养学生的综合评价能力，即思辨能力；同时，在与人合作的过程中，培养沟通能力，以及提高解决问题的实践能力。

二、走向思辨的写作评价

（一）评价与写作评价

教育学和哲学阐释学给予评价不尽相同的界定：

　　评价就是对一定的想法（ideas）、方法（methods）和材料（material）等做出价值判断的过程。它是一个运用标准（criteria）对事物的准确性、实效性、经济性以及满意度等方面进行评估的过程。（布鲁姆，1987）

　　评价是不同的评价主体在衡量和判定人或事物的价值满足自身需要时建构话语以及对其进行解释的过程（胡福贞，2002）。

不同学科对评价的界定侧重不同，但都强调：评价是运用满足自身需要的标准，对被评价的人或物进行判断。判断的过程也是评价人建构意义并对其解释的过程。综合以上对评价的理解以及写作活动的特点，我们对写作评价做出以下工作定义：

写作评价是主体对写作者所表达的思想（ideas）、思维组织方法（methods）以及语言材料（material）等做出判断的过程。它是评价主体以自己所掌握的写作知识和思维认知为依据，对习作观点的明确性、发展性、充分性，逻辑的连贯性，信息的衔接性，语言的正确性和修辞性等有关组织和内容方面发表自己的看法，由此构建评价性话语，并对自己的评价进行阐释。

由此可见，写作评价是由评价主体、被评价者、被评价文本和评价话语四个情景要素构成的思想碰撞场所。理想的评价具有评价的多元性（评价方面多）、多维性（评价主体多）、多面性（评价手段多）、主体间性（评价主体间进行磋商意义）和建设性（评语有利于学生思维发展）。从这些特性可以看出，评价主体应具有的思维品质有对他人观点的批评性眼光、独立于他人观点的独创性看法、对他人提出问题的探索性思考、对同一问题的多向性思维；评价主体构建自己的思想并做出相应解释，以达到说服对方的目的，他需要的是合适的沟通方式、组织能力和处理复杂问题的策略。因此，培养学生参与有效的写作评价是外语专业培养学生思辨发展的可能路径。

（二）主体间互动的思辨性评价

写作评价活动，作为写作教学非常重要的一个环节，其评价功能、评价主体、评价主体与被评价者之间的关系、评价文本特征以及评价效果，都受到那个时期的培养规格、教师角色和教学模式等的影响。

自 20 世纪 50 年代到 70 年代中期，英语专业的教学模式基本上是英语学习＋英语知识（英美文学＋英语语言知识）（何兆熊，2004）。这种模式在相当长的时间里奠定了我国英语专业教学以听、说、读、写、译的技能训练为主，辅以语言文学知识和基本理论传授的格局。在以语言技能为中心的教学中，教师的主导地位得到空前重视。写作教学中，教师的主导作用贯穿于写作技巧讲授、范例分析、学生写作、批改作业等绝大多数环节，这决定了英语写作的评价主体是教师，他 / 她使用"终结性"的评价话语对习作成品进行评价，忽略了学生意义建构的过程，因而表现出评价的单向性（教师对学生进行权威评价，忽视了学生的参与）、单一性（教师是唯一的评价主体）、单调性（受工具性培养规格的影响，评价着重于选词、造句、组篇等技能方面）、评价话语消极性（受准确性、规范性等语言培养要求的影响，负面批评偏多）。学生（被评价人和其他学习者）在评价活动中缺席，影响了写作任务的延续性，不利于学生思维的发展，相当部分的学生看完评语和分数就把作业搁置一边，极易产生思维惰性。

近年来，随着人们对外语教育培养规格的反思（胡壮麟，2002；何兆熊，2004；胡文仲，孙有中，2006），外语界基本达成共识：英语专业应该回归人文学科本位，致力于培养英语技能熟练全面、人文素养深厚、知识面宽广、具备批判性思维和创新能力、具有社会责任感、能够较快适应各种工作的人才。

随着教育理念的更新，外语写作教学以及外语写作评价系统也发生了认识层面的深刻变化。与新世纪创新人才培养的要求相适应，学生成为教学和教育的主体，教师成为指导者、组织者、激励者，因此评价主体从具有绝对权威的教师扩展到所有学生；评价双方从主客对立走向平等对话的主体间合作。写作不再是关于写作程式的讲授、练习和模仿，而是作者使用批判性思维进行逻辑推理，并选择合适的语言形式表达思想的过程，因此评价的内容从选词、造句、组篇等具体的写作技能，拓展到意义磋商等思维创新层面。它要求写作评价从对写作成果（product）的关注转向对写作过程（process）的关注，评价不再是写作活动的终结，而是写作活动的一个促进环节，评价过程因此由静态走向动态，成为评价双方视界的磋商和融合，即写作评价更强调学生思维的发展性。

发展性评价是针对以分数、等级、奖惩为目的的终结性评价的弊端而提出的。它强调人的内在情感、意志、态度的激发，着力于促进人的完善和发展，是以人为本的教学评价。这种评价有利于扭转外语专业人员的"思辨缺席症"（黄源深，1998；"入世与外语专业教育"课题组，2001）。具体而言，发展性教学评价强调评价主体多元化，主张使更多的人成为评价主体，特别是使评价对象成为评价主体，这样的写作评价活动让更多的人参与到思辨活动中，评价对象不再是被动地接受分数或等级形式的批评，而是在与别人的磋商中自我反馈、自我调控、自我完善、自我认识，因而有利于学生对问题进行不断的探索性思考、对同一问题进行多角度思考；而评价主体（特别是其他学生）在构建自己的批评话语，以自己已有的认知为视界考量他人观点时，会更加注重评价的理性和合理方式。发展性评价过程中，由于不同主体判断价值的差异，学生在思想较量中，视域变得更加开阔。发展性写作评价的主体间性强调同作为主体的评价者与被评价者的主动参与、相互信任以及共同进步，关注主体间的有效沟通。

三、同伴互评教学改革行动

同伴互评是"个体对于水平相近的同伴的学习结果在完成的数量，水平，价值以及质量的意见"（Topping，1998）。写作教学中的同伴互评是学生们相互交换自己的作文，进行评阅，并提出修改建议的写作教学活动，对写作教学大有裨益（Jacobs et al.，1998；Nelson & Carson，1998；Tsui & Ng，2000；Hu，2005；Yang，Badger & Yu，2006）。作为一个学习过程，它提高了学生的读者意识、写作认知和合作能力，它促进写作不断完善，让我们知道自己的思想经过了怎样的渗透、塑造和打磨（Tsui & Ng，2000）。同伴互评将学生置于最近发展区，"学生现有发展水平由个人语言生产决定，潜在发展水平是他和教师或同伴协作的语言生产决定的"（Vygotsky，1978）。同伴（作者/评价者）在呈现/理解观点、构建/审视论证、合作完善思想和思想表达时，参与互动的学习过程，同伴协作帮助彼此的潜能得到最大限度的开发和提升。更重要的是，同伴互评的过程伴随着判断、说理、辩护、举证等思辨要素，既是一个思辨互动的过程，更是一个提升思辨能力的过程。

　　然而，同伴互评也并非安全。首要挑战是同伴之间的不信任（Nelson & Murphy，1993；Tsui & Ng，2000），同伴不被视为权威的来源。第二个挑战是同伴互评的质量不高（Nelson & Carson，1998），互评内容主要发生在词汇和句子层面，很少涉及文章结构和思想。

　　这个"非安全"地带，恰恰是思辨培养的关键地带。同伴不信任的根源是同伴的非权威性身份。权威身份被看成论辩的诉求手段之一，例如在中医论述中，只要提到张仲景、李时珍等权威，他们关于病理、药效的论述就免检。在教育场域，教师扮演了权威者角色，教师的评价也常常被学生不加批判地接受；如果评价来自学生，被评价者就多了一层质疑。这种质疑和不信任在某种程度上是积极的，甚至具有建设性，因为它透露了一种平等交流的态度和勇气，激发学生评价者和被评价者提供更加确凿的证据、更加严密的逻辑来说服和反驳对方。在此过程中，双方的思辨能力得到了实质性的提高。

　　本课程着眼学生的思辨能力，进行"英语写作"同伴互评双螺旋模式的教学改革行动研究。

（一）教学改革行动

　　本研究持续一个学期，共16周（90分钟/周），以议论文写作教学为主，该课程旨在帮助学生学会如何形成观点、发现证据、严密论证、连贯组织思想。课程内容涵盖主题句写作、论据发现、观点发展、思想连贯与文体等内容。该课程另一重要任务是发展学生评价能力，提高学生的思辨能力。该研究的参与者是来自华东地区某大学的70名英语专业大二学生，绝大部分学生在大一或高中阶段的写作练习中几乎没有同伴互评的经历和经验，他们的习作基本上由教师来评价。

　　1. 建立评价认知

　　行动建立在对行动的正确认知上。为了使学生建立起对评价的正确认知，我们从评价的主体、方式、内容与态度等方面对学生进行培训。

　　根据认知发展理论，学习是发生在社会互动中的并由社会互动调解的一项认知活动，而非个体的、独立的活动（Vygotsky，1978）。本研究建构的着眼培养思辨能力的主体间性写作互评模式涉及评价主体、评价方式和评价内容等因素。各因素动态互促，以最大限度促进学生的思辨评价能力，并以此建立同伴信任，最终通过同伴的主体间互助提高写作能力。

1）评价主体

评价主体指对学生的习作做出评价的人。在以技能为中心的传统语言教学中，教师具有绝对的主导地位，也是学生习作的唯一评价人，这种情况随着现代教育学生观的确立得以改观。本实践研究高度重视教师和学生同时作为评价主体的角色，强调其主体间性特征：学生作为主体既是学习者又是帮助者，他们不断学习如何对同伴的习作做出评价，并给出建设性帮助；教师更多扮演指导者的角色。例如，当同伴对分论点间层次关系感到困惑而找不到根源时，教师的任务是指导学生从逻辑学的逻辑分类视角检视观点间的关系，并以此提高学生对连贯问题的判断能力，拓展其解决问题的思路。为了让学生充分发挥主体功能，重视同伴互评过程，以严肃认真的态度参与互评，本研究把同伴互评的质量和态度作为平时成绩的一部分，通过"成绩捆绑"（劳动和成绩共享），促使他们结成"主体同盟"。

2）评价方式

面对面的评价和书面评价都是意义建构的社会互动。为了全面观察学生的反馈过程，确保同伴互评的效果，本研究要求同伴做出书面评价，同时被评价方也要做出相应的书面反馈，他们互动的质量、态度会得到教师的再评估和发展性建议。教师课前分析同伴互评，并对评价中的共性问题、典型问题进行识别和分类，作为范例参与同伴互评课堂讨论和示范环节。课堂上，教师鼓励全班同学针对范例进行面对面的集体评价，在充分发现学生认知状态和评价思路的基础上，教师半展示性地引导学生从理论高度发现问题根由并思考解决问题的办法，这些理论涉及经典修辞诉求理论、逻辑三段论、语用逻辑谬误以及转换生成语法等语言学理论。

3）评价内容和态度

针对同伴互评常常局限于词汇和句子层面、几乎很少关注观点发展的问题（Nelson & Carson，1998），本课程明确要求学生首先关注宏观问题，如读者、目的、结构、连贯等，然后才是句子、词汇选择以及标点等。也就是说，将同伴的注意力更多地引向对写作思维的关注上。评价态度指学生对其同伴的文章应该有的态度，它在一定程度上影响着同伴间的关系和协作效果。我们要求学生发现同伴习作的弱点，成为严格的评论者；更鼓励他们发现习作的优点，成为友好的帮助者。评价应具体实在，如"the example is convincing in that the detailed description of the setting and action makes the story sound authentic"和"the argument confused me here for lack of evidence"；而概括、空洞的评价如"your essay is good"是不被鼓励的。

2. 课堂培训

同伴互评不可能经过"一次性训练"（Lockhart & Ng，1995）就被学生掌握，它需通过整个写作课程，在老师的不断督促、指导下，日臻形成习惯，提高互评质量。以写作能力和评价能力为导向的课堂训练共历经 16 周，课堂培训模式如图 6.1 所示：

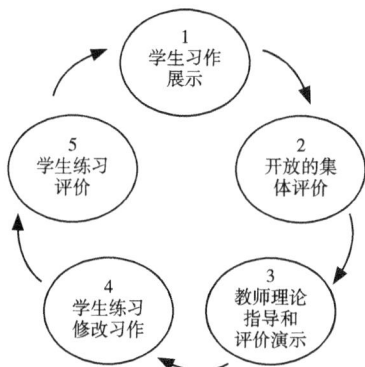

图 6.1　同伴互评课内训练模式

写作互评模式的循环始于全班共同参与的作文讨论，任何关于习作的宏观结构或者微观语言方面的问题都受欢迎。我们鼓励学生提出疑问，允许他们在给出同伴互评时查字典、查找参考书，开展讨论。教师的角色之一是提供对他们的判断有决定性帮助的理论指导。写作课程是实践性而非理论性的课程。因此，理论介入应该简洁且立竿见影。任何和观点表达、思想铺陈相关的东西都可能是我们的理论来源，例如语言学、修辞学、文学批评和绘画艺术。在展示理论对习作问题发现和问题解决的有效性后，我们鼓励全班立刻进行习作修改和评价练习，立竿见影的效果会加强他们对理论的信服感，同时让他们的评价变得理性，提高他们作为评价主体的自信。

表 6.1 是我们利用系统功能语法的"主位 – 述位结构"概念评价习作连贯性的一个训练演示片段。

表 6.1　训练演示片段

课堂范例	课堂环节	教师指导
Now would you please read the following paragraph by one of you on the topic "A Letter to the President?" Is there any problem? *(Sample) But there are still some problems I want to tell you. At first, I want to say something about our dining rooms. Although we have more than one dining room, it's still very crowded. In addition to that, I want to say something about the construction behind our dormitory. We are often waken up by the noise. It affects our life seriously.* (after 2 minutes' discussion)	学生习作展示开放评价活动	教师给出明确指令：仔细阅读习作，找出其中存在的问题。讨论时间为 2 分钟。
Yes, one of the problems is that the writer's idea is not stated clearly or directly enough. What causes the problem? ... One concept can help you find out the cause, the concept of "theme" in Halliday's Theme-Rheme theory. Theme, according to Halliday, is the first element of a clause; it is the starting point of a proposition and the thing we are talking about. Rheme is the development of the theme, which carries the most communicative dynamism and shows what the writer is concerned with. Now, tell me the theme of every clause except cohesive ties? (After 1 minute's discussion)	教师理论指导和评价演示	学生讨论之后，教师给予指导，介绍系统功能语法的"主位 – 述位结构"概念及相关理论知识，帮助学生针对习作连贯性进行评价。讨论时间为 1 分钟。

续　表

Yes, you are right. Most of the themes are covered by *I* or *we*, but not *the problems*. That's why you feel the ideas unclear and indirect. Now what should we do? (Students' voice: Change the themes into specific problems.) 　Right! Let's put *the problems* at the beginning of the clauses, directly followed with controlling ideas. So, we get the following: *First, our dining rooms are crowded ... Second, the construction behind our dormitory is noisy ...*	学生练习修改习作	学生讨论后，教师根据该习作，再次详细论述如何运用系统功能语法的"主位－述位结构"概念对文章进行点评，引导学生思考改进方案，进而改写习作。
To improve your responding ability, would you please re-comment the original paragraph concerning firstly what the problem is, and secondly what causes the problem? (2 minutes later) 　Here's one sample from your comments: *The viewpoint does not seem clear enough, for the themes, the starting points of the clauses, are conquered by "I" or "we", rather than the problems themselves.*	学生练习评价	要求学生不仅仅只是学会修改习作，还要了解导致问题的原因，以此帮助学生提高评价水平和能力，并学会写如何书写评语。讨论时间为2分钟。

3. 课内外同伴互评

学生作为评价主体，教师作为指导者，互动的社会学习以书面和口头形式发生在课堂内外。不同的角色、时间、空间和互动形式形成了一个三维、动态的和螺旋上升的同伴互评教学模式（如图 6.2 所示）。

图 6.2 演示了评价教学和写作学习的过程。学生 A/B 对学生 B/A 的第一篇习作（B1/A1）做出评价，教师评估习作 A1/B1 以及同伴互评。在全面研究和仔细准备的情况下，教师在课堂上鼓励学生充分讨论，并介绍相关理论和评价演示。在二稿——A1'/B1' 中也反复此过程。最后，形成学生 A 和 B 第一篇作文的终稿——A1* 和 B1*。其后的习作 A2/B2、A3/B3、A4/B4、A5/B5 等都按同样的步骤进行。从表面上看，各稿修改和新稿写作时，学生似乎回到了起点，但是这一稿凝结着同伴的帮助、教师的指导和自己

的反思，因而以螺旋方式上升到另一层次。

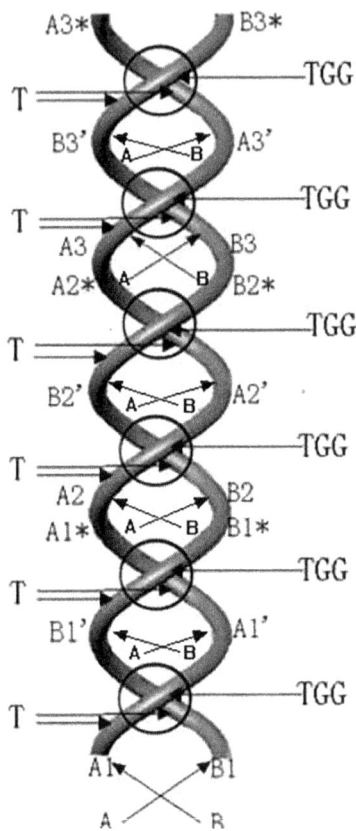

图 6.2 同伴互评双螺旋模式

备注：　A：学生 A；　　B：学生 B；　　T：教师

 互动性质的同伴互评

A(1,2,3)/B(1,2,3)：学生 A 和 B 的第一、二、三篇习作的第一稿

A(1,2,3)'/B(1,2,3)'：学生 A 和 B 的第一、二、三篇习作的第二稿

A(1,2,3)*/B(1,2,3)*：学生 A 和 B 的第一、二、三篇习作的终稿

TGG：教师指导和课堂小组讨论

○：教师指导和课堂小组讨论的课内评价培训（详见图 6.2）

模仿生物 DNA 双链螺旋结构建构的写作教学模式，以思辨性评价能力为导向，具有以下特征：第一，它以学生的发展（写作能力和思辨能力）为中心，符合现代教育的学生观。第二，该模式具有主体间性：同伴间的互动促进有意义的学习，师生间的互动促进知识建构和思辨能力向着更高的水平发展。第三，学生的写作和思辨性评价能力以螺旋上升的方式进步，每一个新的起点都不是对之前步骤的简单重复，而是在自我反省、同伴帮助、教师提升下的不断进步。

（二）行动效果

评估双螺旋互评教学改革的工具包括学生习作跟踪，以及前测和后测成绩比较；数据为 420 篇学生习作和 2 次写作测试成绩。

跟踪学生习作和观察学生互评可以让我们直观地看到学生在思辨评价能力、同伴间信赖感的变化。为了了解学生评价能力的变化，我们从定量、定性两个方面追踪同一名学生的同伴互评。定量的观察关注同伴互评的正确率（即正确的同伴互评数量占评价总数的比例），定性的观察关注学生在宏观结构和微观语言方面的评价质量。

同伴信任的变化是通过观察学生在同一作文的修改稿中采纳同伴意见的情况。一学期内我们要求学生写五篇不同的作文，每篇两稿："A Letter to the President"，"Daydream a little"，"Watching TV"，"To Expel the Cheating Students"，"Whose Role Is Harder: A Man or a Woman"。我们追踪了第一篇、第三篇和第五篇各两稿的内容（共 420 篇文章）。为方便起见，我们只计算第一、三、五篇作文第一稿的正确同伴互评在二稿中被采纳的数量。通过除法运算，得出同伴意见采纳率，来反映同伴之间是否增加了信任感。

为了验证同伴互评模式对学生写作能力的促进作用，本研究设计了两篇写作测试。研究前，所有参与者被要求写一篇题为 "How to Live in Harmony with Your Roommates" 的作文。16 周后，这些实验参与者被要求写一篇题为 "On Occupying Seats in Library" 的作文。写作时间均为 30 分钟，不少于 300 词。

为了确保我们对学生写作能力变化评估的有效性，我们对前测和后测同时采用人工和机器评估，既避免人工评估的主观性，也避免机器评估对语言灵活性和思想丰富性的无法兼顾。我们邀请了 7 名英语写作教师按照英语专业四级（TEM-4）作文评分标准来评估前测和后测，两名教师评估同一篇文章，若他们打出的分数相差甚远，我们再交由第三位教师评估，平均分即最终得分。至于机器评估，我们采用由浙江大学外国语学院设计和研发的冰果英语自动作文评分系统。得到前测和后测分数后，我们采用 SPSS 17.0 来处理这两组数据，以观察前测和后测成绩是否存在显著变化。

1. 思辨性评价能力提高

通过追踪三篇文章的一稿和二稿，我们发现同伴互评的正确率有了显著提高，如图 6.3 所示：

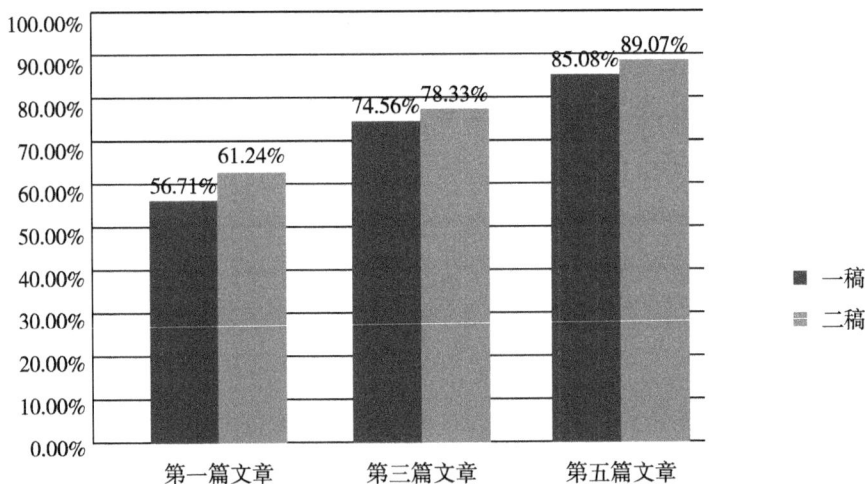

图 6.3 同伴互评的正确率

从第一篇到第三篇再到第五篇作文，同伴互评的正确率稳步提升。同一文章的不同稿和不同文章之间的正确率都有所提高。这表明，作为一个协作系统，该模式能持续地促进学生的思辨评价能力提升。究其原因，应该是教师对同伴互评的再评估，促进了学生评价在质和量上的提高；"成绩捆绑"（劳动和成绩共享）强化了学生作为评价主体的责任感，确保了他们的评价态度。

学生评价能力的变化还可以通过对同一名学生的评价发展得到定性描述。我们发现，学生突破单纯对微观语言的判断，对宏观思想结构方面的评价在数量和质量上稳步提升。表 6.2 和表 6.3 显示了学生 M 对学生 N 的作文评价的变化（数字是同伴互评者加上去的）。

表 6.2 学生 M 对学生 N 第三篇作文的一稿评价

学生 N 的习作	Student M's Response
① <u>Watching TV for long time is bad for health</u> As is known to all, watching TV for a long time ② will do harm to the watchers' health. However, people ③ <u>will</u> not realize how serious the result will be. Actually, it is harmful to our whole bodies! Firstly, to the eyes. Our eyes will be tired ④ <u>after watching</u> still for several hours especially the children's eyes. As a result, the people who have short sight are younger and younger. Secondly, to the spinal column. While watching TV, most people choose relaxing gesture ⑤ <u>to sit or lie on sofa or bed</u>. It's OK for a short time to enjoying but as time goes by, it will make your spinal column out of shape. Thirdly, to the brain. ⑥ Our brains stay <u>at the state that relaxed and lazy</u>. It's scientific that brains staying still for long time will decrease our IQ. Additionally, watching TV too much hurts our memory ⑦ <u>that means we will be easy to forget things.</u> Last but not least, people will be fat with snacks being eating during the TV-watching time! ⑧ <u>The only thing we can do while watching is eating.</u> That is unconscious and ⑨ <u>it's</u> terrible. As to what I mentioned above, it is not wise to watch TV for a long time. We can take a break during the advertisement time, look outside through windows ⑩ and even do some housework! Hope every watcher would enjoy both TV programs and ⑪ healthy! ⑫	① Pay attention to the form of the title; capitalize nouns and adjectives. ② "will" shows a future state, but it is a fact. ③ Use "haven't realized" to replace "will not realize"; another "will" in the same sentence is not correct. ④ What's the meaning of "watching still"? You'd better use "having watched". ⑤ The collocative relation in "to sit or lie on sofa or bed" does not seem appropriate. ⑥ It is wordy to use subordinate clause, and the clause is not correctly written. You may change it into "stay at a relaxing and lazy state". ⑦ Deleting "that means we will be easy to forget things" can make the sentence simpler. ⑧ "The only thing we can do while watching is eating" is too absolute. ⑨ You can delete "it's". ⑩ Using "or" to replace "and" would be better. ⑪ "healthy" is an adjective, and "health" is right. ⑫ The sentence structure is too simple; you'd better use more advanced vocabulary and complicated sentences.

表 6.3　学生 M 对学生 N 第五篇作文的一稿评价

学生 N 的习作	Student M's Response
Women Suffer More Than Men Physically	① Start with a saying, showing that women suffer more than men physically. Direct and clear, very good!
① A saying goes that a man spends several minutes to be father but a woman should devote her whole life to be a mother. That sounds funny, but it's true. There's no doubt that women have more pains	② Change "in physical" into "physically".
② in physical	③ The tenses in these sentences are not the same; it affects the sentence cohesion.
Every woman in every month has a special physical period. ③ During this time, almost every woman will suffer not only in body but also in mood. We have pain in our bellies, we feel cold even in a lot of clothes and we would be bad-tempered, irritable and impenetrable. That makes us be disliked by others and what's more, be unlovely and be hated by ourselves.	④ Good! The ideas are arranged in terms of the seriousness of women's suffering: from monthly period to giving birth to baby.
④ However, the most painful thing in the world is to give birth to baby. Each woman who wants to be a mother has to suffer from it. It's dangerous and the ⑤ extremely pain will make you want to die! ⑥ For instance, the owner of Taj Mahal, the famous Indian Queen, died during the time to give birth to a baby, so her husband built the Taj Mahal to remember their love.	⑤ We need an adjective here, but "extremely" is an adverb. "extreme" is right here.
What is more, even after giving birth to baby, most Chinese women have to suffer much. ⑦ They can't move much and have to stay inside, they would be fatter and fatter, even they would get older fast!	⑥ The example makes your idea convincing.
⑧ My Yoga teacher told us that women's life was divided into 8 stages: lovely, vernal, graceful, anxious, old, suffering and dying. More than a half of women's life is painful and the happy time is so short!	⑦ The three clauses are connected by "," which seems not right.
⑨ So, women should love ourselves, men should learn to love the women around you!	⑧ Yoga teacher's description of a woman's life is good!
	⑨ A natural ending Clear viewpoint! Excellent organization! Sufficient supporting details!

　　和表 6.2 相比，表 6.3 表明同一名学生（Student M）已学会从宏观视角对文章做出评价。在表 6.2 中，学生 M 的评价局限在微观的词汇和句子层面，如时态或措辞。在表 6.3 中，她的评价，除了措辞和语法，更多关注观点的宏观发展。第③点和第⑦点超越了句内的时态和连接，考虑小句间

的连贯和衔接。这表明学生 N 已经学着观察语言形式和观点发展的一致性。第⑥点反映了同伴互评者更多地关注观点的发展：哪些论据有说服力。第④、①和⑨点都是关于文章组织方面的评价：第④考虑到观点是如何安排的，"The ideas are arranged in terms of the seriousness of women's suffering"，这样的评论十分具体；第①点和第⑨点讨论了习作的开头和结尾的有效性。

另一个关于学生评价能力提升值得一提的事实是，学生的评价态度变得更加积极。在第①、④、⑥、⑧和⑨点中，同伴互评者学着使用具体的褒扬之辞评估他 / 她的同伴："Direct and clear, very good!" "Good!" "The example makes your idea convincing" "Yoga teacher's description of a woman's life is good!" "A natural ending"。评价的最后，他 / 她还像专家一样概括说："Clear viewpoint! Excellent organization! Sufficient supporting details!" 我们鼓励学生给出积极的评价，这样不仅能让他们对他人的习作有一个更全面的观察，而且还有助于在学生之间建立信赖感。

2. 思辨评价得到同伴信任

观察学生习作各稿，我们发现学生第一、三和五篇作文二稿中对初稿意见的采纳率从 61.96% 增加到 66.73%，再到 75.55%。这个变化表明，学生间的信赖感逐渐提高。其原因有两个：第一，教师的课堂理论示范和同学的模仿学习，增强了学生评语的理性成分，学生把对理论的认同迁移到对同伴的认同上，学生们更容易接受"专家"的意见。第二，不断的评价训练，特别是教师持续对学生评价的再评价以及课堂引导，提高了学生的思辨性评价能力，这种个人形象诉求（ethic appeal）具有极强的说服力，增加了彼此间的信赖。

3. 思辨写作能力提升

学生的前、后测成绩可以反映经过该模式的培训后学生写作能力的变化。配对样本 T 检验评估冰果英语自动作文评分系统和 7 位英语教师所给成绩的差异程度。表 6.4 和 6.5、表 6.6 和 6.7 分别是由冰果英语自动作文评分系统和 7 位英语教师打出的分数的糖 t 检验结果。

表 6.4　冰果英语自动作文评分系统所打的分数的配对样本统计量

	均值	N	标准差	均值的标准误
冰果前测	9.1429	70	1.73026	0.20681
冰果后测	10.7143	70	1.11827	0.13366

表 6.5　冰果英语自动作文评分系统所打的分数的配对样本检验

	成对差分					t	df	Sig.（双侧）
	均值	标准差	均值的标准误	均值的95%置信区间				
				下限	上限			
冰果前测—冰果后侧	−1.57143	1.43023	0.17094	−1.91245	−1.23040	−9.193	69	0.000

表 6.4 和表 6.5 表明：冰果前测（均值 = 9.1429，标准差 = 1.73026）和冰果后测（均值 = 10.7143，标准差 = 1.11827），$t(69) = -9.193$，p 值 < 0.05（双侧）在 −1.91245% 到 −1.23040% 的均值置信区间，均值增加了 1.57143 分。效应尺度统计量能够更直观地说明训练前后成绩的差异的显著度。

$$埃塔平方 = \frac{t^2}{t^2 + (N-1)}$$

$$= \frac{(-9.193)^2}{(-9.193)^2 + (70-1)}$$

$$= 0.55$$

埃塔平方值（0.55）表明效果显著，即双螺旋模式训练前和培训后获得的由冰果系统打出的分数存在显著差异，因为根据 Cohen (1998)，0.01 = 小效应，0.06 = 中等效应，0.14 = 大效应。

表 6.6　7 位英语写作教师打出的分数的配对样本统计量

	均值	N	标准差	均值的标准误
人工前测	8.8750	70	1.82413	0.21803
人工后测	10.4071	70	1.61131	0.19259

表 6.7　7 位英语写作教师打出的分数的配对样本检验

	成对差分					t	df	Sig.（双侧）
	均值	标准差	均值的标准误	均值的 95% 置信区间				
				下限	上限			
人工前测－人工后测	−1.53214	1.08006	0.12909	−1.78967	−1.27461	−11.869	69	0.000

表 6.6 和表 6.7 表明：由 7 位英语教师所打出的前测（均值 = 8.8750，标准差 = 1.82413）和后测（均值 = 10.4071，标准差 = 1.61131），$t(69) = -11.869$，p 值 < 0.05（双侧）结果在 −1.78967 到 −1.27461 的 95% 的均值置信区间，均值增加了 1.53214 分。

$$埃塔平方 = \frac{t^2}{t^2+(N-1)}$$

$$= \frac{(-11.869)^2}{(-11.869)^2+(70-1)^2}$$

$$= 0.67$$

埃塔平方值（0.67）表明效果显著，7 位教师评价表明，学生写作能力在训练后取得显著性提高。

表 6.8　冰果英语自动作文评分系统和英语写作教师所给的前测和后测分数的对比

	前测均值	后测均值	增加的均值	前测标准差	后测标准差
由冰果	9.1429	10.7143	1.5714	1.73026	1.11827
由教师	8.8750	10.4071	1.5321	1.82413	1.61131

表 6.8 表明无论是冰果英语自动作文评分系统还是英语写作教师打的前测和后测分数，学生后测的平均分都比前测的平均分高了 1.5 分左右。这证明了在使用了这个模式一个学期后，学生的议论文写作能力得到了一定程度的提高。教师评价标准差比冰果系统高，这表明人工评分可能在观点发展上给出更详细的反馈。

（三）行动反思

上述结论验证了 Berg（1999）的研究结果，"积极的同伴互评训练影响了学生的写作能力、修改策略……"通过对 420 篇习作的追踪和前、后测成绩比较，我们发现该模式促进了同伴互评能力、同伴之间信任和写作能力。

这些结果和教师理论展示、对同伴互评的监控以及"成绩捆绑"等一系列措施是分不开的。首先，简明、有效的理论展示为学生思辨能力提升提供了理性来源和理性指南,让他们能识别并解决一系列相似的问题; 同时，也让学生将对理论的信任迁移到对应用理论的人的相信。教师对同伴互评的反馈及建议不仅提高了学生认识到作文中存在的错误意识的能力，也鼓励他们更自信地给出同伴互评。"成绩捆绑"要求学生认真对待同伴互评、重视同伴互评的质量,因此,能够促进他们在同伴互评时的共同努力和责任，把他们从被动的被评价者转变成积极的评价主体。为了取得好的评价成绩，学生会更注意教师的再评价，努力让自己的习作更像是"专家"的手笔。这一"专家"形象以及他们已经提升的思辨性评价能力赢得了同伴信任。

提高了的思辨评价能力和思辨评价能力的同伴信任产生了积极的情感体验，促进了写作能力的提高。这种双向开放、协作的社会互动帮助学生充分发挥他们的发展潜力，即在最近发展区，学生除了教师的帮助，还得到了同伴的帮助，这一点在 Villamil & de Guerrero（2000）的研究结论中也得到了证实。提高的议论文写作能力（含逻辑思辨能力），也是以能力和信任为导向的为期 16 周的评价训练的结果。

以下是使用该同伴互评双螺旋模式时的三点教学建议：

第一，我们同意 Hyland（2000）的观点，在同伴互评整个活动中应建立民主、自由的氛围，给学生更大的自主性。哪怕学生只能隐约感觉问题存在，但不能指出具体错误时，教师也应该给予高度肯定，并给予有效的引导。教师的认同感有利于学生放下非专家的自我疑虑，自由抒发自己的见解。同样，教师对学生的评价应该积极且具体，这能建立作为评价主体的信心。

第二，应坚持"评价—监控—约束"机制。没有教师的监督，评价就会变得随意而无效；如果没有成绩管理约束，就没有主动、严肃的同伴互评态度。

第三，为了更好地帮助学生扮演评价者的角色，教师应当协助学生扩展评价策略，不仅包括全套的修正符号，还应该提供要求具体的评价量规（rubric），指导他们成为专业的写作评价专家，做到同伴互评与自我提升双丰收。

当然，我们也发现了一些问题：在互联网技术已经非常发达和成熟的今天，我们怎样才能让更多的主体突破时空限制共同促进思辨能力的提高呢？

（四）提升行动：线上同伴互评

我们进一步将同伴互评进行线上拓展，使多元评价主体能够突破时间、空间壁垒，又充分利用网络的开放性、交互性、及时性、共享性、拓展性，提升评价的思辨质量。

1. 多元主体：以开放而交互的网络平台促进思辨发展

"评价"一词的拉丁词源是"赋予权力"（to empower），即评价主体被赋予权力，按自己的价值标准对评价对象进行批评。写作评价作为一种话语建构和文本解释蕴含了一种话语权的归属和内在秩序的规定。传统写作评价赋予教师绝对的话语权，而被评价者处于被动接受的地位，处于结构上的沉默一方。而网络群组作为一个集开放性和交互性为一体的平台，由多个私人空间组成，在线人员的交流以发布日志的形式在公共平台内实现，任何人都可以参与交流。因此，基于网络的评价体系赋予每个在线学生平等的话语权力，写作者既是作者又是他人评价的读者，而评价人既在构建对他人的批评话语，又在接受来自其他评价主体的评价。

下面是 "Whose Role Is More Difficult to Play, Man or Woman?" 的习作片段引发的网络评价：

A：First, women are born to suffer more physical pain than men. A woman, in her lifetime, has to experience a process of being pregnant and giving birth to a baby. It's such a great pain that few people can bear. However, most women can't refuse to suffer from these pains that men do not have to do.

B：You use "has to","few","bear" to show the suffering of being pregnant and giving birth. However we don't have an idea how hard the work is. Would you please give us some details?

A：Yes. A pregnant woman is much likely to have some physiological reactions such as ... Actually I don't know English words for "呕吐"，"浮肿".

C：The following words relevant to pregnancy will make you writing more specific in content: 呕吐（vowing），浮肿（dropsy），腿抽筋（leg cramp），阵痛（labor pang），恶心（nausea），流产（miscarriage）.

A：Thank you! I believe with the above information, my second version will be better.

可见，通过网络平台，学生有了表现自我的时间与空间，激发了思维的活力，积极投入到知识求解和问题探究中；多种观点碰撞与交流，促进了思维向纵深发展。教师不再是作品权威的、唯一的、最终的裁定人，学生有权进行反思、质疑、反驳，彼此之间不仅仅是为了评价而对话，而是为了促成理解和促进思维。同伴反馈通过网络成为写作评价的重要形式，它有助于学生们发展批判性分析能力（Berg, 1999），因为这种反馈也鼓励学生在评价别人的同时对自己的写作进行反省。基于网络的写作评价打破了"师→生"的单向度的话语场，成为"师→生""生→生"间多向度主体间性的意义协商的话语平台，更便于学生在自由的空间里发展思维。

2. 对话关系：在及时而共享的网络空间丰富思辨工具

随着英语教育理念的更新，写作评价关系从主客体间的控制关系（享有绝对权威的教师对学生个体的学习评判）发展成为对话性质的主体间性关系（学生有权对教师和同伴的评价发表看法）。相应地，教师角色不再仅仅是学生学习的诊断者，更是学生思辨发展的导师，这是过程写作教学法（process-oriented approach）对教师新角色的呼唤。过程写作法在近 20 年来被教学界所推崇，因为它是一个循环式的心理认知过程、思维创作过程和社会交互过程，它强调写作者在写作过程中的自主性及交互性，提倡通过写作过程而学习写作，重视思想内容的挖掘和表达，旨在提高学生发现问题、分析问题和解决问题的能力（邓鹂鸣，等，2003）。它呼唤一种着眼于认知活动、交互活动、思辨创新过程的评价体系。

网络的及时性和共享性便于教师在对话性评价活动中发挥思辨导师作用。学生在网络环境下的评价活动、思想对垒、评价反馈以跟帖的形式及时展现于教师面前，便于教师观察学生思想生成的逻辑过程，适时地调节学习者的学习行为，通过多学科的思维工具引介、引导学生的思维发展，促成学生思维方法的科学化和多向化。

作为评价主体的学生常常在评价他人作品时发出这样的评价："第一段和第二段的内容好像有重复""总觉得说不通，但说不清为什么"等。这些 "好像""总觉得""说不清"的评价话语说明学生对于问题的认识尚处于感性认识阶段，如果不上升到理性认识层面，就很难从根本上帮助评价主体提高分析问题的能力，也无力帮助被评价学生提高解决问题的能力。教师利用网络这个可随时插入评价和具有空间延展性的平台，介入多学科的思维视角和工具，引导学生学会分析问题和解决问题。例如，

A：第二段写男人遭受的工作压力时写了来自老板、同事的压力，第三段写人际压力又写了这些内容，不妥吧？怎么改进我说不清楚。

B（教师）：这样的问题在大家的写作中非常普遍。这里存在一个逻辑划分的问题。逻辑划分是明确概念外延的逻辑方法。从形式上讲，它把一个属概念划分成若干个种概念。它由三个部分组成：母项（被划分的属概念）、子项（被划分的种概念）和划分标准（进行划分的依据）。逻辑划分符合三个重要原则：第一，外延相称（即子项外延之和等于母项的外延），否则会犯多出子项或遗漏子项的逻辑错误。第二，子项排斥（子项的外延必须互相排斥），否则会犯子项重叠的错误。第三，统一标准（如按国籍将人分成中国人、日本人、美国人等），否则会犯标准混乱的错误。试着把工作压力和人际压力分别进行逻辑分类。

A：工作压力可以分为与人有关的压力（老板和同事）、不与人有关的工作压力（工作强度、工作升迁等）。人际压力可以分为家庭内部的人际关系、家庭外部的人际关系（主要来自工作）。

B（教师）：很好！二分法往往容易做到外延相称。现在观察一下：把工作压力和人际压力并列作为"男人难"这个母项的并列子项有什么问题？重新评价一下原文吧！

A：原文在对头脑风暴的材料进行归类时，违反了子项排斥的分类原则，因而出现了子项重叠的错误。建议分为家庭生活中的压力和 工作中的压力；如果要涉及人际关系的话，可以在两个子项中说明有特质性的人际特点。

针对"说不通"的问题，教师跟帖点明其错误在逻辑连贯性遭到破坏，同时介绍破坏逻辑连贯的逻辑谬误类型（如以偏概全、推不出、类比失当等等）并辅之以恰当的例子，学生的评价性话语变得更趋理性："由于……，文中出现了循环论证（以偏概全、推不出、类比失当）的失误，如果……，文章的连贯性将有显著提高。"网络的共享性使得教师跟帖内容被群组成员及时而广泛地接受，我们随后发现大多数学生的评价中都出现了我们跟帖穿插的逻辑学、语言学（系统功能语法、语用学等）、修辞学、社会学等知识。具体的、独立的写作技能评价转变成整体和跨学科的评价，促成了学生思维向纵深发展。

3. 内容取向：借超链接的网络功能拓展思辨方向

如果说前面两个系统要素回答的问题是"'谁来评'有助于学生的思辨能力""怎样的评价关系有利于学生思辨能力发展（教师在学生思辨能力发展中的作用）"，这里我们要讨论的问题是"怎样的评价话语和话语价值实现方式更有利于学生的思辨能力发展"。

传统的写作评价是对学生写作技巧的学习效果检验，评价内容包括选词是否正确、句子是否符合语法规范、段落主题是否明确、内容是否连贯等方面，忽视了对学生写作过程，特别是思维过程的总体观照；评价话语的效果往往因为评价的单向性和终结性"无疾而终"。最根本的原因在于：我们对于外语写作的认识还停留在"表达"的层面上，即外语写作就是选择适当的语言资源表达头脑中已经存在的思想的过程。其实，写作作为重要的修辞活动是一个产生新知、发现思想的认知过程。西方古典修辞学理论可以归纳为"五艺"说（five canons）：觅材取材（inventio）、谋篇布局（dispositio）、文体风格（elocutio）、记忆（memoria）和演讲发挥（pronuntiatio）（Corbett & Connors，1999）。这个本来为演讲服务的理论，至今还影响着西方社会的言语交流。其中觅材取材（拉丁文为 inventio）本意即是"创造"与"发现"。写作的过程就是发现非艺术性证据（non-artistic arguments）和艺术性证据（artistic arguments）来支持自己论断的过程。非艺术的证据包括法律、事实、合同等；而艺术证据包括通过诉求于理性（logos）、感情（pathos）和个人形象（ethos）而发现的证据（胡曙中，2002）。传统的技巧取向的评价只能误导学习者重形式而轻内容，更轻思想挖掘。

　　着眼于外语思辨能力发展的评价话语应该有利于激发学习者对艺术和非艺术证据的发现。从技巧取向的 "to be" 提问形式（如 Is the diction proper? Is the paragraph unified enough?）发展为内容取向的 "wh-" 质疑形式（What brings about the decline of crime rate? How crowded the dining room is?）的评价话语有利于学习者思维向纵深发展。

　　基于网络的评价体系使内容取向的评价话语的价值更容易实现。充分链接是网络的强大功能之一，评价主客体之间可以及时地通过超链接从多种网络渠道找到证据支持自己的评价和论证，因而网络评价比书面或面对面的评价更容易及时得到思路拓展。例如，一个学生在作文中写道："电视上的暴力和色情节目会对少年儿童产生负面影响，这就是为什么会有越来越多的青少年暴力事件发生"。这个概括性的论断跟帖不断："为什么少年儿童容易受电视节目诱导？""越来越多是多少？"。

　　评价主体的质疑有助于被评价学生为自己的论点寻找艺术的和非艺术的证据。"为什么"指向"电视节目"和"少年儿童"的本质特性，没有这方面的专门研究，学生很难回答这样的问题，这是外语专业学生遭遇的写作瓶颈之一：该诉诸理性的时候缺乏理性知识。正如"入世与外语专业教育"课题组（2001）指出"外语专业人员思辨缺席症究其根源，大体是因为长期以来我们在观念上强调外语的工具性而忽视外语的人文性"。基于网络的写作评价引导学生利用网络的超链接功能，培养其人文思辨素养。针对上面的质问，学生利用超链接找到了社会学习论巨匠艾伯特·班都拉的观点、美国社会行为研究小组的结论、认知发展理论和传媒学理论。而"越来越多是多少？"显然指向"统计数字"这样的非艺术性的证据。这是外语专业学生写作遭遇的又一瓶颈：需要具体事实的时候只有笼统印象。网络成为学生可以借助的有力工具，通过链接权威法律网站，学生获得了近年来关于青少年犯罪的统计数字。

　　由此可见，内容取向的 "wh-" 质疑式评价话语促使学生走出对事实的表面认知（很大程度上是想当然），利用网络的强大的超链接功能便捷地进入别的学科寻找理性证据，进入生动的叙事寻找情感证据，求助法律、事实等寻找非艺术证据。外语写作不再是利用现有的材料进行思想表达，而是利用写作这个过程发展自己的思想。

基于网络的写作评价突破了评价的单向性，使得所有学生有机会、有权利成为评价主体，在开放的、交互的空间里进行思想交锋、意义磋商，形成独立而丰富的思想；基于网络这个媒介，教师在原有评价体系中的权威地位受到挑战，促使教师转变角色，成为学生思辨能力发展的导师；网络评价促使外语专业的学生突破专业局限性，拓展人文社会科学知识，利用链接功能将写作变成思想的发现之旅。

四、结语

"英语写作"评价体系课程改革将评价目标上升到对学生思辨性培养的高度，这与英语专业培养具有创新思辨能力的人才的目标高度契合。首先，通过不断拓展评价主体，从师生到生生，再到更加多元的网络社交主体群，写作者得到了质疑、辩论、反对、补充等多方"声音"，促使其在议论文写作中有更加严谨的逻辑。其次，评价方式，从集体口头评议到书面交流，再到交互平台，推动了互动互助的开放格局；评价内容，超越了语言表达，进入到思想模块，使得作文成为思辨交锋的场所，而网络的超链接功能能拓展了思辨的视域。

写作评价的教学改革真正促使学生成为写作思辨的主体，更是评价思辨的主体。这种思辨主体性建立在理性思维的基础上，在某种意义上可以解决英语专业学生思辨缺席问题，也有利于培养理性公民。

第七章

培养审美的人：
"英语修辞学"课程审美体验教学改革行动

一、理论思考

（一）审美教育

"学会生存"是联合国教科文组织对教育提出的要求。教育的"生存"目标并不仅仅局限于"做事"的知识和技能，而是着眼于开发人的理智、情感、美感、创造力和精神潜能，是培养完全人格以及和谐人格的全人教育（小原国芳，1993）。这种全人教育思想将审美教育同认知教育置于同等重要的地位。

审美教育是席勒（Schiller，1984）针对工具理性主义教育观提出来的。工具理性主义认为，教育是教育者按照一定的社会要求向受教育者的身心施加有目的、有计划、有组织的影响，以使受教育者发生预期的变化。这种施加与被施加的活动走向极端，无视教育主体，无视他们的生命意义和精神追求，而变成纯工业化、模式化的生产活动。生产性教育重科学，轻人文；重立竿见影的功利，轻润物无声的人本，黯淡了培养具有全面素养的人的终极目标，导致人的单一化、片面化和残缺化。

审美教育是解决社会问题的主要途径。（席勒，1984）它以人的全面和谐发展为理想，通过美育促使人的感性和理性达到和谐发展。席勒在《美育书简》（*On the Aesthetic Education of Man*）中提出，"道德状态只能从审美状态发展出来，而不能从自然状态发展出来""想使感性的人成为理性的人，除了首先使他成为审美的人以外，再没有别的途径"。在审美过程中，感性和理性达到融洽，而产生美的心灵，而且审美活动能为人的智力生活提供高尚情操，使人潜移默化地接受道德观念。

早在 1930 年，蔡元培先生在《教育大辞书》中说："美育者，应用美学之理论于教育，以陶养感情为目的者也。"他把教育分为两个层面：一是以德、智、体教育为途径的"现象世界"，培养服务国家政治、经济等的实用人才；二是"实体世界"的教育，即审美教育，它培养学生的精神追求，使学生具有一种对精神、对生命的终极关怀，即对主体世界的关怀。教育既要学习经世致用的实用性知识，更要把追求美作为一种人生理想，并将其浸润在思维方式和生活方式中，培养学生对生命的关怀。

审美教育是培养学生对人、事、物等的审美态度，即以无所为而为的精神，感受、体验美感。它不同于科学的态度，更不同于实用的态度。朱光潜（2004）说，实用的态度以善为最高目的，科学的态度以真为最高目的，美感的态度是以美为最高目的。在实用的态度中，我们关注人与事物的关系；在科学的态度中，我们关注事物间的相互关系；在美感的态度中，我们关注事物本身的形象。审美，远离功利和实用，凭借直觉全身心地感受、体验事物本身带来的美。

审美教育并不局限在音、体、美等艺术类课程中，即便是严谨的科学，也有审美属性，会刺激人的愉悦情感，从而提高人们对科学的兴趣和认知。彭加勒（Poincaré）在论及数学美时认为，数学的美就是感觉数与形的调和，感觉几何学的优雅。清华大学化学系硕士、美国明尼苏达大学材料学博士梁琰开办了"美丽化学"网站，目的是"希望形成一种独特的化学审美观，使化学之美亲切可爱，从而激发更多孩子和学生的兴趣"。通过他的网站，你可以看到：硫酸铜正在结晶，"在深蓝的底色中，棱角分明的细碎晶体仿佛凭空出现，不断生长、坠落，如同冰雹带雪；三草酸合铁酸钾结晶如松枝冲着灌木和草地轻摆；醋酸钠结晶则充满现代感，像城市里四通八达的高架桥梁"。

关于美是什么，经验主义认为美是愉快，古典主义认为美是形式的和谐，理性主义认为美是完善，启蒙主义认为美是关系，德国古典美学认为美是理念的感性显现。可见，生活中存在着各种各样的美，感官美、形式美、理性美、关系美，简言之，"美是生活"（车尔尼雪夫斯基，1979）。我们常说，生活中不缺乏美，只是缺少发现美的眼睛，"发现美"就是审美教育的任务。

审美教育指一种培养人认识美、热爱美、创造美的态度与能力的教育，它应该贯穿所有的教育内容和环节。"英语修辞学"课程加强审美体验设计，帮助教育主体树立审美态度和审美能力，建立我我、物我之间的和谐关系。

（二）审美主体间性

主体间性，与主体性相比，强调主体与主体之间的关系。当代美学不仅强调美学体验中人与人之间的关系，而且打破主客二元对立，认为世界万物不再是被作用、被观察、被感知、被改造的客体，它们与人一样是主体存在，有生命、有思想，能够能动地与人类主体发生作用。美学主体间性强调两者通过对话与倾听相互交流和理解，最终达到和谐发展。即在审美活动中，审美对象以其特殊的方式促发审美主体产生审美感受，并主动挖掘自我的联想、想象，和自己的经历做比较、类比，使审美对象与自我的审美经验融合，进入"物我两忘"的境界。

"情以物兴、物以情观"强调的是我与物因情而同一，即物我同情同构。物之情源自人将自己的精神生命赋予物，如"花溅泪"所表达的情来自伤悲之感的投射，"鸟惊心"所表达的情来自人因别而恨的投射。而"花溅泪""鸟惊心"更促发人对花和鸟的同情，两者你中有我、我中有你，形成物我不分、物我同一的审美共同体。

当然，审美对象是多层次的，特别当我们面对审美作品，如文学作品、音乐、书法时，审美对象是眼前的作品，是作品里的人与物，是写作品的人。我们读《红楼梦》，小说是直接的审美对象，它的形式激起我们对于作品的好奇，随之对其内容（如大观园里面的青春美好世界等）、对作者的生活和生命产生感觉和好奇。我们关注《红楼梦》里的人物，欣赏青春王国里少男少女的青春气息。在和作品中的人物对话时，我们尝试了解作者，感受到他对青春的不舍。

也就是说，我们不仅与审美作品（包括作品和作品中的内容）同情同构，而且与审美作品的创作主体形成审美主体间关系。创作主体以作品的呈现方式、内容首先激起审美主体的感官刺激，通过主体对已有审美图式（包括审美知识、审美经验、审美感觉等）的对比和类比促发审美联想和审美想象，进而过渡到审美批判和审美鉴赏。当审美对象与自己的审美图式吻合时，会产生审美快感；当审美对象与原有审美经验不一致时，可能带来审美主体"掩卷长思"或"掩卷深思"，而有"意外"的审美收获，这种审美加工，带来"掩卷忽而笑"；这种审美体验或否认，或改变，或丰富原有的审美图式。

这种审美创作者和审美读者之间的主体间性以作品为媒介。当两个主体共同将审美体验投射到同一个人或物上时，两者产生同一而融为一体。这一点我们不妨借助新修辞学的同一思想展开论述。肯尼斯·伯克（Kenneth Burke，1973）认为，人是由各种物质（substance）构成的，如性别、年龄、职业、经历等；不管人和人之间有多么不同，只要他们之间有共同的物质，就可以同体（consubstantialized），即达到同一（identification）。同一有三种形式：同情同一强调两者之间的共同点；对立同一强调两者之间共同的对立面；误同（inaccuracy identification）最具有移情性，人因受影响错误地把自己投射到对象身上而和对象同一起来（鞠玉梅，2005）。某产品广告中女主角舌尖一触巧克力便感觉被暖暖的爱包裹，观看者容易被她的幸福感所打动，并将自己的情绪投射到其中，体会一样的幸福，这种虚假的体会满足了观看者希望被爱拥抱的情感诉求，因而"错误地"认同广告产品的"幸福"卖点而诉诸购买行动。

审美作品就是激起作者和读者同一的媒介，他们因同一个审美对象而"同体"，并达到间接的审美互动。曹雪芹把自己对青春的留恋和祭奠以《红楼梦》的审美形式展现给读者，大观园里青春少年作为审美对象激起读者对青春的审美理解。读者根据自己的审美联想、审美想象、审美批判，或认同曹雪芹，或认同小说人物，与林黛玉、薛宝钗、贾宝玉同悲同喜；或不认同审美对象或作者，而发表自己对青春的看法，这都是和曹雪芹之间的一种审美互动。"一千个人眼中有一千个哈姆雷特"，不仅说明审美因人而异，而且说明在审美时我们投射主观经验，并在与审美对象之间的互动中发挥主体能动性，更说明审美主体（读者）和创作者（如曹雪芹、莎士比亚）之间永不停息的审美互动与情感交流。

（三）修辞的审美本质

审美是一种主观的心理活动，是人们对他者（人、事、物等）的美丑做出评判的一个过程。审美体验是大脑皮质从抑制到兴奋的过程，是相对稳定的审美经验的激发流动、重新组合的过程，是审美主体对审美对象进行聚精会神的体验时所感受到的无穷意味的心灵战栗（王军，1998）。俄国形式主义美学家什克罗夫斯基（Shklovskii，1998）说："艺术存在的目的，在于使人恢复对生命的感受。……艺术的目的，在于让人感知这些事物，而不在认知这些事物。艺术的手法使对象变得'陌生'，使形式受到阻碍，增加感知的难度和长度，因为感知在艺术中本身就是目的，因而必须延长。"

偏离（deviation）就是什克罗夫斯基所说的"陌生"或陌生化（defamiliarization），意指艺术的作用在于让人脱离自动化状态，并通过延长信息处理的时间来产生审美感受。布鲁姆（Bloom，2002）说："陌生性是一种无法习得的审美原创性，只有在少数天才作家身上才能产生，而只有莎士比亚等人才能把人情风俗的'陌生化'推向经典的高度。"修辞就是陌生化的必然结果。

偏离或陌生化强调的是内容或形式上对常情、常理、常事的背离，以表面冲突和对立造成陌生化，在给人以感官的刺激或情感震动的同时，促发人们感受冲突和对立造成的巧妙联系，联系的关键是了解被偏离的常规（convention）。

例如，短语"a grief ago"显然背离"ago"前置词为时间段的短语规则，这种冲突驱使我们在常规中发现非常规的巧妙连接。"ago"的前置词应为时间段，表达了一种可延续性、不间断性，如"five minutes ago"，而时间段的常规含义是时间从不停滞，时间的这种特性投射到"grief"上，使得忧伤（grief）具有了绵延、永不停滞的特性，表示令人忧伤的切肤之痛从来没有停止过；正如时间不可能结束，这种忧伤也会延绵不绝；当每一秒的滴答变成下一秒的"过去"，此刻的忧伤被下一刻的忧伤所驱赶。而到底忧伤是从什么开始的，则给了人们无尽的想象空间——大概就是分别后的那一刹那，忧伤便无休无止一直延绵。这种借由时间运动投射而带来的情感体验给读者以强烈的情感冲击，就是一种由偏离或陌生化带来的审美体验。

偏离和陌生化之所以可以产生审美效果，是人们对外界刺激的"趋新"心理。亚里士多德（Aristotle）曾用"惊奇""不平常""奇异"等说法来说明陌生化带给人的审美体验，即"给平常的事物赋予一种不平常的气氛，这是很好的；人们喜欢被不平常的东西所打动"。虽然陌生化是让熟悉的事物复杂化，但其目的在于让人摆脱习以为常，以全新的心态去感受语言和文字（张媛媛，2013）。

魏俊彦（2015）关于陌生化与美感的眼动研究为我们解释了陌生化或者偏离产生美感的认知学机制，即"随着陌生化程度的增加，美感先缓慢上升，在陌生化程度达到一定程度时，美感达到最大值；当陌生化程度到达中等偏强时，人们可获得最大的美感体验"。

偏离（deviation）和过度（overregularity）就是"英语修辞学"课程所要教授给学生的审美要素。偏离是语言系统外部的选择，它是说话人／写作人故意使用偏离语言规范的形式，使欲表达的重点前景化（foregrounding，即突出）；而过度则是语言系统内部的选择，它是说话人／写作人故意使用重复的形式，使欲表达的重点前景化。修辞之所以可以培养审美能力，在于它以形式的偏离增加感知、感受的过程，从而带来美的体验。修辞学培养学生审美态度和审美能力就是在培养学生对待世界的一种特殊方式，是在培养其探知无限丰富的感性世界和理性世界所蕴含的丰富的美的能力。

二、审美体验教学改革行动

"英语修辞学"是英语专业高年级的专业选修课程，以语言学为先修课程，从语言学的视角找到一条进行文体（特别是文学文体）赏析的有效途径，这是一门在理论指导下的实践课程。教学时间为 16 周，每周 2 课时，共 32 课时。其教学目的在于培养和提高学生英语语言使用中的文体意识和修辞意识；通过系统的文体修辞手法（含修辞格）的梳理，对大量的语言实例进行文体分析和批判，逐渐提高学生的修辞分析能力。作为英语专业本科生课程，"英语修辞学"课程的重点在于音、形、意、篇、用各个语言层面因偏离与过度而产生的各种修辞格。

"英语修辞学"第一节课，我们对 70 名选修该课程的学生进行了课程认知、期待、方法等方面的开放性调研。结果如表 7.1 所示。

表 7.1 开放性调研

调研方面	开放回答	选择
选课理由	对文学感兴趣，想提高文学鉴赏水平	23%
	想提高自己的英语写作水平	40%
	学习修辞格，为考研或当老师做准备	33%
	其他	4%
课程认知	修辞学是教授修辞格的课程	71%
	修辞学是用修辞知识进行文学欣赏的课程	23%
	其他	6%
教学方式	老师讲解含义，举例说明	62%
	认真听讲	30%
	其他	8%

可见，大多数同学期待学到的是修辞格的知识，如何理解、如何判断、

如何应用在文学作品的鉴赏方面；而对于学习方法的期待还是以老师讲为主，这和修辞本身的审美本质和审美的体验本质相悖。本课程把审美的体验任务交给学生，教师通过课程设计让学生充分进入到审美感知、审美理解和审美升华的全部过程，而教师成为真正的指导者和参与者。

我们根据审美的过程，把教学分为三个环节——唤起审美感知、激活审美理解、促发审美升华，并在这三个环节中让学生与审美作品深度互动。

（一）唤起审美感知

审美感知是审美体验的开启。审美对象作为一种刺激，引起了审美主体的注意。主体中断其他心理活动而转向审美对象，并将自己的听觉、视觉、触觉、味觉、嗅觉专注到审美对象上，从而获得一种关于眼前对象的整体形象的独特经验。有别于普通感知，审美感知摆脱了功用目的，用新颖的刺激唤起主体的强烈好奇心。审美感知发生在审美对象与审美主体的主体间共鸣上。例如，音乐的节奏、韵律与审美主体的听觉期待达到和谐；绘画的结构、色彩、生动性与审美主体的视觉期待达到和谐；而食品的形状、味道与审美主体的嗅觉与味觉期待达到和谐。这些和谐都可以产生一种共鸣。当然和谐并不一定是永远一致，如果刺激唤起的感觉完全落入期待之中，那也就没有了好奇。审美快感就是审美对象适应审美主体的某种知觉而产生的和谐共鸣。和谐产生于某种"适应"，它是一种超越性的体验，容易使审美主体超越眼前的事物而唤醒大脑的其他活动。

审美对象对作品的审美感知该如何被唤醒呢？作品或文本，根据语言学的界定，是由书写所固定下来的任何话语，经过"书写固定"的线性过程，它由一个句子或多个句子组合成完整、系统的含义（message）。这种线性组合过程使得作品具有了可见可感的表层结构，是一系列语句串联而成的连贯序列。与段落不同，文学文本构成了一个相对封闭、自足的系统。"书写固定""组合""表层结构""系统"等使在多维空间、多元主体、多样感觉所构成的立体、鲜活的生活线性化。语言符号是具象事物的符号化过程的产物，书面文字经由线性的视觉符号，"拧干"了丰富而生动的感知，在无声、无色、无味的文字符号传达视觉、听觉、触觉、嗅觉、味觉等其他感觉时，玫瑰香并不能散发出玫瑰味，寒冷本身也没有温度。所以固定的书写必须找到合适的方式才能唤醒鲜活的生命，并进入到审美体验过程。唤起审美感知就是第一步，它就是创造真实的感官刺激。

典型活动 1：读，感知声音形象

语音须与思想共鸣（The sound must seem an echo to the sense）。这是亚历山大·蒲柏（Alexander Pope）在 18 世纪的时候提出的诗学观点。所以，语音并不是纯粹的"物质外壳"，而是整个表达的重要构成部分（许力生，2006）。

读是体验与语音相协调的思想的美的过程。诵读的时候，节奏的舒张与气息的流动刺激读者的听觉，并由此引发情感联想，进而由声音产生图景联想，开启审美体验。

雪莱（Shelley）的《西风颂》以描写西风摧枯拉朽的气势而闻名，但是我们邀请部分同学朗读第一章时，朗读者和听众都没有感受到西风作为生命摧毁者和保护者的强劲有力。塑造声音形象就成为我们课堂教学的重点。用语音塑造形象，就是利用声音进行修辞，以取得特殊的效果。英语往往通过语音象征、抑扬顿挫格律，以及步律节奏来塑造形象。

【审美引导 1】语音象征如何塑造声音形象

英语是表音文字，某些词的音和义之间存在某种拟像性质，它们的发音或者是对大自然声音的直接描摹，或者发音位置、发音方式等的原因使声音引起不同联想。前者往往是拟声，如"cuckoo"是对布谷鸟的模仿，也容易让人联想到布谷鸟；后者产生语音联觉，如发 [k] 的音时，舌后部隆起，紧贴软腭，憋住气，然后舌后部迅速降低，使气流冲出口腔，产生清脆的爆破，因此带有 [k] 的单词往往使人产生清脆、干净的联觉，如护肤品牌 Clean & Clear（可伶可俐），就是借助 [k] 所带来的清脆、弹性、干净等的联觉，宣传产品卖点的。

语音象征是文学作品的审美创作手段。Nash 为了让读者身临其境听到万物复苏的春天的鸟语花香（The pretty birds do sing），他用"Cuckoo, jug-jug, pu-we, to-witta-woo"直接让我们走进布谷鸟、夜莺、田袅、猫头鹰百啭千啼的春天。

朗读审美体验更多是感受联觉产生的语音象征。它是指由某个语音或某组语音的音响或发音特征而联想到某种意义。最典型的例子是轻辅摩擦音 [s]，发音时，先要将气流所通过的气流通道收窄，将舌前端抬起，靠近齿龈，这样气流只能从舌端与齿龈之间的窄缝中泄出，而发出轻微的可听擦音"嘶嘶"声。我们来看劳伦斯（Lawrence）的诗 *Snake* 的段落（我们把摩擦音和破擦音也都标注出来，便于大家感受）。

He reach down from a fissure in the earth-wall in the gloom,

 [tʃ]   [f] [ʃ]   [θ]

And trailed his yellow-brown slackness soft-bellied down, over the edge of

 [tr] [s]   [s] [s] [s]   [dʒ]

The stone trough

  [s] [tr] [f]

And rested his throat upon the stone bottom,

  [s] [s] [θ]   [s]

And where the water had dripped from the tap, in a small clearness,

       [dr]   [s]   [s]

He sipped with his straight mouth,

 [s]   [e] [s] [s]   [θ]

Softly drank through his straight gum, into his slack long body,

[s][f] [dʒ]   [θ]   [s] [s] [dʒ]   [s] [s]

Silently.

[s]

以上标注出来的摩擦音和破擦音非常多，让我们亲耳听到了从阴暗的土墙缝隙中爬到石槽边上喝水的蛇的窸窸窣窣的声音。有它拖拉着松弛的肚皮与墙缝、地面、井边摩擦的声音，有把喉咙搭在石槽底部的"嘶嘶"声，有它用嘴啜饮龙头滴水的声音，有水舒畅地流入松弛的长长躯体的声音。难怪库登（J. A. Cuddon）说读其诗，闻其声（The sound effects are ... visual as well as aural）。

有了以上的知识图式，我们请同学体验半元音 [w] 和浊辅爆破音 [b] 的发音要领和修辞效果，并体验《西风颂》第一章第一行的浊辅音所塑造的西风的声音形象：

表 7.2　《西风颂》师生体验

O W¹ild W¹est W¹ind, thou b²reath of Autumn's b²eing	
教师讲解、示范、带领体验	体验分享
半元音 [w] 时，舌后部抬起，向软腭靠近，但不抵住；之所以是半元音，是因为向前微突的双唇收得圆而小，气流经过时受到阻碍，经过鼓风过程而突然释放，带出声带的震动。 [b] 是一个爆破双唇音，发音时双唇紧闭，软腭抬起，完全阻塞气流通道；由闭合到突然张开，气流从肺部压出，冲出口腔，发出爆破音，带来声带的震动。	第一次夸张地发半元音 [w] 时，老师让把嘴唇收紧到几乎合拢，肺部的气息完全挡在了嘴里，用力使气流冲破阻碍时，确实有一股风冲出来的感觉。第一诗行里，"Wild""West""Wind"三个 [w] 接踵而来（老师说这种修辞叫头韵体），好像还来不及"鼓气"，气流就要冲口而出。平时从来没有这么夸张地发音，训练了几次，就感到三股气流"呼！呼！呼！"冲出来，真的体会到西风作为秋天生命的呼吸，强劲有力，势不可当。再来夸张地连发浊辅爆破音 [b]，嘴唇都累了，仿佛听到西风刮倒物体时猛烈的碰撞声了。风可真猛烈啊！

诵读使视觉符号转化为听觉符号，[w] 和 [b] 两组连续爆破激起了足够的听觉刺激量，从而使学生感受到了西风强劲的声音形象，获得一种独特体验。影响学生审美感官体验的除了语音体验，还有节奏韵律体验。

【审美引导 2】音韵塑造声音形象

音韵是诗行中按一定规律出现的轻音节和重音节的不同组合，轻读是"抑"，重读是"扬"。重读音节和轻读音节按一定模式配合起来，反复再现，形成了呼吸节奏，读起来抑扬顿挫。英语里共有 5 种音韵，根据轻重音出现的次序可以命名为抑扬格、扬抑格、抑抑扬格、扬抑抑格和扬扬格。不同的音韵格式塑造了不同的图景形象。正如玛卓丽·布尔顿（Marjorie Boulton，1953）的诗歌表达的：

Iambic feet are firm and flat

And come down heavily like THAT.

Trochees dancing very lightly

Sparkle, froth and bubble brightly.

Dactylic daintiness lilting so prettily

Moves about fluttering rather than wittily.

While for speed and for haste such a rhythm is the best

As we find in the race of the quick anapaest.

有了以上的知识图式，我们和同学一起分析《西风颂》的音节、重读、非重读音节，并且通过发音，体会西风的节奏形象：

V / V / V / V / V / O W¹ild W¹est W¹ind, thou b²reath of Autumn's b²eing	
分析节奏 　　《西风颂》第一行十个音节。感叹词 O, 定语形容词 west，代词 thou，介词 of，–tumn 作为双音节词的第二个音节都是非重读音节； 而其他实义词要重读。重读、非重读只是相对 而言，wild 和 west 都是实义词，但三个实义词 在一起时，被修饰者因为是焦点而享有重音， 这里 wild 从意义上享有重音，强调西风的猛烈， 在结构上符合抑扬格的格式。 　　请大家打着节拍夸张朗读,感受西风的节奏。	体验分享 　　不这么读还真感觉不出来大风是怎 么刮的。刚才还觉得连续发 [w] 和 [b] 特别累，以为风就一个劲地"呼呼呼"， 只有"呼"，没有"吸"的过程。掌握 了节奏，感觉每一次都有再次积蓄力量 的"吸"的过程，再加上从半元音到浊 辅音，确实有越来越猛烈的感觉。从"呼 呼呼"到"丁零当啷"刮倒很多东西。 这就是摧枯拉朽的力量吧。

　　《西风颂》第一行十个音节，通过非重读、重读反复出现，形成英语特有的抑扬顿挫声韵节律，赋予了诗歌一吸一呼、一张一弛的节奏。前一个松弛为下一个张力积蓄了充分的力量，使得强劲的呼吸好似一浪盖过一浪。

　　体验活动中，我们请学生们站立，夸张地发好两个头韵体，大声地按节奏吟诵。吟诵中，一呼一吸、抑扬顿挫，体验了大自然生命的呼吸，这也和本章最后的 "hear, oh hear!" 的呼唤相呼应。西风的节奏性、韵律性、运动性和审美主体对西风的期望达到了和谐统一，因而产生强烈的共鸣。这种体验，不仅加强了对强劲的西风的认知，而且将对其强度的认识作为语境，了解了无形西风如何横扫落叶，各色枯叶如何像被驱赶的鬼魅一般四处逃窜，如何像是得了瘟疫一般，狂乱奔逃，加深了读者对生命摧毁者的形象的切身感受。

Thou, from whose unseen presence the leaves dead

Are driven, like ghosts from an enchanter fleeing,

Yellow, and black, and pale, and hectic red,

Pestilence-stricken multitudes

　　当然对声音感知的唤起还有音步修辞体验。也就是每一行有多少个被重复的重读、非重读的格式，那么就是有几个音步。这种对生命呼吸的审美体验，还体现在对罗伯特·赫里克（Robert Herrick）的《就此离别》（*Upon his Departure Hence*）的吟诵上（如下所示）。

∨ ／

Thus I

∨ ／

Pass by

∨ ／

And die,

∨ ／

As one

∨ ／

Unkown

这首诗每行只有一个音步，并且呈轻读、重读格式，是单步抑扬格，一行里释放出的巨大空间让前三行尾韵双元音 [ai] 变得更加饱满而绵长，当舌尖靠近下齿，牙床全开，呼出第一个音 [a]，慢慢滑动，直到牙床由全开到半合，口形由大到小，舌位由低到高，音量由强到弱，由长到短，由清晰到含糊，发出第二个音 [i]。这个过程既是发音的过程，也是生命的过程，三个重复，气息由强到弱，如同生命尽头，一声弱似一声。如果绵长而一口气抑扬连贯吟诵，到"at his departure"时气若游丝的感觉得到了充分体验，微弱的生命呼吸借由后两行的鼻音尾韵 [n] 发出，把声音压到最小，呼吸渐息，生命走向最后的宁静。朗读者最后感到气息压抑而微弱直到安静，体验到一种与普通感知不同的"超越状态"的体验，审美对象的结构（这里的一步抑扬格和长元音或双元音）适应了审美主体表达气若游丝的听觉效应，并使其和谐运转时产生一种特殊的体验。这种体验超越了韵律，撇开了诗歌中词汇、结构以及它们的所指，只有和生命有关的气息感官得到加强。这就是诵读唤醒的听觉审美。

典型活动 2：看，唤起视觉感知

视觉感知（visual perception）是人的眼睛接收及分析视像，辨认物象的外貌、色彩、所处空间（距离），以及该物在外形和空间上的改变。这些信息是我们辨认外物和对外物做出及时和适当反应的前提。

　　通过"看"来唤醒读者视觉感知的修辞现象当属视觉诗。视觉诗利用语相偏离的方式，给读者以强烈的视觉冲击。语相（graphology）是研究书写、排版符号和书写系统的科学（Trumble & Stevenson，2004），它是视觉符号的意义编码，是寄生在自然语言符号上的副语言符号系统。语相偏离作用于人的视觉，使我们从对冲击性形式的加工过渡到对内容的加工，因为偏离带来了较大的加工难度和较长的加工时间，延迟了读者对内容的感受过程，也因此将读者更深卷入而带来顿悟和欢愉。我们在学习卡明斯的视觉诗时，首先让学生进行充分的视觉感知。

【审美引导3】视觉诗审美体验

原诗	教师指导	学生反馈
1(a le af fa ll s) one 1 iness	Teacher demonstrated the poem (and waited for 1 minute) Watch it again? What's the nature of stylistic analysis? A comparison what with what else? What's the conventional form of a poem? Try to arrange it in a linear way. If we remove the quoted, we get… Watch and tell the relationship between the loneliness and "a leaf falls". How do you know? Watch! And pay attention to the arrangement of the words. Tell the lexical or grammatical meaning of every line.	—Is this a poem? —Comparison. —With its conventional form. — Linearly arranged. —1(a leaf falls) oneliness. loneliness. the leaf falling is lonely. I am lonely. "1" is Arabic number, representing singleness, oneness, loneliness. The English article "a" is singleness, French "la" and "le" are articles representing singleness but respectively carrying feminine and masculine.

　　视觉的极度偏离引起学生的惊讶。学生最先体会到的是诗歌独特的铺排方式，它完全突破了学生对诗歌规范的期待。首先，竖列的铺排方式使得每行只有几个字母，这完全不同于常规的从左到右完全占满的书写方式，左右的空白释放了大量的空间，大面积的空白和不多的黑色字体，构成了视觉上的明暗感觉，于是眼睛便产生了视觉的空间深度：辽阔空间，唯有一片落叶在寂寥飘落。其次，似乎毫不相干的字母和字母组合由上而下"零落""降落"，这种视觉动感吸引读者逐行观察，是什么在凋零。第1行打字机键盘敲出的数字"1"表示孤单；括号内字母"a"是英语不定冠词表示孤独（loneliness）和单一（oneness）；突破括号，则构成了法语冠词"la"，还是表示孤单，似乎在诠释不论独处还是人群中都是孤独，内心和外表一样都是孤独的；第2行的"le"同样是表示单数的法语冠词，同样寓意孤单；"la"和"le"一阴一阳，说明与性别无干，与任何属性都无干，只有无以复加的孤独；第3行和第4行的"af"和"fa"对称飘下，代表树叶下落时旋转的形象；第5行两个"l"表达了无以复加的孤独，又形似叶子向下飘落的动感；第6行的字母"s"左一弯右一弯，又是树叶的对称飘落；第7行的"one"、第8行的"l"及最后一行的"iness"使得孤独主题不断强化。有两个声音值得关注，一是第6行的"s"，它是轻辅摩擦音，既是滑落的树叶遇风产生轻微摩擦的声音，又衬托了整个空间的安静，安静得只能听得到轻微的落叶声。第二个声音是[nis]，鼻音更压抑了轻微的摩擦音，和落叶一样归寂。同时关注括号内外的"a leaf falls"和"loneliness"，学生们就体会到了飘零的是孤独，寂寥的孤叶（被风吹得旋转飘落，af/fa，上下翻转s）、落木的树（空旷世界里孤然挺立）和孤单渺小的我［i小写，iness形似i-ness（"小我"）］。我们提醒学生关注英语后缀"ness"的含义，这个名词化后缀没有实在意义，作为一种语法标记，使事物变得抽象。小写的自我最后生命归于寂静，成为一个抽象的存在。除此之外，我们从卡明斯对"a leaf falls loneliness"的铺排，感受从文字的肢解到灵魂的肢解。

【体验反思】

如果卡明斯直接用常规的诗歌形式表达，我肯定不能花这么长时间去理解，也不可能发现这么深的含义。他写孤叶降落，其实折射的是他自己的孤独在零落。这勾起我内心深处的两个小记忆：第一个记忆是前几天学校大楼前的银杏叶落了满地，清洁工把落叶堆在树下，大家就在那里摆各种姿势拍照，然后晒到微信的朋友圈，假装自己在一片银杏树林里。当时直观看到自然美的那种兴奋过两天就忘了。第二个记忆是外语楼前每年阴历八九月的桂花香得醉人，有时忽然一夜风吹落满地，觉得很可惜，但一刹那视觉上对残落美的触动也很快就淡化了。我从来没有认真地感受过叶子落下，一朵花落下是怎样的。今天学了卡明斯的诗，将那些已被我遗忘的视觉上的感受与我心灵上的感受联系起来。我想起以前读过席慕蓉的《一棵开花的树》，其中有句"而当你终于无视地走过，在你身后落了一地的，朋友啊，那不是花瓣，那是我凋零的心"。对的，"无视地走过"大概就是我很久以来的一种生活状态。（学生F）

【教学日志】

同学们的体验反思很丰富，最让我感动的还是学生反思"无视地走过"的生命状态。教育一直以来教给了我们理性思维的工具，但让我们和自然、和生活、和我们自己的内心离得越来越远。我们好久没有利用的不仅有自己的视觉，还有听觉、触觉，于是视而不见、充耳不闻，进而麻木不仁。"英语修辞学"引导学生通过审美感觉的刺激，呼唤学生重新回到自然和生活，成为一个有丰富情感的人。课程目标的美学基础是：原始人类的生命本体论是万物有灵，它可以使我们把自己的精神生命投射到无生命的事物上，赋予其生命和情感，花能溅泪，鸟能惊心，大概就是如此。通过人与物的同情同构，达成"物我不分、物我同一"的审美关系。我们的教育至少让我们经历花开花落，体会生命常态，涵养宠辱不惊的豁达。

当然，大多数诗歌并不是以视觉诗的形式给人以特殊感受。但标新立异的"前景化"方式，使得某些内容成为注意焦点，而其他内容被模糊，处于背景之中。这种前景和背景的对比给了诗歌一种空间上的凸显、明暗，这种摄影学技术使我们的审美体验始于感官而超越感官。

【审美引导4】前景化审美体验

"anyone lived in a pretty how town" 视觉感知体验

Anyone lived in a pretty how town (with up so floating many bells down) spring summer autumn winter he sang his didn't he danced his did.

教师指导：Have you got the poem?

学生体验：读不懂，语法错误太多！anyone 应该是 someone，讲故事越生动越好，恨不得有姓有名才好，至少用肯定的确定性代词吧。a pretty how town 应该是 how pretty a town。didn't 和 did 是助动词，怎么可能接在 his 的后面作宾语？这里的宾语应该是名词。

教师指导：用过去式表示的谓语动词 "lived" 表示什么？

学生体验：主语确定存在，而且存在的地方也确定存在。

教师指导：anyone 和 someone 的区别

学生体验：anyone 表示"不确定的，否定的"；someone 表示"确定的，肯定的"。

教师指导：讲故事时用 "someone" 确实给人一种确定存在的感觉，作为读者，我们期待知道主人公的什么，为什么有深深的不确定感？

学生体验：期待知道姓名、年龄、性别和其他条件。越真切越好。

教师指导：如果是诗人有意模糊这些信息，让他们处于背景里呢？

学生体验：背景化吗？嗯……

教师指导："how pretty a town" 的确符合语法，表示"多美的小镇啊"。但 pretty 是否有别的词性？"how" 的普遍含义是什么？

"The town is beautiful/poor/deserted/rich"，如果对表语部分的形容词提问，应该用哪个词？

学生体验：how 表示"怎样的"，可以代替 beautiful/poor/deserted/rich 等中的任何一个。这么说，pretty 就不是"美丽"的意思了，是"相当"的意思，因此，就表示"相当……的小镇"。也就是小镇的具体情况也被背景化了。

教师指导：那么如果用摄影的技巧来解释，第一行什么是前景，什么是背景？

学生体验：前景化的部分：有个人真正切切地存在。背景化的内容：他姓甚名谁、身高长相、家庭背景、所处环境等都被模糊化了。

教师指导：最后一行，前景化和背景化的是什么？

学生体验：前景化的是他又唱又跳吧，背景化的应该就是看不懂的地方。

教师指导：特别关注助动词的常规语法含义。

Auxiliary verbs are "helping" verbs. 顾名思义就是帮助动词表达时态、情态、语态、归一度等的词。通常用法是后面接动词原形，如 didn't go to school, haven't done the washing, can help others，等等。

学生体验：所以 didn't 和 did 后面表示具体的、确切动作行为的动词被模糊了，我们不知道他做了什么，没做什么。但他为他没做的事情唱歌，为他做过的事情舞蹈。

【审美讨论】请大家讨论几个问题：第一行被诗人模糊化的东西对于我们本人来说可能是什么？第四行被模糊化的东西你经历过什么？（做过什么，没做过什么？）你是如何对待这些经历的？（可以对比前景化的唱歌、舞蹈的行为）第二、三行表示岁月流转，突出"anyone"的一贯表现，那你自己经常的表现是怎样的？

【体验反思】

高中时我打游戏上瘾，爸妈打过，老师骂过。懊悔不是一天两天，总是纠结，要是当初不沉迷游戏就可能上更好的大学，要是在好的大学读书就能有更好的出路。可是怎么才能像诗歌里说的那样，"I danced my did"？这个不容易。其实，你要说游戏也不是一无是处，它给了我很多快乐，高中大家压力很大，暂时在游戏里变成其他角色，很放松；而且游戏也不是家长说的那么无聊，里面有很多益智成分，我对历史的了解很多在游戏里变得更真切。这么想，好像也不那么难过了，游戏丰富了生活，也让我有机会和现在的同学老师相处。做过了就不懊悔，否则下一刻又要懊悔现在的沉迷了。享受生活从做不让自己懊悔的事情开始。感谢卡明斯！（学生 D）

诗人卡明斯是立体派画家，曾师从毕加索，他的诗也充分运用了模糊和焦点的对比，在模糊中凸显作者想要表达的。在上述诗节中指代人物时使用了不定代词 anyone，这个词的不确定模糊了人物的姓名、长相、身高、背景等一切叙事中需要明确的东西；"a pretty how town"让学生似乎错误揣测含义，"a town"的修饰词"pretty how"中的"how"代替了一切可以被"pretty"修饰又可以修饰名词"town"的形容词，到底是相当大、小，相当富裕、贫穷，相当繁华、偏僻，还是相当古老、现代？诗人就是把诸多的猜测模糊化，使其成为诗歌叙事的背景，让读者无法把想象力锚定在任何一个具体的地方；而对于叙事主体的行事内容"he sang his didn't, and danced his did"又一次使用了偏离（助动词的肯定否定形式充当了名词，与 his 一起作及物动词 sang 和不及物动词 dance 的宾语）。我们要求学生回忆助动词的常规语法意义，即帮助动词表达时态、情态、语态的词，其后要接动词原形，这个动词才是他所做的事情的内容，如完成作业、购物、玩游戏、旅游等，但是作者有意把最为重要的动词略去，模糊了他做了什么或者没做什么。所有这些模糊都起到了摄影或绘画中背景的作用。那么前景化的是什么呢？是不论他做或者没做什么，他都欢唱（he sang），他都舞蹈（he danced）。这就是作者意欲突出的人生的信念：相比较外在的物质，保持一颗快乐的、感恩的心才是最重要的，这是生活的意义；或者也可以理解成，一切过往的曾经和不曾都是生活的馈赠，我们怀着感恩的、快乐的心受领，而不是沉湎于对曾经的懊悔、对不曾的抱憾。诗人就是利用偏离增加了读者的加工难度，构成了背景和前景的对比。通过对这种摄影技术的欣赏，感恩、快乐的生活态度深深印在学生的脑海。

（二）激活审美理解

一旦由刺激唤醒审美感知，进而激发"细细审视"，审美活动便进入了审美理解阶段。审美理解是对感知对象做进一步的审视和欣赏，这个过程包括审美联想和审美理解。

审美联想，顾名思义，是在审美过程中由一个事物联想到另一个事物的心理过程。可以诱发联想的两个事物之间存在着相似、接近、对比、因果等关系。例如，"云朵"这个表达就是审美联想的结果。天上的云，在形状上像盛开的花朵，云和花朵的相似性，使我们从眼前的云延展到想象中的花朵的摇曳、芳香、层层叠叠，这就进入了审美理解阶段。随着审美理解的层层递进，眼前的云和头脑中联想到的花朵重合到一起，交融在一起，这时的美感体验达到了整个审美过程的高潮，心驰神往，整个身心沉醉于美的感受之中，其他心理活动被屏蔽，审美主体通常的表现是"惊呆""惊叹"等。

典型活动 3：喻，启动审美联想

认知语言学认为，我们的思维具有喻化性质，因为我们是通过形似、相近等方式来认识事物的。所以相应地，隐喻、转喻、类比等修辞格发挥审美功能，它们让我们在比较、对比中，离开了眼前的事物，进入到审美联想中。我们仅以隐喻为例，说明修辞审美体验中的主体间性。

比喻从认知学的意义讲，已经超出了其作为一种修辞格的语言功用，而成为我们认识事物的一种基本方式（乔纳森·卡勒，1998），用 John & Lakoff（1980）的话说，比喻是我们赖以生存的方式（他的书名即为 *Metaphor We Live by*）。通过比喻，我们从彼事物认识此事物，彼事物不仅让我们的理解更容易，而且使得此事物也附加了彼事物的某些属性，从而具有可感性，以此引发读者联想和想象。可见，比喻具有引发联想的美学功能。

我们的教学就是启发学生从比喻理解生活的美。例如，唐纳德·贾斯蒂斯（Donald Justice）的 *Song* 的第一行就是 "Morning opened like a rose" 如下所示。

【审美引导 5】：隐喻推进审美理解

Song
Morning opened like a rose,
And the snow on the roof Rose-color took
Oh, how the street Toward light did leap!
And the lamps went out.

Brightness fell down
From the steeple clock
To the row of shops
And rippled the bricks?
Like the scales of a fish,
And all that day
Was a fairy tale
Told once in a while
To a good child.

审美启发：看到过玫瑰在你面前绽放吗？

审美联想体验：——没有看过真实的景象，花绽放的过程不易察觉。

审美启发：如果玫瑰在你眼前一点一点绽放是怎样的感受？

审美联想体验：——Surprised, amazed 吧？我看电视用慢镜头播放的花开的样子，那种感觉就好像生命在我眼前展开，花蕾的稚嫩，娇不忍触；花苞的饱满积蓄了生命的张力；（想到汪峰嘶唱"我想要怒放的生命"时的饱满情感）绽放一层就一个惊喜，花蕊跳入眼里的刹那，肯定很激动。生命的美。

审美启发：How does it like if a rose open before you?

审美联想体验：——Magic! Happy! Blessed! 每一瓣的形状、色彩！神奇，生命怎会如此美！自己好有眼福。

审美启发：How do you feel like watching life opening?

审美联想体验：——光线

审美启发：视觉感知（visual perception）是指人的眼睛接收及分析视像，辨认物象的外貌色彩、所处的空间（距离），以及该物在外形和空间上的改变。当有光线时，人眼睛能辨别物象本体的明暗。物象有了明暗的对比，眼睛便能产生视觉的空间深度，看到对象的立体程度。所以让我们捕捉到玫瑰花存在、开放、颜色的是……

Morning opened like a rose.

这是个静态的比喻吗？

审美联想体验：——这是一个比喻。把早晨比作了玫瑰。

审美启发：这是个静态的比喻吗？

审美联想体验：——不是，早晨由暗一点点变亮的过程就像玫瑰一点点绽放，应该是动态的。

审美启发：早晨一点点变亮，你看到了什么？是怎样的心情？
它具有玫瑰怎样的特性？（光线）

当玫瑰在你面前一点点绽放，你觉得生命的绽放，你觉得激动、
惊讶、惊喜。那么早晨呢？早晨是生命吗？

审美联想体验：the snow, the street, brightness, the row of
shops, the bricks 渐次进入眼帘，动词是 took the rose color, leap
（跃入眼帘）, fell down（铺洒）, ripple（波光粼粼）。我看到
了光线的移动，一个一个的事物跳到眼睛里，特别是商店的砖墙，
一块一块地亮起来，说明光的移动。

…………

第一行"Morning opened like a rose"通过明喻将早晨的苏醒比喻成一
朵玫瑰的绽放，它静悄悄地绽放，把美一点点地舒展开来，让我们从视觉
的审美传达到心灵的感动和对生命的思考。在诗歌里我们追光，它铺洒下
来，照亮的美一点点成为大自然对我们的馈赠。随着晨光由远而近，由低
到高，屋顶上玫瑰色的雪、向阳的街道轻轻跃入眼帘；街灯一盏一盏地灭了，
一排排的商店显现出来，光线移动过商店的墙，砖石便一块一块闪现出来，
犹如粼粼波光闪过。借着光，原本隐在暗中的风景一个一个地跃出来，从
一点一点的雪，一幢一幢的楼，再到一片一片的商店，真如玫瑰从含苞到
轻放再到绽放。我们静静欣赏每一瞬间的美，感受此时此刻的恩典；我们
静静欣赏绽放中的美，感受生命过程的绽放。

我们特别让学生体验了需要听觉审美体验的诗眼题目"Song"和视觉
审美体验之间的关联。对歌的赏析需要我们打开耳朵用心灵去感受。和谐
首先来自"Morning opened like a rose"中"opened"（[əupn]）和"rose"
（[rəuz]）的半谐音式重复。双元音使得声音的流动变得舒缓绵长，正如
玫瑰舒缓地绽放，在晨光里各种色彩、动作奇迹般展开。由此，声音的和
谐舒缓过渡到和谐光影带来的舒展的视觉审美，再到心灵的体验，这美好
的景如心田流淌出的歌。这样的体验激发了学生的生命体验与感恩。

【体验反思】

　　每天早晨都很平常。醒来，洗漱，吃早饭，去教室，有时甚至提着早餐就进教室了，从没有用心去静心看看"像玫瑰一样一点一点绽放的早晨"，所以也从来没有觉得"这一整天都是个讲给好孩子听的童话故事"。不是熟视无睹，而是根本就没有去看，没有用心感受，所以，没有惊讶，也很少感动。

　　我想起老师和我们分享的卡明斯的诗歌 *Anyone Lived in a Pretty How Town*，和真正热爱生活、懂得什么是真爱的 anyone 相比，大多数的男男女女，播种的不是永恒，收获的也不是永恒（they sowed their isn't and reaped their same），他们浑浑噩噩，睡了，醒了，希望……然后，所有的梦想都在梦乡（sleep wake hope and then they said their nevers they slept their dream）。

　　领受和热爱生活中的美是一种良性循环，每一刻的美都为感受下一刻的美做了铺垫。"当下"在英文里是"present"，它还有个意思是"礼物"（gift）。其实每一天、每一刻都是上天的馈赠。可是自己浑然不知，错过了上天准备的如玫瑰一样盛开的清晨的美。这种情况，好像也该反思下自己对爸妈的态度。他们为了我能有更好的生活，一直在奋斗。那个"为了我能有更好的生活"也是在我浑然不知的时候，他们备下的礼物。很惭愧，常常放假回家，爸妈盼了我一个学期，高高兴兴准备了我爱吃的食物等我回去，可是回去两天我就觉得和他们没有太多的话。真的不知感恩。

　　我想到了一首至爱的歌曲：*You Don't Miss Your Water Til the Well Runs Dry*，直译就是，直到井水全都干涸了，你才会对你的水想念，也就是失去才懂得珍惜。拥有时从不在意，失去时却又追悔莫及。我最喜欢这首歌曲中的这几句：

Together we will move the clouds to brighter days.

Some people question what I say.

But I believe so strongly in you and I.

Can somebody answer me the question why.

You don't miss your water til the well runs dry.

（我们在一起，能打散乌云，迎来一个更亮丽的天空；有些人质疑我说的话，但是我坚信你和我。谁能回答我为什么。因为只有失去了你才会明白珍惜的重要。）

所以珍惜每一个此时此刻，because present is a present。不要到失去的时候才去珍惜自己拥有的，不管是我们的亲情，还是我们的爱情，我们的友情，我们的回忆，我们的快乐，我们的悲伤，我们的时间，我们的金钱……在当下（present），你还拥有的时候，在今天，你还有力气的时候，请把它当作你的礼物（present）去珍视，去拥抱它吧。（学生 WDW）

典型活动 4：图式，启发审美理解

肯尼斯·伯克（1954）认为，修辞形式是欲望的激起和满足（Form in literature is an arousing and fulfillment of expectations）。审美活动中，期待，即伯克所讲的欲望，表明了审美主体的主动性和选择性；它暗示了一种图式的存在。人们依据过去的经验在心中积淀而成的种种图式形成了某些特定的期望，这种期待又会决定究竟去选择哪些图式。期望与图式相互作用，自觉或不自觉地影响我们的审美活动，使我们的知觉有选择性地产生审美联想。

为了启发审美联想，我们往往激活相关信息，扩大学生的图式，促发学生产生审美期待。例如，欣赏莎士比亚的历史剧 Julius Caesar（《恺撒大帝》）中杀死恺撒的布鲁特斯（Brutus）和维护恺撒的副将安东尼（Antony）的著名演讲时，教师补充了 Julius Caesar 的剧情以及亚里士多德的诉求理论。

【审美引导6】：扩大图式

古典修辞学历史可以追溯至公元前5世纪，甚至更早的时候。它发轫于古希腊的民主政治改革。自公元前8世纪雅典城邦政治萌发，古希腊历经了一系列的政治改革。其中最明显的特征是，参与政治生活成为每个公民生活的重要内容。大约公元前5世纪，古希腊西西里岛（Sicily）的锡拉库扎（Syracuse）推翻了色拉西布洛斯的奴隶制暴政，建立了民主制度。享有一定民主权利的人们涌入法庭，要求返还政权变革时期曾经被征用或没收的财产，由此导致了大量的财产诉讼。新兴的民主政体规定，市民必须亲自出庭，通过演讲举证或者反驳，不得聘请别人代理诉讼。以说服为目的的演讲成为古希腊平民争取个人利益的重要形式。那时候，演讲是人们决定公共事务、参与政治的重要形式。因此，古希腊的民主政治也被认为是一种发表演说的体制。柏拉图在《高尔吉亚篇》中指出，演说是演讲者在法庭和公民大会上制胜的法宝。这个历史渊源奠定了古典修辞学作为说服人的一门艺术而得以存在和发展。

西方修辞学史上，第一个将修辞学的理论系统化的，当属亚里士多德。他的《修辞学》（*Rhetoric*）是古典时期修辞学方面最为完整、科学和系统的著作，是西方修辞学的奠基之作。他将修辞学定义为"演讲的艺术"。（当然，随着西方修辞学的发展，当修辞学已经将所有用来增进人们之间理解和合作的符号作为自己的研究对象时，修辞话语几乎包括了人类社会的一切文化现象。）亚里士多德所构建的演讲理论由五大部分组成：觅材取材（inventio/invention or discovery）、谋篇布局（dispositio/dispostion）、文体风格（elocutio、style）、演讲记忆（memoria、memory）、现场发挥（pronuntiatio、delivery）。其中觅材取材是寻找论据的艺术，即我们应该用怎样的材料来证明我们的观点。亚里士多德将论据分为非艺术性论据（non-artistic proof）和艺术性论据（artistic proof）。前者指法律、合同、誓言等无须证明的东西，它们不是修辞者发现或发明的，但可以被用来证明自己的观点。后者是修辞学意义上的证据，即有名的三种诉求：理性诉求（logos/rational appeal）、情感诉求（pathos/emotional appeal）和人格诉求（ethos/ethical appeal）。

理性诉求包括归纳、三段论（syllogism）及省略的三段论法（enthymeme）等逻辑手段，当然也包括事实（fact）。情感诉求强调情感促发意志的作用，因为意志可以促动人们采取行动或者接受观点。人品诉诸主要包括可激起信任和敬意的个人魅力，如人品、判断力、善意等。亚里士多德认为在三个诉求中，人品诉求是最重要的，因为如果听众不相信演讲者，就不可能被情感打动、被推理征服。

【激起期望】展示 *Julius Caesar* 的第三幕第二场布鲁特斯演讲前后群众的举动

众市民：我们一定要得到满意的解释；让我们得到满意的解释。（We will be satisfied; let us be satisfied.）（显然民众不满意布鲁特斯杀死恺撒。）

……（安东尼演讲。演讲后恺撒看到安东尼等抬恺撒尸体上，说："当我临去之前，我还要说一句话：为了罗马的好处，我杀死了我最好的朋友，要是我的祖国需要我，那么无论什么时候，我都可以用那同一把刀子杀死我自己"。）

众市民：不要死，布鲁特斯！不要死！不要死！（Live, Brutus! live, live!）

市民甲：用欢呼护送他回家！（Bring him with triumph home unto his house.）

市民乙：给他立一座雕像，和他的祖先们在一起。（Give him a statue with his ancestors.）

市民丙：让他做恺撒！（Let him be Caesar.）

市民甲：我们要一路欢呼送他回去。（Shall be crown'd in Brutus.）

同学们可以看到，布鲁特斯演讲前后，民众的态度发生了巨变。布鲁特斯用了怎样的诉求方式说服民众？

再向大家展示一下安东尼演讲前后民众的反应，请大家做对比：

市民甲：这恺撒是个暴君。（This Caesar was a tyrant.）

市民丙：嗯，那是不用说的；辛亏罗马除掉了他。（Nay, that's certain: We are blest that Rome is rid of him.）

……（安东尼的演讲）

市民甲：我想他说得很有道理。（Me thinks there is much reason in his sayings.）

市民乙：仔细想起来，恺撒是有点儿死得冤枉。（If thou consider rightly of the matter, Caesar has had great wrong.）

市民丙：列位，他死得冤枉吗？我怕换了一个人来，比他还不如哩。（Has he, masters? I fear there will a worse come in his place.）

市民丁：你们听见他的话了吗？他不愿接受王冠；所以他的确一点没有野心。（Mark'd ye his words? He would not take the crown; Therefore'tis certain he was not ambitious.）

现在请同学们结合亚里士多德的诉求理论，仔细审辨布鲁特斯和安东尼各自使用了怎样的诉求说服民众的。

民众的反应激起了学生的审美期望，而有关古典修辞学演讲术的知识图式，帮助他们达到审美理解。下面是学生对布鲁特斯演讲和安东尼演讲的审美理解。

【布鲁特斯演讲】

Romans, countrymen, and lovers, hear me for my cause, and be silent, that you may hear: believe me for mine honour, and have respect to mine honour, that you may believe: censure me in your wisdom, and awake your senses, that you may be the better judge. If there be any in this assembly, any dear friend of Caesar's, to him I say, that Brutus' love to Caesar was no less than his. If then that friend demand why Brutus rose against Caesar, this is my answer: Not that I loved Caesar less, but that I loved Rome more. Had you rather Caesar were living and die all slaves, than that Caesar were dead and to live all free men? As Caesar loved me, I weep for him; as he was fortunate, I rejoice at it; as he was valiant, I honour him: but, as he was ambitious, I slew him. There is tears for his love; joy for his fortune; honour for his valour; and death for his ambition. Who is here so base that would be a bondman? If any, speak; for him have I offended. Who is here so rude that would not be a Roman? If any, speak; for him have I offended. Who is here so vile that will not love his country? If any, speak; for him have I offended. I pause for a reply.

【学生反馈】

学生A：布鲁特斯很会使用情感诉求，拉近关系。就像老师展示的在布鲁特斯讲话前，民众问他要一个满意的答复，很显然民众是爱戴恺撒的。布鲁特斯说："If there be any in this assembly, any dear friend of Caesar's, to him I say, that Brutus' love to Caesar was no less than his"（我对恺撒的爱不比你少），这样他把自己和爱戴恺撒的民众放在一起，从而让民众更容易接受他的观点。

学生B：读他的演讲有一种被胁迫的感觉，这算不算诉诸威胁的情感手段？比如，他说："Had you rather Caesar were living and die all slaves, than that Caesar were dead and to live all free men?"他让群众和恺撒站在对立面，群众只能选择一个，要不恺撒活着，他们被奴役而死，要不他们自由地活着，而恺撒死。每个人都会从自身出发考虑问题，所以觉得恺撒该死。布鲁特斯够狠！

学生C：我还发现他很会塑造自己的形象，应该是ethical appeal。他说"Not that I love Caesar less but I love Roman more"。他说自己是恺撒最好的朋友，但是为了罗马杀死了恺撒。他塑造了自己大义灭亲的形象。

学生B：还有一处表明布鲁特斯够狠的。他使用问句，"你们谁那么低贱，就想被奴役？你们谁那么粗鲁，不再爱罗马了？你们谁那么邪恶，不再爱这个国家了？"大庭广众之下，谁肯说自己低贱、粗鲁、邪恶？所以，肯定了自己，就是否定了要"奴役人"的恺撒。这应该也是感情威吓吧？

【安东尼演讲】

Friends, Romans, countrymen, lend me your ears; I come to

bury Caesar, not to praise him. The evil that men do lives after them; The good is oft interred with their bones; So let it be with Caesar. The noble Brutus hath told you Caesar was ambitious: If it were so, it was a grievous fault, And grievously hath Caesar answer'd it. Here, under leave of Brutus and the rest. For Brutus is an honourable man; So are they all, all honourable men. Come I to speak in Caesar's funeral. He was my friend, faithful and just to me: But Brutus says he was ambitious; And Brutus is an honourable man. He hath brought many captives home to Rome whose ransoms did the general coffers fill: Did this in Caesar seem ambitious? When that the poor have cried, Caesar hath wept: Ambition should be made of sterner stuff: Yet Brutus says he was ambitious; And Brutus is an honourable man. You all did see that on the Lupercal I thrice presented him a kingly crown, Which he did thrice refuse: was this ambition? Yet Brutus says he was ambitious; And, sure, he is an honourable man. I speak not to disprove what Brutus spoke, But here I am to speak what I do know. You all did love him once, not without cause: What cause withholds you then, to mourn for him? O judgment! thou art fled to brutish beasts, And men have lost their reason. Bear with me; My heart is in the coffin there with Caesar. And I must pause till it come back to me.

【学生反馈】

学生 E：最大的感受是安东尼诉诸事实打动听众。"He hath brought many captives home to Rome whose ransoms did the general coffers fill."（他用自己的钱赎回俘虏。），"The poor have cried, Caesar hath wept."（穷人哭泣，他啜泣。），"You all did see that on the Lupercal I thrice presented him a kingly crown, which he did thrice refuse." （大家有目共睹，三次拒绝给他的王冠。），事实胜于雄辩就是理性诉求。

学生B：安东尼也使用感性诉求，他的方式也是一连串的问句，就是三个事实后面，追问"他是有野心的吗？""野心的人应该铁石心肠""这是野心吗？"。如果说事实胜于雄辩是理性诉求，那么这些问话就是在胜于雄辩时，让听众受到心灵的拷问吧。

这里我们要强调汉语中的"审美"一词中的"美"，并不一定意味着beauty，英语中的aesthetic超越了beauty，凡是可以激起人强烈感情的都是审美对象。

（三）促发审美升华

当审美对象离开审美主体，或审美主体离开审美对象时，主体开始进行判断、评价、反思，甚至创新，实现审美升华。面对300年前清代诗人袁枚的《苔》，贵州省石门坎乌蒙山支教的梁俊老师想到的是，"我也是一样从山里出来的，也不是最帅的那一个，也不是成绩最好的那一个，就像潮湿的角落的那些苔，人们看不见，如果没有显微镜放大出来的话。但是它们真的像一朵一朵的花一样很美"。梁俊从苔的生长环境、苔花性状（如米）、苔花的美，想到它不自弃的"青春自恰"，并联想自己相貌平平、成绩一般，却也有自恰青春（审美联想），从而希望"大山的孩子们也一样，找到生命的价值，等待绽放出来的时刻"（审美升华）。

审美升华激起了审美创新。梁俊在袁枚20字小诗的基础上，创作了更多的审美对象，把观众从《苔》引导到了更为广阔的视界。"如果没有那次眼泪灌溉，也许还是那个懵懂小孩，溪流汇成海，梦站成山脉，风一来花自然会盛开；梦是指路牌，为你亮起来，所有黑暗，为天亮铺排。未来已打开，勇敢的小孩，你是拼图不可缺的那一块，世界是纯白，涂满梦的未来，用你的名字命名色彩。雁声依旧在，年少时对白，耳边音犹在，如风暖心怀。”这个审美活动并没有就此结束，他为词铺上了旋律，变成另一个全新的审美对象，旋律激起了受众听觉的和谐共鸣，载着梁老师对诗歌的审美联想，载着孩子们纯美的声音，载着人们对“白日不到处，青春恰自来”的山里孩子梦想的牵挂，赢得了更多人的审美升华。

审美评价始于我们从感性理解中抽身出来，恢复理性认识，开始根据自己的思想观念对审美对象的各个部分或各个方面理性分析。在这个认识过程中，我们个人的审美意识活跃起来，并与审美对象进行对比分析，同时发表自己的看法。

这种情感体验的强弱程度与先前审美感知、审美理解所产生的情感强烈程度成正比，而且，只要观赏者能记住这种对象的美和自己在观赏中的愉快，这种情感便会一直保留，直到他再次得到体验。一般来说，这种审美欲望成为人们追求和创造美的动力。

“英语修辞学”课程希望通过体悟的过程促发审美升华。体悟由两个字组成，“体”就是体验，“悟”就是感悟。从两个字的顺序看，“体”是“悟”的基础，“悟”是“体”的升华。“体”，显然与身体有关，而“悟”显然和“心智”有关，是明白、理解、觉醒的意思。朱光潜先生的“见”，既包含了“体”，也包含了“悟”。

朱光潜先生说：“宇宙生命时时刻刻在变动进展中，这种变动进展的过程中每一时每一境都是个别的，新鲜的，有趣的。所谓‘诗’并无深文奥义，它只是在人生世相中见出某一点特别新鲜有趣而把它描绘出来。”正如他自己所言，这句话中的“见”字最为关键：特别新鲜有趣的东西本来在那里，我们不容易“见”着，因为我们的习惯蒙蔽住我们的眼睛……诗人的本领就在“见出”常人之不能见，读诗的用处也就在随着诗人所指点的方向，见出我们所不能见；这就是说，觉得我们素来认为平凡的东西实在新鲜有趣。为了加深我们的理解，他举例说：我们本来不觉得乡村生活中有诗，从读过陶渊明、华兹华斯诸人的作品之后，便觉得它有诗；我们本来不觉得城市生活和工商业文化之中有诗，从读过美国近代小说和俄国现代诗之后，便觉得它也有诗。莎士比亚教会我们在罪孽灾祸中见出庄严伟大，伦勃朗（Rambrandt）和罗丹（Rodin）教会我们在丑陋中见出新奇（朱光潜，1980）。这其实就是希望我们有一颗感知生活的心，只有对生命有细致的观察，方可"见"出它的不平凡。

为了激发学生通过体悟提高审美升华，我们特意设计了户外体验环节，让学生走出教室，在校园里去看、去听、去触、去闻、去尝。

【体验要求】开放感官，体会夏日

【审美创作】夏日有感

夏是什么？

是空气中的微甜

是树影中的莲塘

一池浮萍

半缕暗香

夏是什么？

是一路大雨滂沱

是一幕馥郁霓裳

一季流连

半生迷惘

（学生L）

【教师点评】

很好的通感！从"半缕暗香"的嗅觉转移到需舌尖碰触方可感知的味觉"微甜"，"香"与"甜"联觉，这个甜可能也是心里的感受。

"树影""莲塘"是视觉。作者可以看到的东西很多很多，这里明显有个审美选择！"一池"对"半缕"，"浮萍"对"暗香"，让视觉和嗅觉交融起来。

第二节调动了"动觉"，大雨"滂沱"，和新的视觉、嗅觉混合在一起。

最后两句是审美升华，从眼前的景想到人生。

【审美创作】夏天的风

夏天的风，

有时是一层层的热浪，

卷着尘土漫天飞扬；

但有时，是一曲优美动听的旋律，

伫立在风中，清脆激荡。

夏天的风，

是阳光里缕缕的树叶，

是傍晚时槐花的香。

从榕树下吹过，

托起孩子们的欢笑，

飘起女孩子的裙摆，

如朵朵花儿绚丽开放。

（学生 S）

【教师点评】

"热"是触觉，"浪"是隐喻引起的审美联想，和"一层层"触觉的视觉表达结合起来，形成对风的动觉的审美体验。"卷着尘土漫天飞扬"，这种写法有点像《西风颂》，没有看到西风，但看到各色的树叶被吹得到处乱跑；这里，用热浪、尘土感受风的存在样态。

"优美动听的旋律"到底是怎样的旋律，这个地方不如前面生动，可以学习华兹华斯用夜莺的声音类比割麦女歌声抚慰人心。

也就是用意象代替"优美动听"这样的评价词。

第二节很有审美创意，可以调动读者关于风的动觉想象。"阳光里缕缕的树叶"好像是静态视觉，那么风应该是很轻很轻的吧，缕缕的是阳光洒过树叶的缝隙。如果换作"阳光里摇曳的树叶"就是另外一番景象了。

如何利用审美感知创造意象，成为审美升华体验的关键一步。

【审美引导7】

意象是客观物象经过创作主体独特的情感活动而被创造出来的一种艺术形象。意象是诗歌语言的灵魂（秦秀白，2002），它是对我们的感觉能起刺激作用的具体形象，诗歌意象的功能在于它能刺激人的感官，从而唤起某种感觉并暗示某种感情色彩，使得读者能沿着意象所指引的方向迅速进入诗的意境，陶醉于诗情画意之中（秦秀白，1988）。意象诉诸视觉、听觉、触觉、动觉的刺激，激起我们的某种感情。为此，我们进一步受到启发。

【审美对象】The Solitary Reaper

> Behold her, single in the field,
>
> Yon solitary Highland Lass!
>
> Reaping and singing by herself;
>
> Stop here, or gently pass!
>
> Alone she cuts and binds the grain
>
> And sings a melancholy strain;
>
> Oh listen! For the vale profound
>
> Is overflowing with the sound.
>
> No nightingale did ever chaunt

More welcome notes to weary bands

Of travelers in some shady haunt,

Among Arabian sands;

A voice so thrilling ne'er was heard

In spring-time from the cuckoo-bird

Breaking the silence of the seas

Among the farthest Hebrides.

Will no one tell me what she sings?

Perhaps the plaintive numbers flow

For old, unhappy, far-off things,

And battles long ago:

Or is it some more humble lay.

Familiar matter of today?

Some natural sorrow, loss, or pain,

That has been, and may be again?

What'er the theme, the maiden sang

As if her song could have no ending;

I saw her singing at her work,

And o'er the sickle bending;

I listened, motionless and still;

And , as I mounted up the hill,

The music in my heart I bore,

Long after it was heard no more.

【共同体验】

在华兹华斯的诗歌中，诗人启用了如下视觉意象（visual image）：Single in the field, over the sickle bending, etc., 描述了

割麦女独自一人在广阔麦田弯腰挥舞镰刀等情形。也使用了动觉意象（kinaesthetic image）：reaping and singing, cuts and binds, mounted up the hill, etc., 描绘了割麦女边收割边唱歌、割麦捆绑、诗人爬上山坡等，这些都是他和审美对象的动态写照。听觉意象（auditory image）则让我们的思绪徜徉在割麦女的歌声中，那悲凉的歌声（a melancholy strain）、慰藉人心的旋律（welcome notes）, 平缓地流淌（plaintive numbers flows）, 弥漫在山谷（overflowing with the sound）, 等等。这些真实的意象刺激了读者的视觉、听觉，使他们沿着意象所指引的方向迅速进入诗的意境，仿佛和诗人一样置身于秋后的、广阔的原野，远远望着麦田里独自劳作的割麦女，在她悲凉的歌声中体味她愁苦的心情。为了让我们的感受更为真切，诗人启用了另一组意象做类比，来说明割麦女的歌声：荒凉的阿拉伯沙漠、疲乏的旅人、夜莺清脆的啼啭；遥远寒冷的赫伯利岛、报春的杜鹃啼声。诗人通过类比手法，激活读者在想象中感受，感受女子歌声的悠扬，给漂泊者带来慰藉。

根据《说文解字》，意象是意思的形象。这些视觉的、听觉的、动觉的形象要传递的是孤独的叠加：独自一人置身空旷的麦田的孤单、漫山漫谷只有她的歌声流淌的孤寂。而诗人和孤独的割麦女的情感连接，是从直接意象（视觉、动觉、听觉）向抽象意象的转移：荒凉的阿拉伯沙漠（视觉）里夜莺清脆的啼啭（听觉）带给疲乏的旅人的慰藉（抽象意象），寒冷的赫伯利岛（触觉）上报春的杜鹃啼声（听觉）带给农民希望（抽象意象）。

麦田、割麦者、唱歌等意象来自可见、可闻、可感的感性生活，它们在我们的生活中反复发生，以至于司空见惯。恰恰是这样的记忆因着用心体味，而有了别样的审美体验。正如艾略特（1981）在谈及意象时说："这样的记忆会有象征的价值，但究竟象征着什么，我们无从知晓，因为它们代表了那种我们的目光不能透入的感情深处。"与其说是诗人发现了割麦女的孤独，不如说诗人想要表达的感情被物化，这些物化的意象在刺激读者感官的同时，激起了类似的感情，同时加深了审美的愉悦。

我们回到中国古代文论，则可以更好地感知意象的作用。"意"是内在的抽象的心意，"象"是外在的具体的物象；意源于内心并借助于象来表达，象其实是意的寄托物。诗人触景生情，才能以景托情。割麦女所行所为触动了华兹华斯的孤独，这个形象就是他寄托感情的具象，她的歌声就是对孤独的自己的慰藉；读者在阅读诗歌时能根据华兹华斯创造的具象的艺术表达，进行情感加工（实际上是一种唤起和联想），在还原诗人所见所感的基础上渗透自己的感情色彩。

华兹华斯给了阅读主体诸多具象意象，使读者各种感官连通，创造一种意境。意境是文学艺术作品通过形象描写表现出来的境界和情调，是抒情作品中呈现的情景交融、虚实相生的形象及其诱发和开拓的审美想象空间（童庆炳，2000）。不同于具体的、可感知的、表意的典型物象，意境是通过形象诱发，靠读者体悟方能抽象出的境界或情调。

这首诗由一系列意象——割麦女独自一人在麦田里弯腰割麦、一边割麦一边唱歌、歌声流淌在漫山漫谷等组合而成，构成了一幅藏情于景的逼真画面。诗中更重复使用了 single, solitary, by herself, alone 等直述其孤独，并通过她歌声的 melancholy, unhappy, sorrow, loss, pain 等直抒孤独、悲凉、孤苦。由"象"抒发"意"，而作者在第三节里的一系列的"猜想"强化了孤独的意境。第三节借着诗人对歌词内容的猜测，带着读者走向更深的意境：诗人似乎并没有听懂苏格兰高地女子的歌声，他问"Will no one tell me what she sings?"，之后开启了他和读者的想象：平缓的曲调讲述着古老的、悲伤的、久远的记忆，不知在讲述很久很久以前的战事，还是无尽的寻常生活的忧伤，但不管怎样，歌声都透露了一种自然的悲伤、失落和痛苦。

孤独是华兹华斯的创作主题，围绕这个主题，他创造了一连串的视觉、听觉、动觉等的意象，这些意象和读者产生共鸣。我们试着让学生去观察打扫楼道的阿姨，体会她的生活，尝试在平凡中"见"到不平凡。下面是学生模仿《孤独的割麦女》的创作。

【创作要求】仔细观察打扫楼道的阿姨，模仿《孤独的割麦女》，开放视觉、听觉、动觉等体验活动，感悟生命的状态，通过创造意象吟咏生命的美。

The Solitary Cleaner

Behold her, single in the classroom,

Yon solitary Northern Lass!

sitting before the window by herself;

Stop here, or gently pass!

Alone she stared out into the far sky,

listening to the wind?

O listen! for the silent weekend campus

Is flowing with a slim of sound.

Will no one tell me what reminds her of?—

Perhaps the winds flow

For old parents and lonely children at home,

Or is it some more humble lay,

Familiar matter of today?

A kind of homesick, loss, or pain,

That has been, and may be again?

Whatever the Maiden thinks of

As if her thought could have no ending;

She sits into a sculpture.

Still and motionless.

（学生 D）

【创作反思】

我从来没有观察过每天必经的走廊和上课的教室，也没有想过打扫卫生的阿姨和我有什么关系。因为老师布置了观察作业，所以我早早来到学校，第一个走入走廊，走廊安静而且有点幽暗，走进教室发现打扫卫生的阿姨昨天就已经把教室收拾得很干净，后排的桌子上翻放着椅子。……第二节课该下课了，老师还在讲，门悄悄地推开一个缝，阿姨把一个套好清洁袋的纸篓伸进来，悄悄放到门边又轻轻关上门。大概这是她必须做的事吧……

周六我来到教学楼上自习。偶尔去开水间打水，就看见阿姨坐在已经扫干净的教室的窗边出神，窗外是大片的树。她身材微胖，如果不在这里打工，也就和在家里农田里看到的阿姨一样；我足足看了她十几分钟，她一动不动。在看景，还是在想什么？微胖的身材，手支着头，一个鬏扎在脑后，安静在那里，安静在自己的思绪里，安静在眼前的风景里，竟然有几分特殊的景致。

观察作业，第一次我对和我毫不相干的人观察了很多，想了很多。美大概不仅仅只有漂亮吧。

【教师反馈】

习作模仿了《孤独的割麦女》，调动了视觉并塑造了打工女的孤独的意象。视觉意象是 "single in the classroom"，"sitting before the window by herself"，"stared out into the far sky"，

听觉意象是安静的周末的校园里丝丝缕缕的声音"the silent weekend campus is flowing with a slim of sound"。还有"安静"的动觉意象"sits into a sculpture. Still and motionless"。除此之外，还有思想意象"old parents and lonely children at home"（在家乡的年迈的父母和孤独的孩子）。所有这些意象都和"孤独""思乡"契合。体悟生命的过程是可贵的。

三、结语

德国诗人荷尔德林说："人充满劳绩，但还诗意地栖居在大地上。""英语修辞学"课程通过体验式审美教育，让学生成为审美的主体，发现生活中的其他审美主体，包括教师、作品、审美对象、审美作者，还有夏天的热和打扫教室的阿姨等。通过审美主体间性，改变了主观改造客观的"单向度"理性危机，更关注主体间的和谐发展，让诗意生活成为一种态度和状态。"英语修辞学"课程通过创造条件，使学生成为审美感知、审美理解、审美升华的主体，激发他们的审美创新能力，调和了理性教育，让人性和生命变得柔和而温暖，使教育走向对精神乃至对生命的关怀。

参考文献

ADELMAN C, 1993. Kurt Lewin and the origins of action research[J]. Educational action research (1): 1, 7–24.

BENSON P A, CHIK A, GAO X S, et al., 2009. Qualitative research in language teaching and learning journals, 1997–2006[J]. Modern language journal (1): 79–90.

BERG E C,1999. The effects of trained peer response on ESL students' revision types and writing quality[J]. Journal of second language writing, 8 (3): 215–241.

BLOOM H, 2002. Genius: a mosaic of one hundred exemplary creative minds[M]. New York: Grand Central Publishing.

BROWN J S, COLLINS A, DUGUID P, 1989. Situated cognition and the culture of learning[J]. Educational researcher,18(1): 32–42.

BURKE K,1954. Counter-statement[M]. California: Hermes Publications.

BURKE K, 1973. The philosophy of literary terms: studies in symbolic action [M]. Berkeley and Los Angles: University of California Press.

CARR W, KEMMIS S, 1986. Becoming critical: education, knowledge and action research [M]. Basingstoke: Falmer Press.

CLIFTON R A, ROBERTS L W, 1990. The authority of teachers: a sociological perspective[C]// MIRANDA O Y, MAGSINO R F. Teacher, schools and society. England: Falner Press.

COHEN J W, 1998. Statistical power analysis for the behavioral sciences [M]. 2nd ed. Hillsdale, NJ: Lawrence Erlbaum Associates.

CORBETT E P J, CONNORS R J, 1999. Classical rhetoric for the modern student [M]. New York: Oxford University Press.

COREY S M,1953. Action research to improve school practices [M]. New York: Bureau of Publications, Teachers College, Columbia University.

DENSCOMBE M, 2010. The good research guide for small-scale social research projects [M]. 4th ed. Berkshire: Open University Press.

ELLIOTT J. 1991. Action research for educational change[M]. Buckingham: Open University Press.

GRICE H P, 1975. Logic and conversation [C]// COLE P, MORGAN J. Syntax and semantics. New York: Academic Press.

HITCHCOCK G, HUGHES D, 1989. Research and the teacher[M]. London: Routledge.

HOLEC H, 1981. Autonomy and foreign language learning[M]. Oxford: Pergamon Press.

HU G, 2005. Using peer review with Chinese ESL student writers[J]. Language teaching research (3): 321–342.

HYLAND F, 2000. ESL writers and feedback: giving more autonomy to students[J]. Language teaching research (2): 33–54.

JACOBS G M, CURTIS A, BRAINE G, et al., 1998. Feedback on student writing: taking the middle path[J]. Journal of second language writing (3): 307–317.

KEMMIS S, MCTAGGART R, 1988. The action research planner [M]. 3rd ed. Geelong: Deakin University Press.

KERNBERG O F, 1999. Psychoanalysis, psychoanalytic psychotherapy and supportive psychotherapy: current controversies [J]. Psychotherapie psychosomatik medizinische psychologie (49): 90-99.

LAKOFF G, JOHNSON M, 1980. Metaphors we live by[M]. Chicago:

University of Chicago Press.

LEWIN K, 1946. Action research and minority problems[J]. Journal of social issues (2): 34–46.

LOCKHART C, NG M, 1995. Analyzing talk in ESL peer response groups: stances, functions and content[J]. Language learning (45): 605–655.

MAYEROFF M, 1971. On caring[M]. New York: Harper & Row.

MCALLISTER D J, 1995. Affect-and cognition-based trust as foundations for interpersonal cooperation in organizations[J]. Academy of management journal, 38(1): 24–59.

MILLS W, 1959. The sociological imagination[M]. Oxford: Oxford University Press.

NELSON G L, CARSON J G, 1998. ESL students' perceptions of effectiveness in peer response groups[J]. Journal of second language writing (2): 113–131.

NELSON G L, MURPHY J M, 1993. Peer response groups: do L2 writers use peer comment in writing their drafts?[J]. TESOl quarterly (27): 135–141.

NUNAN D, 1992. Research methods in language learning[M]. Cambridge: Cambridge University Press.

PIAGET J, 1965. The language and thought of the child[M]. New York: World Publishing.

PINE B J, GILMORE J H, 1999. The experience economy: work is theatre & every business a stage[M]. Boston: Harvard University Press.

RAINEY I, 2000. Action research and the English as a foreign language practitioner: time to take stock[J]. Educational action research (1): 65–91.

REASON P, BRADBURY H, 2001. Handbook of action research[M]. London: Sage Publication Ltd.

STENHOUSE L, 1975. An introduction to curriculum research and development[M]. London: Heinemann.

STRINGER E T, 1999. Action research[M]. Thousand Oaks, CA: Sage Publications.

TOPPING K, 1998. Peer assessment between students in colleges and universities[J]. Review of educational research (68): 249–276.

TRUMBLE W R, STEVENSON, 2004. A shorter Oxford English dictionary[M]. Shanghai: Shanghai Foreign Language Education Press.

TSUI A B M, NG M, 2000. Do secondary L2 writers benefit from peer comments? [J]. Journal of second language writing (2): 147–170.

VERMA G K, BEARD R M, 1981. What is educational research? perspectives on techniques of research[M]. Aldershot: Gower Publishing Limited.

VERSCHUEREN J, 1999. Understanding pragmatics[M]. London: Edward Arnold / New York: Oxford University Press.

VILLAMIL O, de GUERRERO M, 2000. Activating the ZPD: mutual scaffolding in L2 peer revision[J]. The modern language journal (8): 51–65.

VYGOTSKY L S, 1978. Mind in society: the development of higher psychological process[M]. Boston: Harvard University Press.

YANG M, BADGER R, YU Z, 2006. A comparative study of peer and teacher feedback in a Chinese EFL writing class[J]. Journal of second language writing (3): 179–200.

阿恩海姆, 1998. 艺术与视知觉 [M]. 朱疆源, 译. 成都: 四川人民出版社.

埃里希·弗洛姆, 1988. 健全的社会 [M]. 欧阳谦, 译. 北京: 中国文联出版社.

埃里希·弗洛姆, 1989. 占有还是生存, 一个新社会的精神基础 [M]. 关山, 译. 北京: 生活·读书·新知三联书店.

艾略特, 裘小龙, 1981. 观点 [J]. 诗探索 (2) : 104.

布鲁姆, 1987. 教育评价 [M]. 邱渊, 等, 译. 上海: 华东师范大学出版社.

巴格莱，1980. 要素主义者的纲领 [M]. 北京：人民教育出版社 .

白臻贤，2008. 外语教学的主体间性维度 [J]. 外语学刊 (1)：140-142.

蔡基刚，2007. 转型时期的我国大学英语教学特征和对策研究 [J]. 外语教学
　与研究 (1)：27-32.

蔡基刚，2009. 从统一性和规范性到个性化和多元化：大学英语教学发展
　30 年回顾与展望 [J]. 中国大学教学 (3)：82-85.

蔡基刚，2012. "学术英语"课程需求分析和教学方法研究 [J]. 外语教学理
　论与实践 (2)：30-35.

柴改英，2006. 传情达意：语言的移情透视 [J]. 中北大学学报 (社会科学版)
　(5)：31-35.

柴改英，2014. MOOC 之于外语教育场域的思考：惯习冲击、协作创新、价
　值共建 [J]. 外语电化教学 (5)：32-37.

柴改英，郦青，2010. 外语创新能力发展：基于博客的英语写作评价体系
　重构 [J]. 山东外语教学 (5)：38-43.

柴改英，徐丽月，2014. 英语写作同伴互评双螺旋模式 [J]. 外国语文 (5)：
　137-143.

常丽丽，2007. 大学教学的革命：从授受教学到体验教学 [J]. 太原师范学院
　学报 (社会科学版) (3)：116-118.

车尔尼雪夫斯基，1979. 艺术与现实的审美关系 [M]. 北京：人民文学出版社 .

陈程，2012. 成人学习心理特征与任务型教学法 [J]. 继续教育研究 (2)：33-34.

陈会昌，庞丽娟，申继亮，等，1994. 中国学前教育百科全书 (心理发展卷)
　[M]. 沈阳：沈阳出版社 .

陈兰萍，雷文斌，2009. 试论大学社会实践对大学生自我意识发展的作用 [J].
　教育与职业 (5)：163-164.

陈陆健，2012. 大学英语教师行动研究现状分析 [J]. 广西民族大学学报 (哲
　学社会科学版) (1)：183-186.

陈佑清，2002. 体验及其生成 [J]. 教育研究与实验 (2)：11-16.

成有信，2007. 教育学原理 [M]. 沈阳：辽宁大学出版社 .

邓鹂鸣，刘红，陈凡，等，2003. 过程写作法的系统研究及其对大学英语写作教学改革的启示 [J]. 外语教学 (6)：58–62.

笛卡尔，1986. 第一哲学沉思集 [M]. 庞景仁，译. 北京：商务印书馆.

杜威，1981. 教育论著选 [M]. 上海：华东师范大学出版社.

杜威，1991. 我们怎样思维·经验与教育 [M]. 姜文闵，译. 北京：人民教育出版社.

冯建军，2004. 生命与教育 [M]. 北京：教育科学出版社.

冯向东，2004. 从"主体间性"看教学活动的要素关系 [J]. 高等教育研究 (5)：25-30.

傅丽芬，1995. 关于人的现代化的诠释与反思 [J]. 理论探讨 (1)：70.

盖奥尔格·西美尔，2002. 社会学：关于社会化形式的研究 [M]. 林荣远，译. 北京：华夏出版社.

高等学校外语专业教学指导委员会英语组，2000. 高等学校英语专业教学大纲 [M]. 北京：外语教学与研究出版社，上海：上海外语教育出版社.

格拉塞斯费尔德，2017. 激进建构主义 [M]. 北京：北京师范大学出版社.

顾佳旎，孟慧，范津砚，2014. 社会自我效能感的结构、测量及其作用机制 [J]. 心里科学进展 (11)：1791–1800.

顾明远，2003. 对教育定义的思考 [J]. 北京大学教育评论 (l)：5–9.

哈贝马斯，2004. 交往行为理论：第一卷 [M]. 曹卫东，译. 上海：上海人民出版社.

海德格尔，1991. 诗·语言·思 [M]. 北京：文化艺术出版社.

何菊玲，2013. 教师是谁？：关于教师身份的本体性追问 [J]. 陕西师范大学学报（哲学社会科学版）(2)：98–103.

何莲珍，2003. 自主学习及其能力的培养 [J]. 外语教学与研究 (外国语文双月刊) (4)：287–289.

何兆熊，2004. 对英语专业的现状和未来的几点思考 [J]. 山东外语教学 (6)：3–4.

何自然，1991. 言语交际中的语用移情 [J]. 外语教学与研究 (4)：11–15.

胡福贞，2002. 失语与喧哗：教师评价实践中的话语现象分析 [J]. 教育理论与实践 (12)：30–34.

胡国义，2006. 教育主体的主体性涵义辨析 [J]. 杭州电子科技大学学报 (社会科学版)(3)：46–49.

胡曙中，2002. 英语修辞学 [M]. 上海：上海外语教育出版社 .

胡文仲，孙有中，2006. 突出学科特点 , 加强人文教育：试论当前英语专业教学改革 [J]. 外语教学与研究 (5)：243–247.

胡振京，2008. 功能主义教育功能观评析 [J]. 天津市教科院学报 (6)：8–11.

胡壮麟，2002. 对中国英语教育的若干思考 [J]. 外语研究 (2)：2–9.

黄建滨，邵永真，1998. 大学英语教学改革的出路 [J]. 外语界 (4)：20–22.

黄源深，1998. 思辨缺席 [J]. 外语与外语教学 (7)：1，19.

霍华德·舒尔茨，多莉·琼斯·扬，2011. 将心注入 [M]. 文敏，译 . 北京：中信出版社 .

江苏省教育厅，2012. 江苏教育年鉴 2011[M]. 南京：江苏教育出版社 .

金生鈜，1997. 理解与教育：走向哲学解释学的教育哲学导论 [M]. 北京：教育科学出版社 .

靳玉乐，李森，2001. 中国新时期教学论的进展 [M]. 重庆：重庆出版社 .

鞠玉梅，2005. 肯尼斯·伯克新修辞学理论述评：关于修辞的定义 [J]. 四川外语学院学报 (1)：72–76.

卡茨，2010. 意义的形而上学 [M]. 苏德超,张离海,译 . 上海:上海译文出版社 .

李德玲，1998. 浅谈人的现代化 [J]. 理论学刊 (3)：33–34.

李定仁，肖正德，2006. 20 世纪西方师生关系观：回溯、反思与重构 [J]. 外国教育研究 (11)：7.

李玉萍，2008. 从对立到对话的师生关系：后现代视野下的主体间性教育观 [J]. 教育理论与实践 (28)：57–60.

联合国教科文组织国际教育发展委员会，1996. 学会生存：教育世界的今天和明天 [M]. 华东师范大学比较教育研究所，译 . 北京：教育科学出版社 .

梁实秋，2014. 生活的艺术 [M]. 北京：北京联合出版有限责任公司 .

林琛，2017. 任务型教学在初级汉语综合课中的运用：以罗马大学孔子学院为例 [D]. 北京：北京外国语大学 .

林崇德，2009. 发展心理学第三版 [M]. 北京：人民教育出版社 .

林朝霞，2003. 无根的现代人：对现代工业社会中人性异化与生命安居的反思 [J]. 邢台学院学报 (2)：24–27.

刘惊铎，2003. 道德体验论 [M]. 北京：人民教育出版社 .

刘汝荣，杨为，2009. 论广告翻译中的主体间性 [J]. 吉首大学学报 (社会科学版) (1)：157–161.

刘润清，戴曼纯，2003. 中国高校外语教学改革现状与发展策略研究 [M]. 北京：外语教学与研究出版社 .

刘永芳，2008. 管理心理学 [M]. 北京：清华大学出版社 .

卢植，2006. 认知与语言：认知语言学引论 [M]. 上海：上海外语教育出版社 .

马克思，恩格斯，1995. 马克思恩格斯全集 (第 30 卷)：经济学手稿（1857—1858 年）[M]. 北京： 人民出版社 .

马克思，2004. 资本论第 1 卷 [M]. 北京：人民出版社 .

马克斯·韦伯，1997. 经济与社会 (上·下卷)[M]. 林荣远，译 . 北京：商务印书馆 .

马克斯·韦伯，1998. 学术与政治：韦伯的两篇演说 [M]. 冯克利，译 . 北京：生活·读书·新知 三联书店 .

莫兰，2004. 复杂性理论与教育问题 [M]. 陈一壮，译 . 北京：北京大学出版社 .

皮亚杰，1981. 教育科学与儿童心理学 [M]. 傅统先，译 . 北京: 文化教育出版社 .

钱锺书，1979. 通感 [M]. 上海：上海古籍出版社 .

乔纳森·卡勒，1998. 当代学术入门：文学理论 [M]. 沈阳：辽宁教育出版社 .

秦秀白，1988. 文体学概论 [M]. 长沙：湖南教育出版社 .

秦秀白，2002. 英语语体与文体要略 [M]. 上海：上海外语教育出版社 .

任长松,2005. 探究式学习: 学生知识的自主建构 [M]. 北京: 教育科学出版社 .

"入世与外语专业教育"课题组，2001. 关于高校外语专业教育体制与教学模式改革的几点思考（一）[J]. 外语界 (5)：9–15，65.

单中惠，1996. 西方教育思想史 [M]. 太原：山西人民出版社.

邵永真，1999a.《大学英语教学大纲》修订说明 [J]. 外语教学与研究 (1)：13–15.

邵永真，1999b. 新修订的《大学英语教学大纲》的指导思想和特点 [J]. 外语界 (4)：19–20.

什克罗夫斯基，1998. 散文理论 [M]. 刘宗次，译. 南昌：百花洲文艺出版社.

史晖，陈会兵，2011. 教师权威的社会学分析 [J]. 现代教育管理 (11)：64.

宋怀常，2010. 中国人的思维危机 [M]. 天津：天津人民出版社.

孙百娥，2002. 关于教师权威存在的合理性 [J]. 教育评论 (2)：19–21.

孙耀远，2012. 管理学视域下的外语教学 [J]. 教学与管理 (1)：113–114.

陶行知，2005. 陶行知全集 [M]. 成都：四川教育出版社.

童庆炳，2000. 文艺理论教程 [M]. 长沙：岳麓书社.

万作芳，任海宾，2011. 师生关系的四种类型：基于教育历史和实践的概括 [J]. 教育理论与实践 (8)：32–35.

王爱菊，张启树，2011. 基于教学冲突的教学和谐 [J]. 当代教育科学 (19)：19–21.

王海啸，2010. 体验式外语学习的教学原则：从理论到实践 [J]. 中国外语 (1)：53–60.

王军，1998. 文学翻译与审美体验 [J]. 外语与外语教学 (4)：49–50.

王俊菊，朱耀云，2008. 师生关系情境中的教师学习：基于叙事日志的个案研究（双月刊）(4)：287–292.

王守纪，杨兆山，2010. 以尊重为核心的现代师生关系及其建构 [J]. 教育理论与实践 (25)：34–37.

王守仁，2010. 全面、准确贯彻《大学英语课程教学要求》深化大学英语教学改革 [J]. 中国外语 (2)：4–7，20.

王守仁，2011. 关于高校大学英语教学的几点思考 [J]. 外语教学理论与实践 (1)：1–5.

王守仁，2013. 坚持科学的大学英语教学改革观 [J]. 外语界 (6)：9–13, 22.

王守仁，王海啸，2011. 我国高校大学英语教学现状调查及大学英语教学改革与发展方向 [J]. 中国外语 (9)：4–11，17.

王永祥，2011. 后现代知识观观照下的主体间性外语教学模式的构建 [J]. 外国语文 (双月刊) (5)：101–107.

维果茨基，2005. 维果茨基教育论著选 [M]. 余震球，译 . 北京：人民教育出版社 .

维特根斯坦，2000. 哲学研究 [M]. 北京：商务印书馆 .

魏俊彦，2015. 陌生化与美感的眼动研究：来自中文量词的证据 [D]. 南京：南京师范大学 .

文秋芳，2002. 英语专业创新型人才培养体系研究与实践 [J]. 国外外语教学杂志 (4)：12–17.

文秋芳，2011.《英语教学中的行动研究方法》评介 [J]. 中国外语教育 (3)：59–63.

邬易平，2014. 移情性理解：星巴克式"伙伴"师生关系课堂任务实例研究 [C]// 启迪：外语研究方法与创新 . 贾爱武 . 杭州：浙江工商大学出版社 .

吴康宁，1998. 教育社会学 [M]. 北京：人民教育出版社 .

吴霞，2004. 新型师生关系的构建：一个教师权威视角的分析 [J]. 辽宁教育研究 (12)：70–72.

吴一安，2005. 优秀外语教师专业素质探究 [J]. 外语教学与研究 (03)：199–205.

吴宗杰，1995. 行动研究：外语师资教育新途径 [J]. 外语教学与研究 (2)：48–53.

席勒，1984. 美育书简 [M]. 徐恒醇，译 . 北京：中国文联出版社 .

夏纪梅，2009. 论教师研究范式的多样性、适当性和长效性 [J]. 外语界 (1)：16–22.

项茂英，2004. 大学英语教学中的师生关系 [J]. 外语界 (4)：37–42.

小原国芳，1993. 小原国芳论著选 [M] . 刘剑乔，由其民，等，译 . 北京：人民教育出版社 .

辛继湘，2005. 试论体验性教学模式的建构 [J]. 高等教育研究 (3)：64–68.

徐锦芬，彭仁忠，吴卫平，2004. 非英语专业大学生自主性英语学习能力调查
与分析 [J]. 外语教学与研究 (外国语文双月刊) (1)：64–68.

许杰，2004. 对中国主体性教育思想发展的思索 [J]. 辽宁师范大学学报 (社会
科学版) (3)：53–56.

许力生，2006. 语言研究的跨文化视野 [M]. 上海：上海外语教育出版社 .

雅斯贝尔斯，1991. 什么是教育 [M]. 邹进，译 . 北京：生活·读书·新知三联书店 .

闫守轩，2004. 体验与体验教学 [J]. 教育科学 (12)：32–34.

闫守轩，2006. 论体验教学的生命机制 [J]. 教育科学 (3)：36–39.

杨惠中，1995. 正面理解、全面贯彻教学大纲：全国大学英语教学研讨会
总结 [J]. 外语界 (1)：58–63.

杨敏，2013. 原型体验教学初探 [J]. 教育与教学研究 (8)：40–42.

杨清，2007. 占有与生产：学生学习活动中的主体性分析 [J]. 湖南师范大学
教育科学学报 (3)：81–84.

叶澜，1999. 教育研究方法论初探 [M]. 上海：上海教育出版社 .

余渭深，2016. 大学英语应用能力培养的再认识：教学大纲变化视角 [J]. 外
语界 (3)：19–26，41.

岳伟，王坤庆，2004. 主体间性：当代教育的价值追求 [J]. 华东师范大学学报
（教育科学版）(2)：1–6, 36.

张楚廷，2002. 大学教学 [M]. 长沙：湖南师范大学出版社 .

张焕庭，1985. 西方资产阶级教育论著选 [M]. 北京：人民教育出版社 .

张克勤，2010. 教师科研实践与应用 [M]. 杭州：浙江大学出版社 .

张培，2012. 论行动研究 [J]. 天津师范大学学报 (社科版) (1)：48–51.

张人杰，1989. 国外教育社会学基本文选 [M]. 上海：华东师范大学出版社 .

张文霞，罗立胜，2004. 关于大学英语教学现状及其发展的几点思考 [J]. 外语
界 (3)：2–7, 39.

张媛媛，2013. 现代汉语诗歌"陌生化"的语言实现 [D]. 武汉：华中师范大学 .

张再林，2000. 关于现代西方哲学的"主体间性转向"[J]. 人文杂志 (4)：9–15.

中华人民共和国教育部, 国家语言文字工作委员会, 2018. 语言文字规范 (GF 0018-2018)：中国英语能力等级量表 [Z]. 北京：中华人民共和国教育部.

中华人民共和国教育部, 2017. 大学英语教学指南 [Z]. 北京：中华人民共和国教育部.

中华人民共和国教育部, 2013. 教育部关于 2013 年深化教育领域综合改革的意见 [Z]. http://www.moe.gov.cn/srcsite/A27/zhggs_other/201301/t20130129_148072.html.

周浩波, 2000. 教育哲学 [M]. 北京：人民教育出版社.

周燕, 2010. 教师是外语学习环境下提高英语教学水平的关键 [J]. 外语教学与研究 (4)：294-296.

朱光潜, 1980. 朱光潜美学文学论文集 [C]. 长沙：湖南人民出版社.

朱光潜, 2004. 谈美 [M]. 桂林：广西师范大学出版社.

朱慕菊, 2006. 走进新课程：与课程实施者对话 [M]. 北京：北京师范大学出版社.